種子島から「日本」を考える授業

初期社会科の理想を求めて

白尾裕志

同時代社

目　次／種子島から「日本」を考える授業

はじめに

戦後社会科の草創期「山びこ学校」（無着成恭、1951年）への想い

1947年の社会科創設前後から、アメリカ型社会科をモデルにした地域社会調査を基本とする社会科プランづくりが盛んに行われた。調査によって明らかにされる地域の事実は、社会機能を中心に教育内容として編成が進められ、それに基づく実践が展開された。新しい教科としての「社会科」への期待と新教育への熱意が加わって、盛んに取り組まれたが、調査には時間がかかり、そこからカリキュラムを作って、社会の仕組みや機能を教えることを実践していくことの難しさや、教えた結果が社会の上辺をなぞるような手ごたえの弱さも伝わった。何よりようやく見えた「何を」（内容）が分かっても、「どのように」（方法）が明らかでなかった。それでも草創期の社会科にあって、教師たちは戦後の民主主義を担う新教科と期待された社会科で、「何を」、「どのように」教えるかについて真剣に考えていた。

そうした中、1950年に今井誉次郎の『農村社会科カリキュラムの実践』（牧書店）が刊行され、1951年には無着成恭による『山びこ学校』（青銅社）などが刊行されると、多くの教師が日本版の社会科が実践的に誕生したことを確信した。日本の子どもたちと共に地域で作り上げた「何を」（内容）と「どのように」（方法）が実践的に示された。

二つの実践に共通していたことは、子どもに作文を書かせる生活綴り方を基本にしながら、地域の生活現実を教育内容としたことにあった。地域から子どもたち自身の生活を見つめ、社会科の内容として地域社会を問い直す社会科の実践が反響を呼んだのは、日本の各地で実践を読んだ教師たちの目の前に、それぞれの地域や子どもたちが抱える様々な生活現実が広がっていたからだった。この二つの実践によって、多くの教師たちは社会科で「何を」、「どのように」教えればよいのかが分かったのだと思う。

しかし、こうした実践に対しても教師たちは、地域の現実からカリキュラムを作って社会科を実践していくことや、子どもの生活を綴らせ、それを基に教育内容を作り出していくことが、忙しい教師にとって簡単なものではないことにもやがて気づいていった。何より教科書の内容や学習指導要領との整合性を問われると、今井や無着の実践を評価しながらも、そうした社会科実践が難しいことを自覚せざるを得ないようになった。

また、社会科の教科書の単元が教材としての性格を充実させ、教科書の記述も洗練されてくると、教科書に合わせながら地域をとらえていき、社会の機能を中心に教育内容としていくことが多くの教師にとって指導しやすい社会科として迎えられていった。さらに、問題解決的な学習を教科書に即して展開する社会科教育方法が研究され、提案されていくことで、地域の事実を教科書の記述に沿ってとらえた社会科の学習が進められていった。こうした経緯もあって「何を」（内容）と「どのように」（方法）が、教師にとって分かりやすく、実践しやすい社会科として広がった。

こうして地域の生活現実は、そのものが教育内容ではなく、教科書を進める上でのよい「教材」になっていき、子どもの生活はその「教材」

を補足するように扱われ、子どもの生活現実そのものが社会科の教育内容となることは後退していった。

私は『山びこ学校』など、戦後社会科の草創期の実践が、子どもの生活現実と課題を教育内容として取り上げ、地域の生産労働を基本にして生き生きとした子どもの社会認識を育てていたことに注目してきた。また、そうした草創期の社会科実践を基に数々の理論や実践、論争を重ねて、1970年代での鈴木正氣（教育科学研究会）や若狭蔵之助（日本生活教育連盟）らの実践によって戦後社会科の一定の到達点が示されたと考えている。

ただ当の私は、自身の不勉強でそこまでの社会科実践の成果を十分に活かせないまま、自らの社会科実践を積み重ねてきた。それでも「山びこ学校」にこだわるのは、社会科が、「教材」としての地域を含みながら、教育内容と多様な教育方法が示されてきた現代にあって、種子島の子どもたちが見せた、地域の産業に「問い」をもち、調べ、考え、表現するその真剣な姿が、約70年前の戦後社会科の草創期に多くの教師たちが求めていたものと重なることができるのではないかと考えるからである。

小学校の社会科教師として

1983年秋、小学校の教育実習を終えた私は教師になることをあきらめかけていた。教育実習がうまくいかなかったわけではなかった。子どもたちと共に過ごす「教育」という営みの中で、その意義を感じながらも毎日忙しく、決められた課題をこなし、「よい答え」を導いていく教師という職業に将来をかける展望のようなものがもち切れないでいた。そのことを指導教官に伝えると、「まあ、待ちなさい。ほかにも教育はある」と言って示されたのが、現在の作文教育の基本となった戦前からある日本の生活綴り方の教育だった。

そこに登場する子どもたちは、ある子は貧しく、ある子は自分自身の問題行動や人間関係に悩む子どもたちで、そのありのままの姿を子ども自ら書くことによって表現し、それを教師の指導の下、学級で共有して展望を切り拓いていく、そうした実践記録だった。そうした子どもたちが私自身の子ども時代の経験とも重なり、子どもの生活を問い直し、社会に問いかけながら子ども自身のものの見方や考え方を育てていく生活綴り方という教育実践に強くひかれていった。生活綴り方教育によって育つ子どもの力とそれを導く教師の指導力、この二つがその後の私の研究課題になっていった。この研究課題を現代にあっては子どもの社会認識の問題としてとらえ、私はただの「小学校教師」ではなく「小学校の社会科教師」に将来をかけるわずかな光を見出した。

卒業論文では不遜にも「社会科の学力論」をテーマとしたことも自然な成り行きだった。戦後の学習指導要領や学力論、社会科教育の実践を研究する中で､二人の小学校教師に注目した。鈴木正氣先生（茨城県・教育科学研究会）と若狭蔵之助先生（東京都･日本生活教育連盟）だった。二人が所属していた教育科学研究会と日本生活教育連盟は社会科に対する理論や実践面で異なるところが多かったが、二人の実践は、私の中では常に統一された社会科実践の完成形だった。「二人のような実践をしてみたい」、そういう思いで小学校の教師になった。

それから30年余り。数多くの失敗を積み重ねながらも「小学校の社会科教師」としてやってきた。

「小学校の社会科教師」としての歩み

年度	実践名	学校名	実践のねらい
1986年	知覧の茶業（4年生）	知覧小（南九州市：薩摩半島）	地域の特産「茶」から農業の現実をとらえようとした実践。
1987年	米の生産にはげむ人々（5年生）		米価を通して地域の農業を考えようとした実践。
〃	自動車工業（5年生）		機械と人の働き方の関係から工業生産をとらえようとした実践。
1988年	垂水の漁業（5年生）	垂水小（垂水市：大隅半島）	ブリの養殖が始まった理由の追究から地域の漁業のあり方を考えた実践。
1989年	垂水のまち（3年生）		地域の人々の働く姿から地域社会をとらえようとした実践。
1990年	垂水の産業と人口（5年生）		鹿児島市と結ぶフェリーの大型化から地域の変化をとらえようとした実践。
1991年	隼人の『反乱』と大和朝廷（6年）		隼人が反乱を起こした理由を考えることで大和朝廷の支配を考えた実践。
〃	垂水の老人福祉（6年）		地域の人口減少と高齢化から老人福祉のあり方を考えた実践。
1994年	みんなの持松（変則複式4・5年）	持松小（霧島市）	過疎地域の中で人々の結びつきの意味を考えようとした実践。
1997年	持松の働く人々（3・4年複式）		働く人々と地域での生活のかかわりについて考えようとした実践。
1998年	食べ物Ⅰ（3・4年複式）		食べ物の生産から消費までを追究しながらその関係の世界を考えた実践。
1999年	牧之原の人権を探そう（6年生総合）	牧之原小（霧島市）	「人権」の保障を地域の中で探り、人権の意味を考えようとした実践。
2001年	基礎的な知識の獲得と思考力を重視した社会科歴史学習（6年）		「社会科の学力」についての実証的な研究としての実践。
2002年	和牛少年隊（5年総合学習）		地域の特産「和牛」のおいしさの秘密から畜産のあり方を考えた実践。
2003年	和牛少年隊（5年総合学習）		
2004年	くらしと情報（5年）		情報がもつ商品を買わせる力について考えた実践。
2005年	校区の福地碑文とアジア・太平洋戦争（6年）		サンフランシスコ講話条約後に建てられた戦没者慰霊記念碑に記されたアジア太平洋戦争の意味を考えた実践。
2006年	「水俣病」の授業（5年）	湯之尾小（伊佐市）	水俣病について現代の子どもの視点からその過ちについて考えた実践。
2007年	昔のくらしとまちづくり（4年）		地域にある江戸時代と現代に造られた二つの堰から地域の歴史をとらえ、地域の将来への展望を考えた実践。
2008年	伊佐の稲作（5年社会・総合）		地域の特産「伊佐米」から日本の農業をとらえようとした実践。
2009年	くらしと買物（3年）		さまざまな商品を通して、生産、流通、販売、消費の関係を追究した実践。

2011年	種子島のさとうきび（5年総合）	野間小（種子島）	地域の特産「さとうきび」から日本の農業をとらえようとした実践。（本書1章）
2013年	種子島の酪農（5年社会・総合）		地域の酪農から日本の農業をとらえようとした実践。（本書2章）
〃	種子島のさとうきび（5年社会・総合）		地域の特産「さとうきび」から日本の農業をとらえようとした実践。（本書終章）

この本では、「小学校の社会科教師」として最後の赴任地である種子島の中種子町立野間小学校で取り組んだ１年目の総合学習「種子島のさとうきび」と３年目に取り組んだ社会科・総合学習「種子島の酪農」の実践を基に、その内容を紹介したい。種子島という本土から離れた離島の中種子町という小さな町のさとうきび農業と酪農業を通して、私は地域と同時に日本の農業までを子どもたちと共に見つめようとしてきた。

実践で使われている「社会科・総合学習通信」や「総合学習通信」などの「通信」は、授業の終末時にその授業で考えたことを子ども一人ひとりがまとめ、そこから抽出したものを教師がまとめ、次の授業の導入時に使うことを目的にした資料である。前の学習で考えたことや感想を次の授業の導入時に使うことは、生活綴り方の実践をはじめ、これまで数多くの実践でも用いられている一般的な教育方法である。実践としての特徴的なこととしては、そこら学習が前回の続きとして自然に始まり、子どもたちは目の前の「通信」に表現されている社会認識を土台にして新しい社会認識を切りひらいていくことにあり、社会認識の形成を連続させていることにある。なお氏名は全て仮名で示した。

第1章
「種子島のさとうきび」から考える

2011年9月～2012年1月。5年生　総合学習

（1）種子島のさとうきび

i　種子島の概況

種子島は鹿児島県本土南端の佐多岬から南へ約40kmに位置している。南北約55km、東西5～12km、面積454平方kmの細長い島である。大部分は段丘台地で、最も高い所で標高282mである。

気候は温暖な亜熱帯性気候で、年間の平均気温は19.8度である。ただ冬は北西の季節風が強い。

種子島は、北から西之表市・中種子町・南種子町の1市2町からなる。人口は約34,000人で、うち中種子町が約9,000人である。
島全体の就業人口の約44%が第一次産業従事者である。また農家人口の約40%が65歳以上で高齢化が進んでいる。

種子島の主な農業粗生産額に現れているように、種子島の農業の基幹作物はさとうきびである。

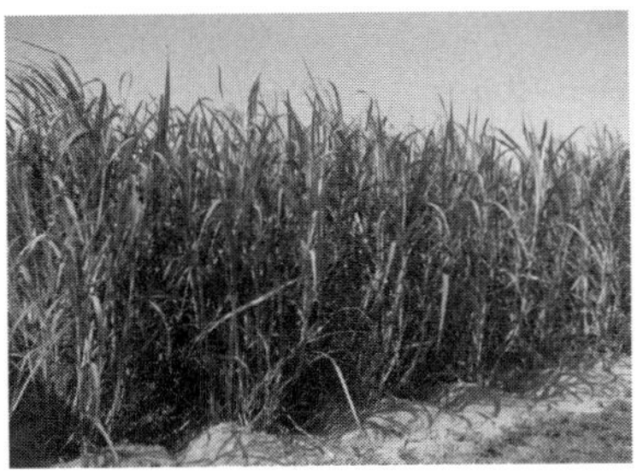

市町別人口（2007年調査）

	人口
西之表市	17,737人
中種子町	9,238人
南種子町	6,750人
合　計	33,725人

市町別農家人口（2005年調査）

	人口
西之表市	4,202人
中種子町	3,762人
南種子町	2,344人
合　計	10,308人
65歳以上	3,890人
65歳以上の割合	37.7%

種子島の主な作物の農業粗生産額（2009年）

作物名	生産額	比率
さとうきび	39億2,000万円	30.3%
肉用牛	23億8,000万円	18.4%
野菜	17億9,000万円	13.8%
さつまいも	16億8,000万円	13.0%
米	10億9,000万円	8.4%
合　計	108億6,000万円	83.9%

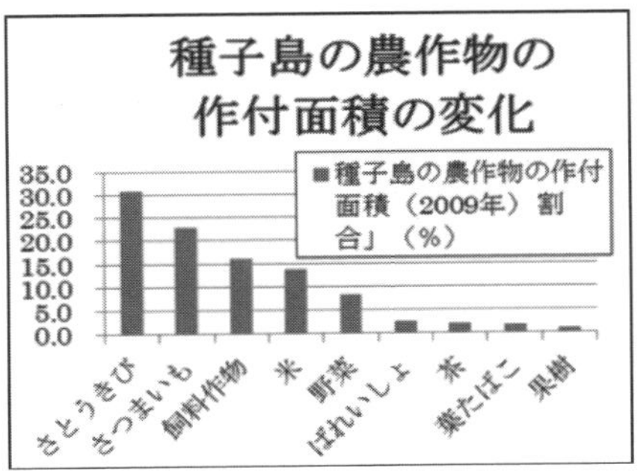

ⅱ　種子島のさとうきびの歴史と現状

日本に製糖技術が伝えられたのは1610年（江戸時代）である。中国の福建からまず奄美大島に伝えられ、次いで1622年に琉球に伝わった。そして元禄年間（1688～1703年）に奄美・琉球から780万斤の黒砂糖が内地にもたらされた（1斤≒600 gとして4,680トン）。内地で製糖技術が伝わったのは、享保の改革（1736年）以降とされている。また種子島では、1830年には奄美大島から製糖技術の指導者を招いている（『中種子町郷土誌』）。

注目すべきは、種子島にさとうきびの栽培許可が出たのが1825年であることである。奄美・琉球に製糖技術が伝わって約200年間も種子島に製糖技術が伝わらなかったことは考えにくい。実際、1800年に個人による砂糖の製造・販売に関する記録も残っており（『中種子町郷土誌』）、さとうきびと製糖技術は正式な許可が出た1825年以前に種子島にも伝えられたことが予想される。

砂糖は薩摩藩・領主による専売制がとられ、島民の消費、販売、無断移出は禁止されていた。黒砂糖は鹿児島経由で大阪に運ばれ販売された。これが薩摩藩の財政基盤のひとつであったが、島民に利益が還元しにくい収奪システムでは上納のための砂糖であり、生産意欲に結び付きにくく幕末には生産が停滞してきた。

種子島では、さとうきびが荻（おぎ）に似ていることから「オーギ」または「おおぎ」と呼ばれた。また砂糖の製造のことを「さとーすめ」と言い、圧搾のための動力は牛や馬から水車、戦後にはディーゼンルと変化してきた。これらの動力を「心木」（シンギ）というさとうきびの汁を搾る木製の圧搾機を使って製糖していた。

明治以降、さとうきびは品種改良と増殖を進め、1930年代前半までは盛んになっていった。しかし1930年代後半から台湾などからの内地への移入砂糖の影響で後退しはじめた。1945年以降は砂糖の内地供給地であった台湾、沖縄、奄美からの移入が難しくなり、種子島の砂糖が求められることになった。しかし、これも1953年の奄美の本土復帰や経済の復興に伴う海外の輸入砂糖に押されて再び後退した。そうした状況でも栽培方法の研究・改善が進められ、1957年にはそれまで「春植え」中心だったさとうきび栽培に加えて「夏植え」栽培も進められるようになった。それに伴って製糖工場での粗糖生産は11月末から翌年の4月いっぱい続けられるようになり、今日にいたっている。現在では、国による砂糖の国内自給率維持の方針で国からの交付金（外国産砂糖の輸入関税を財

昔の製糖の生産工程（黒砂糖）

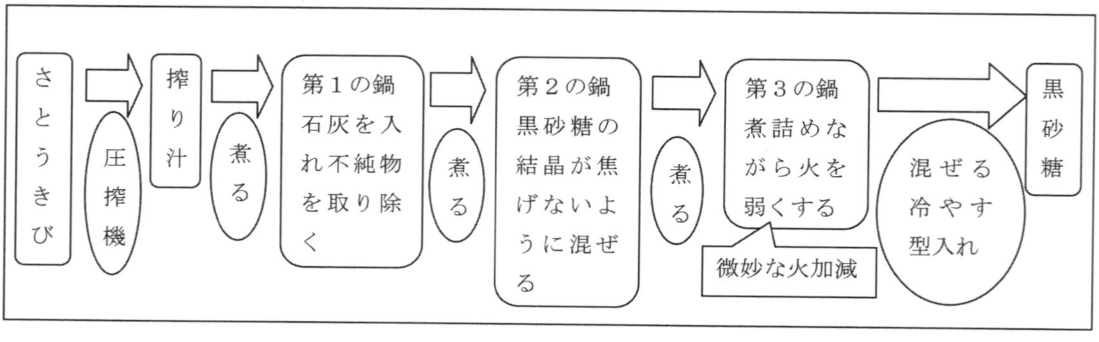

さとうきび１トン当たりの代金・手数料・交付金の流れ

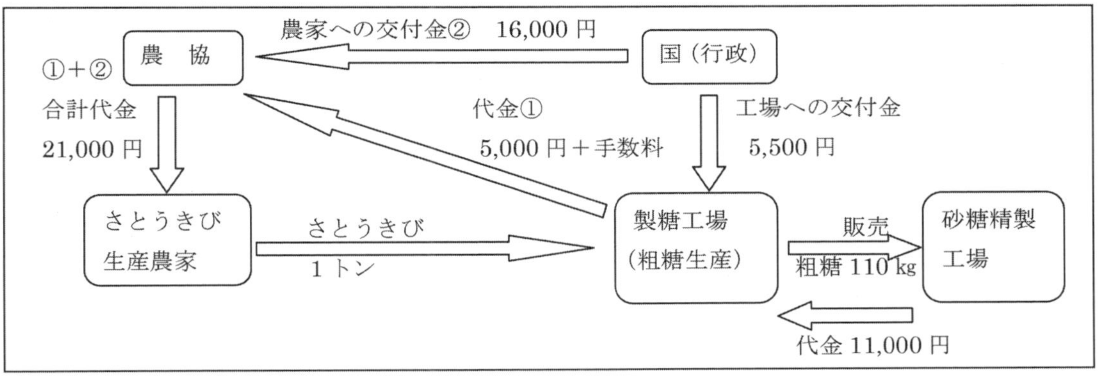

源）もあり、さとうきび１トン当たり大まかに上図のような構造になっている。

この図からわかるようにさとうきび生産農家は、１トン当たり製糖工場からの代金と手数料及び国からの交付金によって 21,000 円の収入を得る。支払いは農協が行う。また粗糖製糖工場は国からの交付金 5,500 円、粗糖代金として砂糖精製工場 11,000 円、合計 16,500 円が入ることになる。

種子島全体では、2010 年 11 月から 2011 年 4 月までで、さとうきびの生産量は 197,632 トン（トラック 44,000 台分）になった。この期間でさとうきび生産農家が受け取った代金は総額で約 42 億円になり、約 2,400 戸の農家１戸当たり平均で約 175 万円になる。

iii　さとうきびの栽培と製糖

さとうきびはイネ科の多年草である。種子島のさとうきび生産は北限にあたる。さとうきびは生育期間が 12 カ月から 18 カ月で、「春植え」と「夏植え」がある。一般にさとうきびを切ったものを植える。これとは別に「株出し」という方法は、刈り取りの時に根元から 10cm ほど残しておいて、またそこから生えてくるようにする方法である。農家はさとうきびの糖度を少しでも上げるために、雑草を生えさせないように努めている。除草剤は植え替えの初めに行うが、後は畑に入り草を取る。奄美地方や沖縄地方のさとうきびの糖度が 12 ～ 13％の中で、種子島の糖度は 11％にとどまっているといわれている。糖度が 1％ちがうと製糖工場の利益の総額として数千万円のちがいがでるという。

日本の砂糖消費量は約 300 万トンでそのうち約 90 万トンが国内で生産される。約 210 万トンが外国（主にタイ・オーストラリア）からの輸入であり、砂糖の自給率は 30％ということになる。ここでも他の農産物と同様に輸入農産物の圧力がかかっている。さとうきびの買入価格は毎年変更されるので、農家は価格の安定を希望している。

国内産約 90 万トンのうちテンサイから生産されるものが約 70 万トン、残りの約 20 万トンがさとうきびからの生産になっている。種子島での粗糖生産量は２万トンに満たないので、日本の砂糖使用量の約 1％弱の生産を担っていることになる。

iv　砂糖の生産過程

砂糖はおよそ、下図のように分類される。

製糖工場の稼動期間は、「春植え」と「夏植え」のさとうきびがそれぞれ糖塾期を迎える11月末から翌年の4月までの約5カ月間である。種子島の製糖工場では、グラニュー糖や白砂糖などの精製糖の原料となる「粗糖」を生産している。農家は糖熟期を迎えたさとうきびを刈り取り、トラックで製糖工場へ搬入する。この時、約5kgのサンプルの抽出と計量が行われる。サンプルは糖度が測定され、0.1度毎に買入価格が設定され、重量に応じて買入れ価格が決定する。1日1,500トンのさとうきびを処理している。そこから11%に当たる約170トンの粗糖（原料糖）が生産されている。

砂糖精製過程の分みつの段階で結晶化されたものは精糖過程へ進み、粗糖（原料糖）、精製糖となっていく。結晶化の後に残った糖蜜は30%～40%の糖分を含んでいるが、それ以上結晶化できなくなるまで、分みつによる結晶化と糖蜜に分ける過程を繰り返し、糖度が下がりそれ以上に結晶化しても商品価値がでない場合は、「精糖蜜」（「廃糖蜜」ともいう）として発酵工業の原料や家畜飼料に再利用される。

v　教育内容づくり

以上の考察から、さとうきびを主な題材とした総合学習としての教育内容を次の視点で設定した。

①生産過程から生産関係を探る。

基本的にはさとうきびの生産過程とさとうきびから砂糖の生産過程を探究することで、生産過程にかかわる生産関係を調べ学習の対象として明らかにしていく。

②ものの変化の過程にかかわる人々の働きを明らかにする。

粗糖から精製糖への生産過程

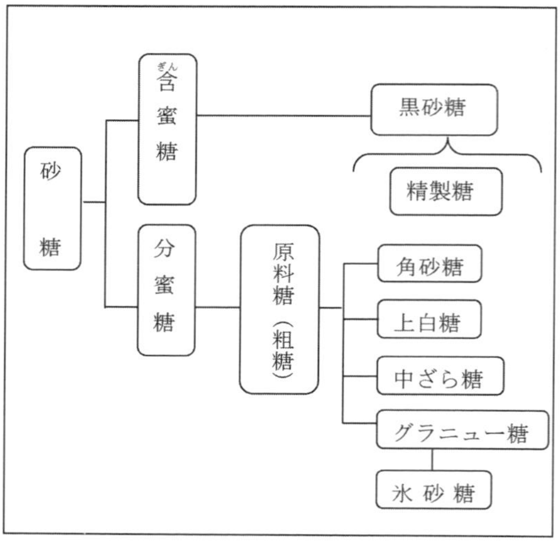

砂糖の製造工程

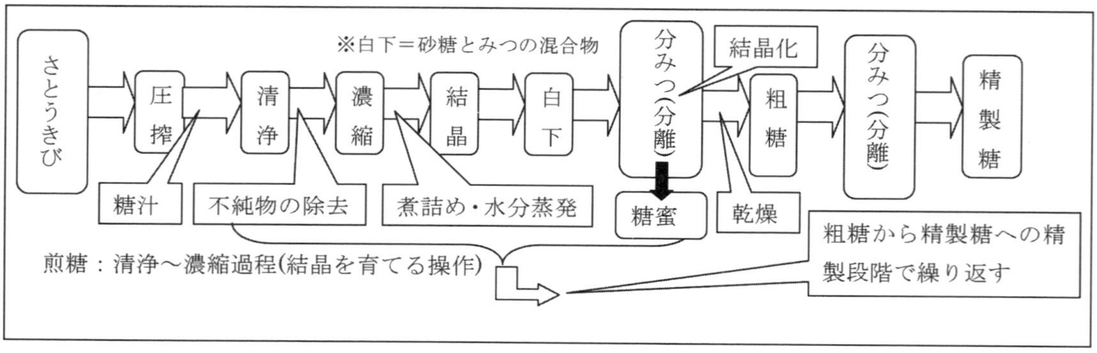

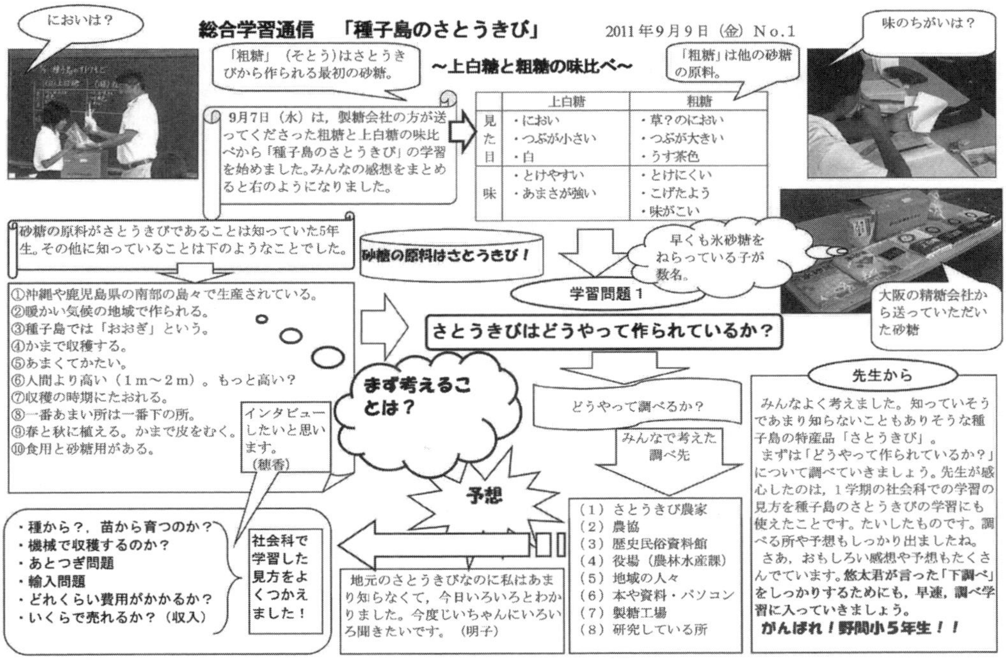

総合学習通信 「種子島のさとうきび」 2011年9月9日（金）No.1

～上白糖と粗糖の味比べ～

9月7日（水）は，製糖会社の方が送ってくださった粗糖と上白糖の味比べから「種子島のさとうきび」の学習を始めました。みんなの感想をまとめると右のようになりました。

	上白糖	粗糖
見た目	・におい ・つぶが小さい ・白	・草？のにおい ・つぶが大きい ・うす茶色
味	・とけやすい ・あまさが強い	・とけにくい ・こげたよう ・味がこい

砂糖の原料がさとうきびであることは知っていた5年生。その他に知っていることは下のようなことでした。

①沖縄や鹿児島県の南部の島々で生産されている。
②暖かい気候の地域で作られる。
③種子島では「おおぎ」という。
④かまで収穫する。
⑤あまくてかたい。
⑥人間より高い（１ｍ～２ｍ）。もっと高い？
⑦収穫の時期にたおれる。
⑧一番あまい所は一番下の所。
⑨春と秋に植える。かまで皮をむく。
⑩食用と砂糖用がある。

インタビューしたいと思います。（穂香）

砂糖の原料はさとうきび！

学習問題１

さとうきびはどうやって作られているか？

まず考えることとは？

どうやって調べるか？

みんなで考えた調べ先

（１）さとうきび農家
（２）農協
（３）歴史民俗資料館
（４）役場（農林水産課）
（５）地域の人々
（６）本や資料・パソコン
（７）製糖工場
（８）研究している所

予想

・種から？，苗から育つのか？
・機械で収穫するのか？
・あとつぎ問題
・輸入問題
・どれくらい費用がかかるか？
・いくらで売れるか？（収入）

社会科で学習した見方をよくつかえました！

地元のさとうきびなのに私はあまり知らなくて，今日いろいろとわかりました。今度じいちゃんにいろいろ聞きたいです。（明子）

先生から

みんなよく考えました。知っていそうであまり知らないこともありそうな種子島の特産品「さとうきび」。
まずは「どうやって作られているか？」について調べていきましょう。先生が感心したのは，１学期の社会科での学習の見方を種子島のさとうきびの学習にも使えたことです。たいしたものです。調べる所や予想もしっかり出ましたね。
さあ，おもしろい感想や予想もたくさんでています。悠太君が言った「下調べ」をしっかりするためにも，早速，調べ学習に入っていきましょう。
がんばれ！野間小５年生！！

「ものの変化の過程にかかわる人々の働き」とはさとうきびの生産、輸送、粗糖生産、精製糖生産、消費活動、貿易など、さとうきびから派生する様々な関係を明らかにすることであり、そのことを通して子どもの社会認識のすそ野を広げていく。

子どもにとって自然な筋道であるさとうきびの生産から砂糖の生産及び消費という教育内容の流れをとることで、社会認識が広がるように工夫した。

まず、粗糖や精製された砂糖から原料のさとうきびを確かめ、さとうきびの生産過程を通して、さとうきび生産農家の働く姿を示す。また、さとうきび生産農家と役場・農協など関係機関など、さとうきびをめぐる人々のかかわりと共有する課題を知り、生産関係とさとうきびから粗糖を生産する過程を通して、農業生産物と工業製品の関係を見える関係として描き出す。

（2）子どもがさとうきび農業を考える

子どもが主体的に考える～三つの「問い」～

学習問題１「さとうきびはどうやって作られているか？」
学習問題２「砂糖はどうやって作られているか？」
学習問題３「種子島のさとうきび作りが盛んになっていくために大事なことは何か？」

学習問題１「さとうきびはどうやって作られているか？」

事前に取り寄せておいた種子島産のさとうきびから生産された砂糖９種類のうちの、上白糖とさとうきびから最初に作られる砂糖である「粗糖」（原料糖）の味比べから学習に入った。（通信 No.1）

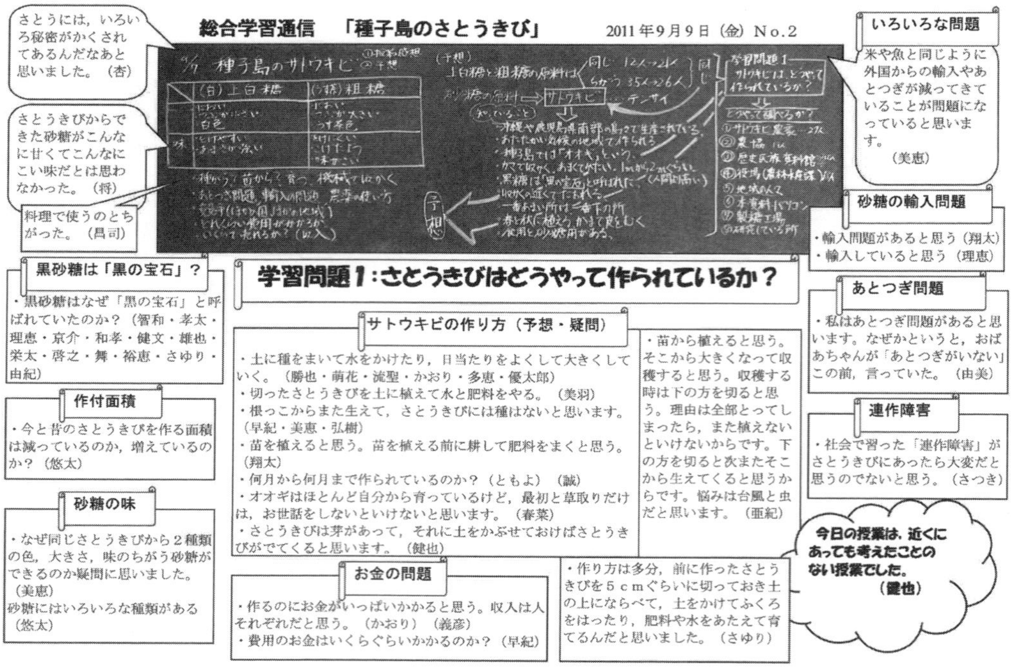

さとうには，いろいろ秘密がかくされてあるんだなあと思いました。（杏）

さとうきびからできた砂糖がこんなに甘くてこんなにこい味だとは思わなかった。（将）

料理で使うのとちがった。（昌司）

総合学習通信　「種子島のさとうきび」　2011年9月9日（金）No.2

いろいろな問題

米や魚と同じように外国からの輸入やあとつぎが減ってきていることが問題になっていると思います。（美恵）

砂糖の輸入問題

・輸入問題があると思う（翔太）
・輸入していると思う（理恵）

黒砂糖は「黒の宝石」？

・黒砂糖はなぜ「黒の宝石」と呼ばれていたのか？（智和・孝太・理恵・京介・和孝・健文・雄也・栄太・啓之・舞・裕恵・さゆり・由紀）

学習問題1：さとうきびはどうやって作られているか？

サトウキビの作り方（予想・疑問）

・土に種をまいて水をかけたり，日当たりをよくして大きくしていく。（勝也・萌花・流聖・かおり・多恵・優太郎）
・切ったさとうきびを土に植えて水と肥料をやる。（美羽）
・根っこからまた生えて，さとうきびには種はないと思います。（早紀・美恵・弘樹）
・苗を植えると思う。苗を植える前に耕して肥料をまくと思う。（翔太）
・何月から何月まで作られているのか？（ともよ）（誠）
・オオギはほとんど自分から育っているけど，最初と草取りだけは，お世話をしないといけないと思います。（春菜）
・さとうきびは芽があって，それに土をかぶせておけばさとうきびがでてくると思います。（健也）

・苗から植えると思う。そこから大きくなって収穫すると思う。収穫する時は下の方を切ると思う。理由は全部とってしまったら，また植えないといけないからです。下の方を切ると次またそこから生えてくると思うからです。悩みは台風と虫だと思います。（亜紀）

あとつぎ問題

・私はあとつぎ問題があると思います。なぜかというと，おばあちゃんが「あとつぎがいない」この前，言っていた。（由美）

作付面積

・今と昔のさとうきびを作る面積は減っているのか，増えているのか？（悠太）

連作障害

・社会で習った「連作障害」がさとうきびにあったら大変だと思うのでないと思う。（さつき）

砂糖の味

・なぜ同じさとうきびから2種類の色，大きさ，味のちがう砂糖ができるのか疑問に思いました。（美恵）
砂糖にはいろいろな種類がある（悠太）

お金の問題

・作るのにお金がいっぱいかかると思う。収入は人それぞれだと思う。（かおり）（義彦）
・費用のお金はいくらぐらいかかるのか？（早紀）

・作り方は多分，前に作ったさとうきびを5cmぐらいに切っておき土の上にならべて，土をかけてふくろをはったり，肥料や水をあたえて育てるんだと思いました。（さゆり）

今日の授業は，近くにあっても考えたことのない授業でした。（健也）

上白糖と粗糖の味比べ

	上白糖	粗糖
見た目	・におい ・つぶが小さい ・白	・草？のにおい ・つぶが大きい ・うす茶色
味	・とけやすい ・あまさが強い	・とけにくい ・こげたよう ・味がこい

次にさとうきびについて知っていることを発表し合い、そこから学習問題1「さとうきびはどうやって作られているか？」を立てた。調べる先や調べる方法を確認した後で、学習問題1についての予想を立てた。その際、さとうきびの作り方以外に社会科の食料生産で学習した連作障害、作付面積、輸入問題、後継者問題、収入問題などに関わる予想もあわせてあげることができた。（通信 No.2）

第1次調べ学習
〜「さとうきびは続いてほしい」（明子）〜

個人による調べ学習も始まり、全体では学校近くのさとうきび畑の観察と中種子町歴史民俗資料館の見学から始めた。（通信 No.3）

そして後日、再度、歴史民俗資料館と役場の農林水産課へ行くグループに分かれて、聞き取り調査に出かけた。資料館のグループはさとうきびの歴史を調べ、役場のグループはさとうきび農家の戸数や作付面積、生産過程、収入の仕組み、後継者問題などについて聞き取ってきた。（通信 No.4）

再び歴史民俗資料館へ行った子どもたちの関心を引いたことは、昔、さとうきびのことを「黒い宝石」と呼ばれたことだった。あおいはこうまとめた。

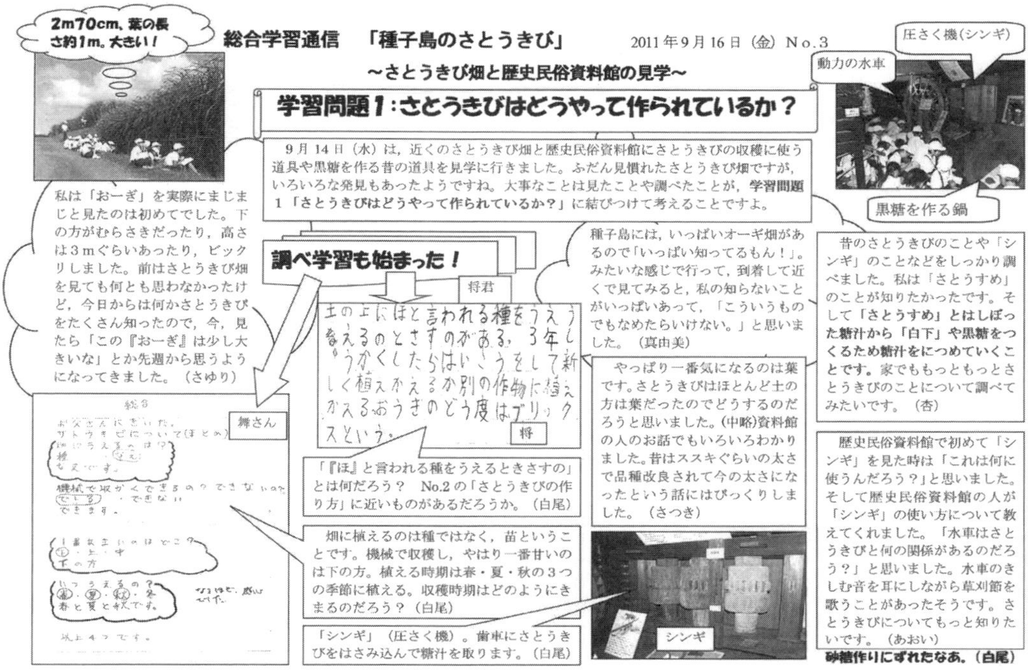

総合学習通信 「種子島のさとうきび」 2011年9月16日（金）No.3

～さとうきび畑と歴史民俗資料館の見学～

学習問題1：さとうきびはどうやって作られているか？

9月14日（水）は，近くのさとうきび畑と歴史民俗資料館にさとうきびの収穫に使う道具や黒糖を作る昔の道具を見学に行きました。ふだん見慣れたさとうきび畑ですが，いろいろな発見もあったようですね。大事なことは見たことや調べたことが，**学習問題1「さとうきびはどうやって作られているか？」**に結びつけて考えることですよ。

2m70cm、葉の長さ約1m。大きい！

私は「おーぎ」を実際にまじまじと見たのは初めてでした。下の方がむらさきだったり，高さは３ｍぐらいあったり，ビックリしました。前はさとうきび畑を見ても何とも思わなかったけど，今日からは何かさとうきびをたくさん知ったので，今，見たら「この『おーぎ』は少し大きいな」とか先週から思うようになってきました。（さゆり）

調べ学習も始まった！

将君

土の上にほと言われる種をうえう（し）春えるのとさすのがある。3年しゅうかくしたらはいこうをして新しく植えかえるか別の作物に植えかえる。おうぎのどう度はブリックスという。

将

「『ほ』と言われる種をうえるときさすの」とは何だろう？ No.2の「さとうきびの作り方」に近いものがあるだろうか。（白尾）

舞さん

総合

お父さんにきいた。

サトウキビについて(まとめ)

畑にうえるのは?

種・なえ

なえです。

機械で収かくできるの?できないの?

できる・できない

できます。

1番あまいのはどこ?

下・上・中

下の方

いつうえるの?

春・夏・秋・冬

春と夏と秋です。

以上4つです。

畑に植えるのは種ではなく，苗ということです。機械で収穫し，やはり一番甘いのは下の方。植える時期は春・夏・秋の３つの季節に植える。収穫時期はどのようにきまるのだろう？（白尾）

「シンギ」（圧さく機）。歯車にさとうきびをはさみ込んで糖汁を取ります。（白尾）

種子島には，いっぱいオーギ畑があるので「いっぱい知ってるもん！」。みたいな感じで行って，到着して近くで見てみると，私の知らないことがいっぱいあって，「こういうものでもなめたらいけない。」と思いました。（真由美）

やっぱり一番気になるのは葉です。さとうきびはほとんど土の方は葉だったのでどうするのだろうと思いました。(中略)資料館の人のお話でもいろいろわかりました。昔はススキぐらいの太さで品種改良されて今の太さになったという話にはびっくりしました。（さつき）

シンギ

圧さく機(シンギ)

動力の水車

黒糖を作る鍋

昔のさとうきびのことや「シンギ」のことなどをしっかり調べました。私は「さとうすめ」のことが知りたかったです。そして**「さとうすめ」とはしぼった糖汁から「白下」や黒糖をつくるため糖汁をにつめていくことです。**家でももっともっとさとうきびのことについて調べてみたいです。（杏）

歴史民俗資料館で初めて「シンギ」を見た時は「これは何に使うんだろう？」と思いました。そして歴史民俗資料館の人が「シンギ」の使い方について教えてくれました。「水車はさとうきびと何の関係があるのだろう？」と思いました。水車のきしむ音を耳にしながら草刈節を歌うことがあったそうです。さとうきびについてもっと知りたいです。（あおい）

砂糖作りにずれたなあ。（白尾）

……昔はえらい人しか砂糖を食べられなかったのを初めて知りました。そしてその後の時代には７～８万円ぐらいの値段の売り物だったので「黒い宝石」と言われたらしいです。それを聞いて「すごいな」と思いました。「さとうきびはいろんな時代に関係している」と思いました。（あおい）

この学習ではさとうきびの歴史に深く入ることを予定していなかったが、さとうきびの生産に歴史があり、あおいの言うとおり「いろんな時代に関係している」という視点は、現在のさとうきび生産が過去からの変化の中で受け継がれてきたものであることを認識する上で重要であったので、授業で取り上げることにした。

また役場へ行った明子は、さとうきび農家が置かれている現状を知ってこうまとめた。

これからのさとうきびについて。私はこれからのさとうきびが続いてほしいと思いました。私は子どもですが、おじいちゃんやおばあちゃんのさとうきび畑のお手伝いをして、もっともっとさとうきびのことをしりたいなあと思いました。（明子）

この明子の意見も、あおいの意見と共に授業で考えてみた。明子が心配する理由を他の子どもたちに尋ねてみると、後継ぎ不足、生産にかかるお金と収入の問題、機械代があがった。あおいの「いろんな時代」では、江戸時代と太平洋戦争後から現在に至る時代についての砂糖の価格について説明した。江戸時代は、砂糖そのものの供給量が少ない上に、薩摩藩の専売制であったために高価であったこと。また戦後は、占領状態の上、さとうきびの供給地であった台湾、沖縄からの供給が途絶えたことによって高

総合学習通信　「種子島のさとうきび」　2011年9月27日（火）No４

～役場（農林水産課）と歴史民俗資料館の調査～

20日(火)は役場と資料館へ聞き取り調査に行きました。しっかりまとめよう！

学習問題１：さとうきびはどうやって作られているか？

わかってきたぞ！

あとつぎが減ってる！

さとうきび畑も社会で習った時と同じで若いあとつぎが少なくなっているようです「1100戸中，65才以上が半分くらい。」と言っていたので「どこの農業もあとつぎが少ない」と思いました。（理恵）

春植え・夏植え・秋植え

さとうきびを収穫する機械は「ハーベスター」という機械だそうで，短く切ったり皮をむいたりするので便利だと思いました春植え・夏植え・秋植えがあり，春のは１月ぐらいに収穫し，夏・秋に植えたものは１年半ぐらいなことも初めて知りました。（裕恵）

糖を作る！

さとうきびは10月に成長が止まり，11月ごろになると甘くなろうとして糖を作るらしいです。（勝也）

苗から育てる！

質問で誠君が「種は何ですか？」と聞いていました。ぼくも思っていました。それで資料館の人は「種じゃなくさとうきびの上の部分が苗になっています。」と言っていました。ぼくが質問で，「根はどうなるんですか？」と聞いたら，「根は取らないで３年間収穫が続く。」と言いました。（孝太）

台風に強い！機械代！

さとうきびは「防災作物」と言われるほど台風などに強いことは知っていましたが，特に中種子町で1465haも作っていることやさとうきびを収穫する機械が1900万円もすることにおどろきました。さとうきび農家の人たち，回りで支える人たちも大変だということが伝わってきました。（美恵）

生産にかかるお金

さとうきびを作るのにどれくらいお金がかかるのですか？（早紀）

1ｔで約２万円。その半分が経費。（役場）

役場の働き

役場　支援(土作り・苗・機械)→　さとうきび農家

「黒い宝石」とは？

ぼくはさとうきびがなぜ「黒い宝石」と呼ばれていたのかが知りたくて，その理由がわかりました。第２次世界大戦後は，おけ１ぱい7～8万円くらいで売れた。その時，「黒い宝石」と呼ばれたんだそうです（義彦）

……昔はえらい人しか砂糖を食べられなかったのを初めて知りました。そしてその後の時代には7～8万円ぐらいの値段の売り物だったので「黒い宝石」と言われたらしいです。それを聞いて「すごいな。」と思いました。**「さとうきびはいろんな時代に関係している。」と思いました。（あおい）**

1100戸の農家・1465haの作付面積

中種子町では1100戸の人たちが1465haの面積のさとうきびを育てていることもわかりました。さとうきびは種子島によく来る台風に強いこともわかりました。ぼくはだからお父さんのさとうきびもなくなってなかったんだと思いました。さとうきびを作っている所では一番北にあることもわかりました。役場では，①土づくり，②苗，③機械を支援している所なので，役場はさとうきびの恩人であるとわかりました。役場はないといけないところなんだなあと思いました。（健也）

これからのさとうきび

これからのさとうきびについて。私はこれからのさとうきびが続いてほしいと思いました。私は子どもですが，おじいちゃんやおばあちゃんのさとうきび畑のお手伝いをして，もっともっとさとうきびのことをしりたいなあと思いました。（明子）

さとうきびは続いてほしい。（明子）　←大事な意見（白尾）→　さとうきびはいろんな時代に関係している。（あおい）

価になったこと。そして独立後は、逆に外国からの砂糖の輸入によって砂糖の価格が下がってきたことを説明した。子どもたちはこうして、さとうきび生産を時間の流れの中でとらえ直した。

明子さんの「さとうきびは続いてほしい」という気持ちはとても大切だと思いました。後継ぎや機械代の問題をかかえながら、さとうきび農家の人たちは日々がんばっているんだなあと改めて思いました。
（さつき）

輸入問題は昔より砂糖が安くなっているので、大丈夫なのかなあと思いました。
（優太郎）

日本は輸入しすぎと思った。（弘樹）

今は安く売られて安心できると思ったら、大まちがいです。なぜならば「後継ぎ」が減っているからです。（達也）

弘樹が書いているようにこれまでの農産物輸入交渉によって、日本の農産物や食料品の輸入が増加してきた。その結果が食料自給率約40%という事実である。日本は国内の農業保護の目的で輸入農産物に関税をかけ、それを原資に農家への交付金を出すことを進めてきた。これには日本の農業が国際競争力をつけることができないという点で批判がある。しかし、価格差が10倍以上の外国農産物に対して、国内の農家を守りながら「多様な農業」のあり方を求めてきたことも事実である。これは食料安全保障という観点からも重要なことであり、農業の国際競争力と食料安全保障を工業製品と同じ「もの」のレベルでとらえていては、食料安全保障に大きな不安を与えることはあきらかである。

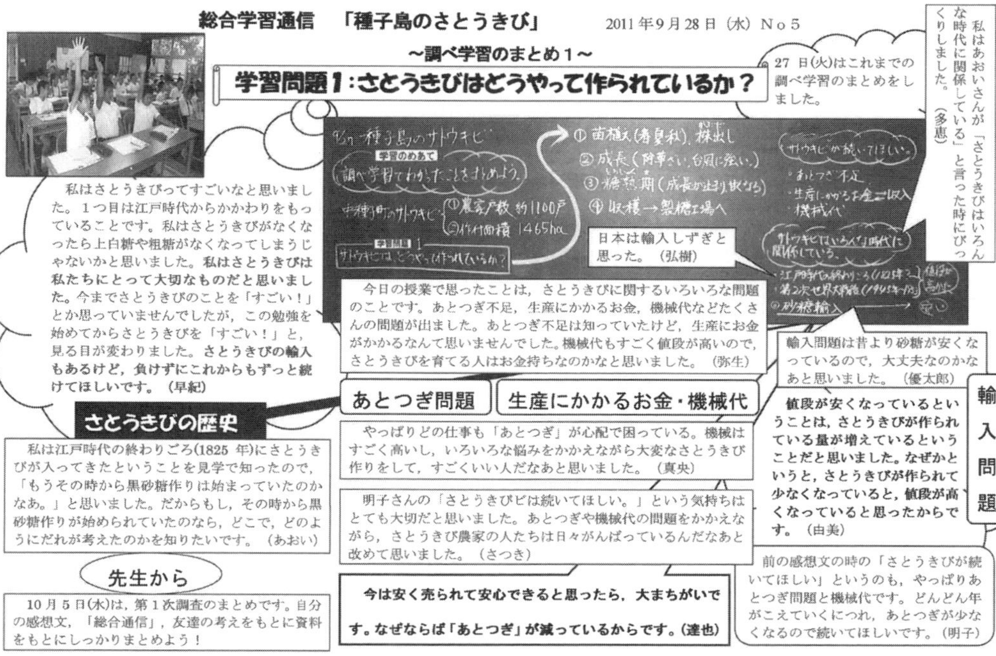

総合学習通信 「種子島のさとうきび」 2011年9月28日（水）Ｎｏ５

～調べ学習のまとめ１～

学習問題１：さとうきびはどうやって作られているか？

27 日(火)はこれまでの調べ学習のまとめをしました。

私はあおいさんが「さとうきびはいろんな時代に関係している」と言った時にびっくりしました。（多恵）

私はさとうきびってすごいなと思いました。１つ目は江戸時代からかかわりをもっていることです。私はさとうきびがなくなったら上白糖や粗糖がなくなってしまうじゃないかと思いました。**私はさとうきびは私たちにとって大切なものだと思いました。**今までさとうきびのことを「すごい！」とか思っていませんでしたが，この勉強を始めてからさとうきびを「すごい！」と，見る目が変わりました。**さとうきびの輸入もあるけど，負けずにこれからもずっと続けてほしいです。（早紀）**

日本は輸入しすぎと思った。（弘樹）

今日の授業で思ったことは，さとうきびに関するいろいろな問題のことです。あとつぎ不足，生産にかかるお金，機械代などたくさんの問題が出ました。あとつぎ不足は知っていたけど，生産にお金がかかるなんて思いませんでした。機械代もすごく値段が高いので，さとうきびを育てる人はお金持ちなのかなと思いました。（弥生）

輸入問題は昔より砂糖が安くなっているので，大丈夫なのかなあと思いました。（優太郎）

あとつぎ問題　生産にかかるお金・機械代

やっぱりどの仕事も「あとつぎ」が心配で困っている。機械はすごく高いし，いろいろな悩みをかかえながら大変なさとうきび作りをして，すごくいい人だなあと思いました。（真央）

輸入問題

値段が安くなっているということは，さとうきびが作られている量が増えているということだと思いました。なぜかというと，さとうきびが作られて少なくなっていると，値段が高くなっていると思ったからです。（由美）

さとうきびの歴史

私は江戸時代の終わりごろ(1825 年)にさとうきびが入ってきたということを見学で知ったので，「もうその時から黒砂糖作りは始まっていたのかなあ。」と思いました。だからもし，その時から黒砂糖作りが始められていたのなら，どこで，どのようにだれが考えたのかを知りたいです。（あおい）

明子さんの「さとうきびビは続いてほしい。」という気持ちはとても大切だと思いました。あとつぎや機械代の問題をかかえながら，さとうきび農家の人たちは日々がんばっているんだなあと改めて思いました。（さつき）

前の感想文の時の「さとうきびが続いてほしい」というのも，やっぱりあとつぎ問題と機械代です。どんどん年がこえていくにつれ，あとつぎが少なくなるので続いてほしいです。（明子）

今は安く売られて安心できると思ったら，大まちがいです。なぜならば「あとつぎ」が減っているからです。（達也）

先生から

10 月 5 日(水)は，第１次調査のまとめです。自分の感想文，「総合通信」，友達の考えをもとに資料をもとにしっかりまとめよう！

達也の意見は、安い農産物の輸入の陰で農家の後継者が減り続けることへの不安を表していた。

「なんで作る人が減っているのに、作る面積は増えているのだろう？」（さゆり）

次の授業では、学習問題１「さとうきびはどうやって作られているか？」について農協へ聞き取りに行った。営農指導も行う農協の小山さんは14項目にわたって語った。

①さとうきびの栽培方法　②品種改良　③作型（植え付け方法）　④多く収穫する工夫　⑤さとうきび農家へのお金の流れ　⑥さとうきび農家への指導　⑦農家戸数と作付面積　⑧生産の増加　⑨機械化　⑩災害（台風・塩害）　⑪作付の工夫　⑫高齢化　⑬中種子町内に占めるさとうきびの割合　⑭ TPP 問題

子どもたちが疑問に思ったことは、農家戸数の減少の中で作付面積が増加していることと、TPP 問題であった。

私は JA に行き、さとうきびについて聞きました。私は資料の１ページ目の最初からびっくりしました。さとうきびはいろいろな成長の時期があると思ったけど、期間が決まっていることを初めて知りました。１月中旬から４月の中旬に発芽して、４月の中旬から５月の下旬に本数が決まり､５月下旬から９月上旬が長さを伸ばし、９月上旬から 11 月下旬までが甘くなっていくそうです。JA は主に７つの仕事をしています。出荷割り当てをしたり、キビ農家への国からの交付金 (約 16,000 円／トン当たり) を農協が農家に代わってお金をもらえる（手続き）ようにしているそうで

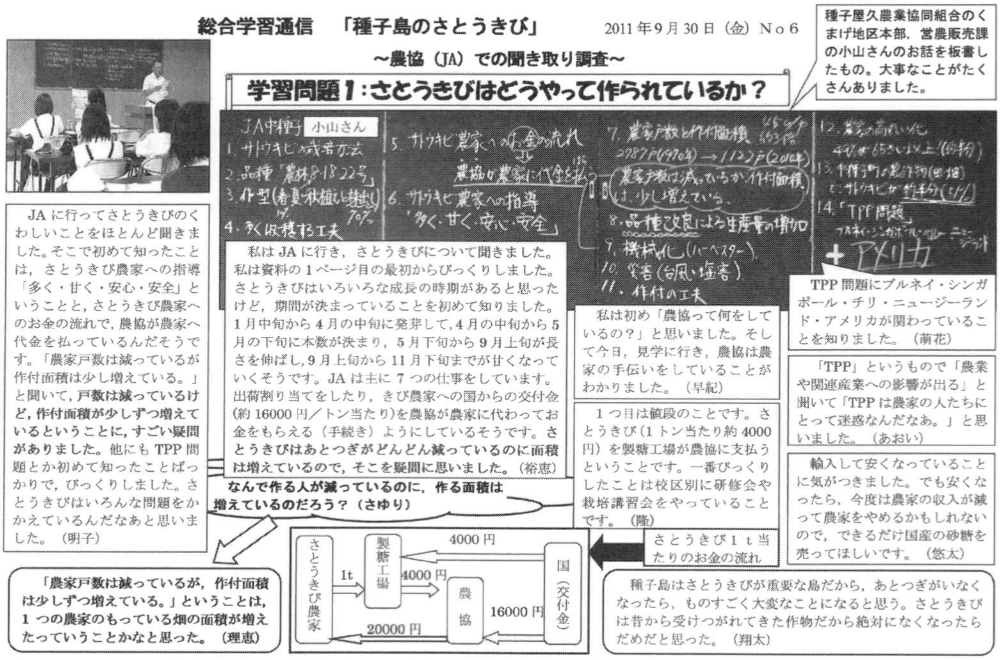
総合学習通信　「種子島のさとうきび」　2011年9月30日（金）No 6

～農協（JA）での聞き取り調査～

学習問題1：さとうきびはどうやって作られているか？

種子屋久農業協同組合のくまげ地区本部，営農販売課の小山さんのお話を板書したもの。大事なことがたくさんありました。

JA に行ってさとうきびのくわしいことをほとんど聞きました。そこで初めて知ったことは，さとうきび農家への指導「多く・甘く・安心・安全」ということと，さとうきび農家へのお金の流れで，農協が農家へ代金を払っているんだそうです。「農家戸数は減っているが作付面積は少し増えている。」と聞いて，**戸数は減っているけど，作付面積が少しずつ増えているということに，すごい疑問がありました。**他にも TPP 問題とか初めて知ったことばっかりで，びっくりしました。さとうきびはいろんな問題をかかえているんだなあと思いました。（明子）

私は JA に行き，さとうきびについて聞きました。私は資料の１ページ目の最初からびっくりしました。さとうきびはいろいろな成長の時期があると思ったけど，期間が決まっていることを初めて知りました。1月中旬から4月の中旬に発芽して，4月の中旬から5月の下旬に本数が決まり，5月下旬から9月上旬が長さを伸ばし，9月上旬から11月下旬までが甘くなっていくそうです。JA は主に7つの仕事をしています。出荷割り当てをしたり，きび農家への国からの交付金（約 16000 円／トン当たり）を農協が農家に代わってお金をもらえる（手続き）ようにしているそうです。**さとうきびはあとつぎがどんどん減っているのに面積は増えているので，そこを疑問に思いました。**（裕恵）

なんで作る人が減っているのに，作る面積は増えているのだろう？（さゆり）

「農家戸数は減っているが，作付面積は少しずつ増えている。」ということは，1つの農家のもっている畑の面積が増えたっていうことかなと思った。（理恵）

私は初め「農協って何をしているの？」と思いました。そして今日，見学に行き，農協は農家の手伝いをしていることがわかりました。（早紀）

1つ目は値段のことです。さとうきび（1トン当たり約 4000 円）を製糖工場が農協に支払うということです。一番びっくりしたことは校区別に研修会や栽培講習会をやっていることです。（隆）

さとうきび1ｔ当たりのお金の流れ

TPP 問題にブルネイ・シンガポール・チリ・ニュージーランド・アメリカが関わっていることを知りました。（萌花）

「TPP」というもので「農業や関連産業への影響が出る」と聞いて「TPP は農家の人たちにとって迷惑なんだなあ。」と思いました。（あおい）

輸入して安くなっていることに気がつきました。でも安くなったら，今度は農家の収入が減って農家をやめるかもしれないので，できるだけ国産の砂糖を売ってほしいです。（悠太）

種子島はさとうきびが重要な島だから，あとつぎがいなくなったら，ものすごく大変なことになると思う。さとうきびは昔から受けつがれてきた作物だから絶対になくなったらだめだと思った。（翔太）

す。さとうきびは後継ぎがどんどん減っているのに面積は増えているので、そこを疑問に思いました。（裕恵）

この疑問に関して、理恵は次のような予想を立てた。

「農家戸数は減っているが、作付面積は少しずつ増えている」ということは、１つの農家のもっている畑の面積が増えたっていうことかなと思った。（理恵）

さとうきび１トンあたりのお金の流れ

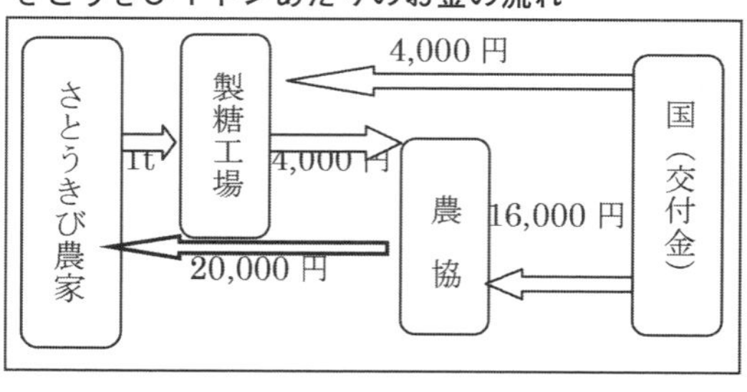

事実は理恵の予想のとおりで、この後、役場の農林水産課からの資料で明らかになった。

またこの調査で重要であったことは、さとうきび１トン当たりの農家へのお金の流れが分かったことであった。これは後の TPP 問題の学習で子どもたちが考える基礎となる理解になった。

「TPP」というもので「農業や関連産業への影響が出る」と聞いて「TPP は農家の人たちにとって迷惑なんだなあ」と思いました。（あおい）

JA に行ってさとうきびのくわしいことをほとんど聞きました。そこで初めて知ったことは、さとうきび農家への指導「多く・甘く・安心・安全」ということと、さとうきび農家へのお金の流れで、農協が農

総合学習通信 「種子島のさとうきび」 2011年10月7日（金）No７

5日(水)は，これまでの学習のまとめをしました。

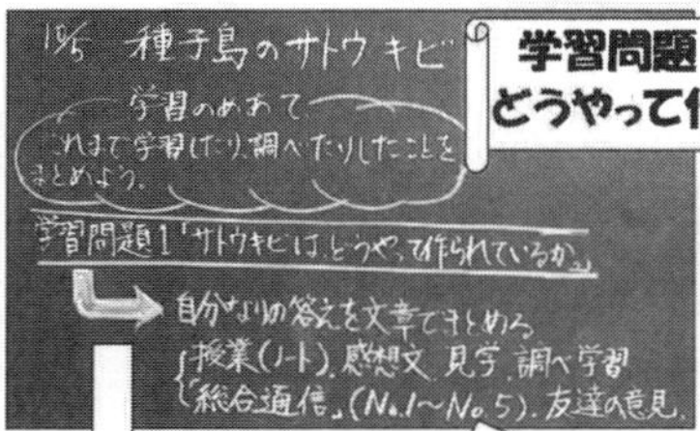

10/5 種子島のサトウキビ
学習のめあて
これまで学習したり調べたりしたことをまとめよう。
学習問題1「サトウキビは、どうやって作られているか。」
自分なりの答えを文章でまとめる
授業(ノート)、感想文、見学、調べ学習
「総合通信」(No.1〜No.5)、友達の意見。

学習問題１：さとうきびはどうやって作られているか？

〜これまでの学習のまとめ〜

輸入問題

今は砂糖が安く手に入りますが，多分それは輸入のせいです。輸入のおかげで安く手に入るんだそうです。そして安くなったので収入が減ります。これは農業全体にかかわる話なんですが，TPP（環太平洋パートナーシップ協定）に入ってしまうと，国産の肉や野菜などがなくなるかもしれません。それだけではありません。最悪の場合，さとうきびもなくなってしまうかもしれません。だからTPPには絶対入ってはいけません。（悠太）

さとうきびは時間をかけて育つ

まず，最初に苗を植えます。それからどんどん成長していきます。成長していく間に草取りや除草剤をかけます。さとうきびが一列に並んでいて，さとうきびとさとうきびの間は人の入れる間があり，一つの苗からさとうきびがたくさん生える。さとうきび畑はきちんとしている。11月ぐらいに成長が止まり，どんどん甘くなっていきます。12月はおので収穫したり，ハーベスターで収穫したりします。ハーベスターは皮もむいて，切ってあみに入れます。それを製糖工場へトラックで持っていきます。それで粗糖や黒砂糖を作ります。さとうきびはこのくり返しです。さとうきびは時間をかけて育っている。（春菜）

さとうきび農家の３つの悩み

さとうきび農家は３つの悩みをもっています。

１つは「あとつぎ」です。なぜならさとうきびを作っている人が減っているし，あとをつぐ人がいないからです。

２つ目は「生産にかかるお金」です。生産までお金がたくさんかかります。例えば肥料などを買っているからです。

３つ目は「輸入」です。オーストラリアは暖かい所だからたくさんできて安いから輸入しています。農家の悩みがひとつでもなくなるといいと思います。（春菜）

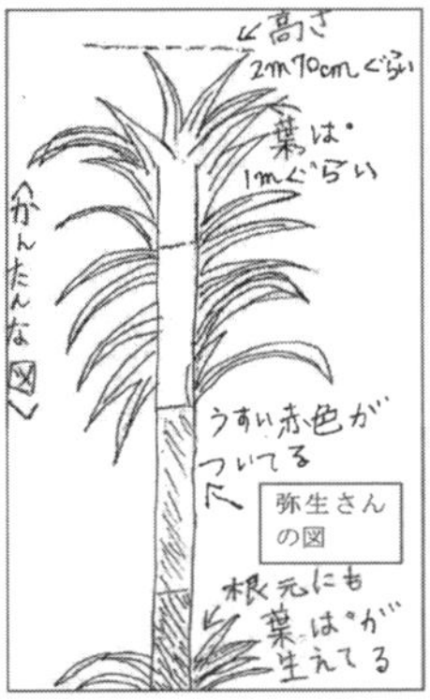

弥生さんの図

TPP問題はヤバい！

さとうきび作りは大変だと思った。収入が低い。問題がたくさんある（あとつぎ・費用・輸入）。このTPP問題がヤバい。まず，さとうきび農家は国からの交付金で16000円と4000円で２万円もらっていた。だが，外国から安いさとうきびが来てしまうが，国が関税12%で高い値段にして防いでいた。だが外国人たちが「TPPに入らないか？」と言った。TPPに入るということは，関税12%がなくなるということだ。つまり関税が12%なくなれば，外国の安いさとうきびが売れてしまい，交付金がなくなるので，さとうきび生産ができなくなるということだ。この問題をさけない限り，さとうきびはなくなってしまうので，とてもヤバいし，TPP問題には入ってもらわないでほしいと思う。（勝也）

家へ代金を払っているんだそうです。「農家戸数は減っているが作付面積は少し増えている」と聞いて、戸数は減っているけど、作付面積が少しずつ増えているということに、すごい疑問がありました。他にもTPP問題とか初めて知ったことばっかりで、びっくりしました。さとうきびはいろんな問題をかかえているんだなあと思いました。（明子）

学習問題１のまとめ
〜「さとうきびは時間をかけて育っている」（春菜）〜

ここまでの学習のまとめでは、学習問題1「さとうきびはどうやって作られているか？」の答えをまとめた。その中でTPP問題にかかわる意見も出始めた。

「さとうきびは時間をかけて育つ」（春菜）

まず、最初に苗を植えます。それからどんどん成長していきます。成長していく間に草取りや除草剤をかけます。さとうきびが一列に並んでいて、さとうきびとさとうきびの間は人の入れる間があり、一つの苗からさとうきびがたくさん生える。さとうきび畑はきちんとしている。11月ぐらいに成長が止まり、どんどん甘くなっていきます。12月はおので収穫したり、ハーベスターで収穫したりします。ハーベスターは皮もむいて、切ってあみに入れます。それを製糖工場へトラックで持っていきます。それで粗糖や黒砂糖を作ります。さとうきびはこのくり返しです。さとうきびは時間をかけて育っている。さとうきび農家は３つの悩みをもっています。

１つは「後継ぎ」です。なぜならさとうきびを作っている人が減っているし、後を

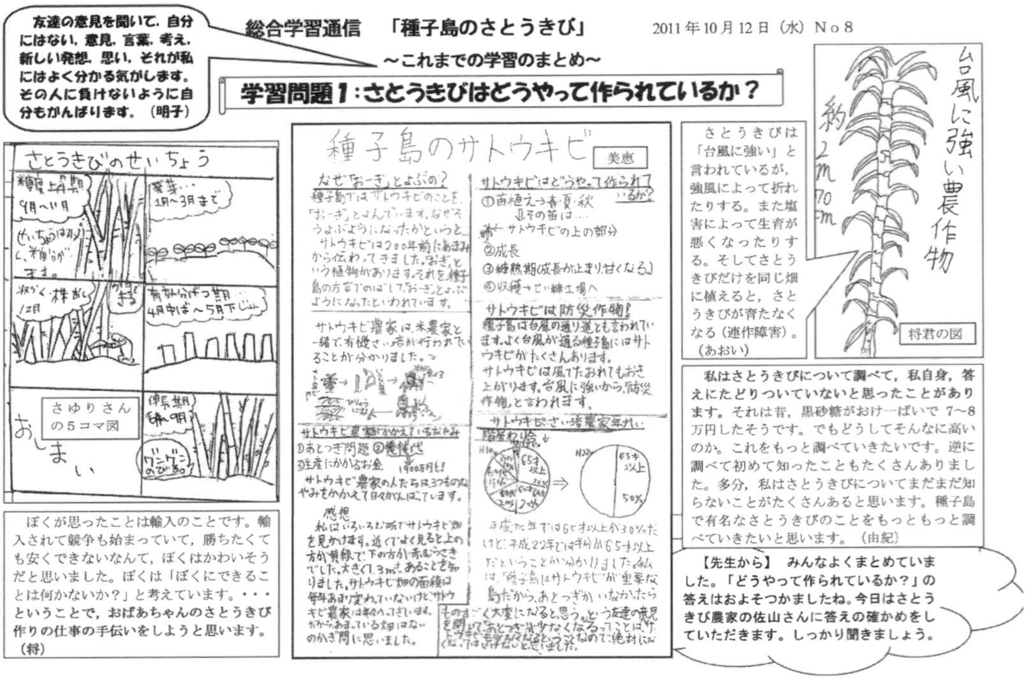

総合学習通信　「種子島のさとうきび」　2011年10月12日（水）No８

～これまでの学習のまとめ～

友達の意見を聞いて，自分にはない，意見，言葉，考え，新しい発想，思い，それが私にはよく分かる気がします。その人に負けないように自分もがんばります。（明子）

学習問題１：さとうきびはどうやって作られているか？

さとうきびのせいちょう

さゆりさんの５コマ図

種子島のサトウキビ　美恵

さとうきびは「台風に強い」と言われているが，強風によって折れたりする。また塩害によって生育が悪くなったりする。そしてさとうきびだけを同じ畑に植えると，さとうきびが育たなくなる（連作障害）。（あおい）

台風に強い農作物　約２m70cm

将君の図

私はさとうきびについて調べて，私自身，答えにたどりついていないと思ったことがあります。それは昔，黒砂糖がおけ一ぱいで７～８万円したそうです。でもどうしてそんなに高いのか。これをもっと調べていきたいです。逆に調べて初めて知ったこともたくさんありました。多分，私はさとうきびについてまだまだ知らないことがたくさんあると思います。種子島で有名なさとうきびのことをもっともっと調べていきたいと思います。（由紀）

ぼくが思ったことは輸入のことです。輸入されて競争も始まっていて，勝ちたくても安くできないなんて，ぼくはかわいそうだと思いました。ぼくは「ぼくにできることは何かないか？」と考えています。・・・ということで，おばあちゃんのさとうきび作りの仕事の手伝いをしようと思います。（将）

【先生から】　みんなよくまとめていました。「どうやって作られているか？」の答えはおよそつかましたね。今日はさとうきび農家の佐山さんに答えの確かめをしていただきます。しっかり聞きましょう。

つぐ人がいないからです。

２つ目は「生産にかかるお金」です。生産までお金がたくさんかかります。例えば肥料などを買っているからです。

３つ目は「輸入」です。オーストラリアは暖かい所だからたくさんできて安いから輸入しています。農家の悩みがひとつでもなくなるといいと思います。

弥生の図

「連作障害」（あおい）

さとうきびは「台風に強い」と言われているが、強風によって折れたりする。また塩害によって生育が悪くなったりする。そしてさとうきびだけを同じ畑に植えると、さとうきびが育たなくなる。

「輸入問題」（悠太）

今は砂糖が安く手に入りますが、多分それは輸入のせいです。輸入のおかげで安く手に入るんだそうです。そして安くなったので収入が減ります。これは農業全体にかかわる話なんですが、TPP（環太平洋パートナーシップ協定）に入ってしまうと、国

総合学習通信 「種子島のさとうきび」 2011年10月14日（金）No９

12日（水）は，さとうきび農家の佐山さんに来ていただいて「さとうきびはどうやって作られているか？」についての「答え」を教えてもらいました。

～さとうきび農家 佐山さんの話～

学習問題１：さとうきびはどうやって作られているか？

さとうきび農家の工夫

佐山さんの話を聞いて初めて知ったことは，さとうきびの穂には２つの芽があり，そのことを「二芽苗」ということがまたわかりました。もう一つは，苗の植え方です。今までは苗を土に植えるのだと思っていたけど，土で山を作り，その山の間に穂を並べておいて，肥料や土，ビニールをかけたりしていることです。（聡史）

「さとうきびは風でたおれたら根が切れて糖度が低くなる」と言っていました。だから倍土はサトウキビを作る時，なくてはならない作業だなあと思いました。さとうきびは甘さで，いいかよくないかが決まるから，ひとつ一つの作業が大事だということが分かりました。（翔太）

さとうきびは数で収入が変わると思っていたけど，糖度で変わるとは思わなかった。（弘樹）

私は佐山さんの話を聞いて「やはり農家はいろいろ知っているな。」と思いました。まず植え方のことです。株出しの時はさとうきびの上に土，その上にビニールをかけるそうです。ビニールをかけないと20日ぐらい芽が出るのが遅れると聞いてびっくりしました。多分，さとうきびは熱帯の植物だからビニールをかぶして熱をこもらせることで早く芽が出るのはと思いました。（さつき）

後継ぎが増える環境とは？

佐山さんは「あとつぎが増える環境にしたい。」と言っていたので本当にあとつぎが少ないんだなあと思った。（真央）

1年きび，2年きび，3年きびで3回株出しをする。さとうきびが大きくなると，倒れないように培土をする。虫が来ないようにダイアジソンを2回まく。1回まくともう肥料をまかなくてもいい一発型の肥料があると聞いて，すごいと思った。30アール当たり3800本から4000本植えるといい。折れると成長が止まり，新しい芽に養分がいくため，糖度が下がるというのがもったいないと思った。だから倍土をすると思う。（光一郎）

さとうきびは2月に苗を植えて次の年の2～4月に収穫をします。そしてまた収穫し，3月に株出しをします。このようにさとうきびは意外とできるのは，おそいんだなあと思いました。1回の収穫に3000～3500本とれて，10アール当たり7トン400kgも収穫できるそうです。農林8号は2月ごろに糖を作ります。それに対して農林22号は早く甘くなります。さとうきびを見ても，あまり種類のちがいは気がつかないけど，さとうきびにはいろいろな種類があることが分かりました。（美恵）

悠太君の解説

今，さとうきびを輸入しているが，関税がかけられているから何とかやっていけるというのですが，今の日本の自給率は40%です。昔は80%だったらしいです。そう考えても，もうこのままでもさとうきびは作っていけないのじゃないかと思います。それとあとつぎ問題でもつぶれそうな気がします。結果的に食料自給率を50%に上げることをやらないと，さとうきびはつぶれるでしょう。そして藤川さんが言ったように交付金がなくなってしまったら大変です。（悠太）

かおりさんのノート

TPP問題

TPP問題について聞いたところ，TPPに入ると1トン当たり4000円しかはらえず，お金が残らないのでご飯が食べられなくなるらしいです。でもぼくが思うには，**TPPに入ると輸入品が安くなるので消費者にとっては，メリットがある。**農家にはデメリットがあるが，この問題の具体的なことは決まっていないらしい。（勝也）

私は勝也君の質問から必ず言えることが1つありました。それはTPPのことです。TPPをすると農家がなくなるかもしれません。ということは種子島のさとうきびはやっていけないと思いました。**私はそんなのいやです。なぜかというとさとうきびは種子島の宝だからです。**確かにさとうきびには，あとつぎ問題，輸入問題，いろいろあって大変かもしれませんが，そこを乗り越えてさとうきびはこれからも私たちが大人になってもあることを願います。私はTPPだけはやめてほしいなと思いました。（早紀）

私はこのお話を聞き，日本の自給率が低いので，**本当にTPPが日本に来たら，私たちの食生活はどうなるのか想像がつきません。**（静香）

産の肉や野菜などがなくなるかもしれません。それだけではありません。最悪の場合、さとうきびもなくなってしまうかもしれません。だからTPPには絶対入ってはいけません。

付金がなくなるので、さとうきび生産ができなくなるということだ。この問題をさけない限り、さとうきびはなくなってしまうので、とてもヤバいし、TPP問題には入ってもらわないでほしいと思う。

「TPP問題はヤバい！」（勝也）

さとうきび作りは大変だと思った。収入が低い。問題がたくさんある（後継ぎ・費用・輸入）。このTPP問題がヤバい。まず、さとうきび農家は国からの交付金で16,000円と4,000円で２万円もらっていた。だが、外国から安いさとうきびが来てしまうが、国が関税12%で高い値段にして防いでいた。だが外国人たちが「TPPに入らないか？」と言った。TPPに入るということは、関税12%がなくなるということだ。つまり関税が12%なくなれば、外国の安いさとうきびが売れてしまい、交

さとうきび農家の佐山さんの話
～「やはり農家はいろいろ知っている」（さつき）～

子どもたちがそれまで調べたものを基にして学習のまとめをした後で、さとうきび農家の佐山さんから、学習問題１「さとうきびはどやって作られているか？」の「答え」を示してもらうことにした。佐山さんはさとうきび農家ならではの視点で、畑作りから植え付け、収穫後までを具体的に語ってくださった。さとうきび栽培の北限と言われる種子島で、さとうきびを栽培していく工夫やさとうきびの糖度を上げるための取り組み、後継者問題など、子どもたちは

さとうきび農家ならではの話から大切なことを聞き取った。

私は佐山さんの話を聞いて「やはり農家はいろいろ知っているな」と思いました。まず植え方のことです。株出しの時はさとうきびの上に土、その上にビニールをかけるそうです。ビニールをかけないと20日ぐらい芽が出るのが遅れると聞いてびっくりしました。多分、さとうきびは熱帯の植物だからビニールをかぶせて熱をこもらせることで早く芽が出るのはと思いました。(さつき)

「さとうきびは風でたおれたら根が切れて糖度が低くなる」と言っていました。だから倍土はさとうきびを作る時、なくてはならない作業だなあと思いました。さとうきびは甘さで、いいかよくないかが決まるから、ひとつ一つの作業が大事だということが分かりました。(翔太)

さとうきびは数で収入が変わると思っていたけど、糖度で変わるとは思わなかった。(弘樹)

佐山さんは「後継ぎが増える環境にしたい」と言っていたので本当に後継ぎが少ないんだなあと思った。(真央)

佐山さんが最後に語ったこともTPP問題であった。子どもたちは、賛成、反対の立場から自分の意見をまとめ、悠太は自給率の点から意見をまとめた。

TPP問題について聞いたところ、TPPに入ると1トン当たり4,000円しかはらえず、お金が残らないのでご飯が食べられなくなるらしいです。でもぼくが思うには、TPPに入ると輸入品が安くなるので消費者にとっては、メリットがある。農家にはデメリットがあるが、この問題の具体的なことは決まっていないらしい。(勝也)

私は勝也君の質問から必ず言えることが1つありました。それはTPPのことです。TPPをすると農家がなくなるかもしれません。ということは種子島のさとうきびはやっていけないと思いました。私はそんなのいやです。なぜかというとさとうきびは種子島の宝だからです。確かにさとうきびには、後継ぎ問題、輸入問題、いろいろあって大変かもしれませんが、そこを乗り越えてさとうきびはこれからも私たちが大人になってもあることを願います。私はTPPだけはやめてほしいなと思いました。
(早紀)

今、さとうきびを輸入しているが、関税がかけられているから何とかやっていけるというのですが、今の日本の自給率は40%です。昔は80%だったらしいです。そう考えても、もうこのままでもさとうきびは作っていけないのじゃないかと思います。それと後継ぎ問題でもつぶれそうな気がします。結果的に食料自給率を50%に上げることをやらないと、さとうきびはつぶれるでしょう。そして佐山さんが言ったように交付金がなくなってしまったら大変です。(悠太)

静香は、TPP問題をめぐるやり取りで、「私

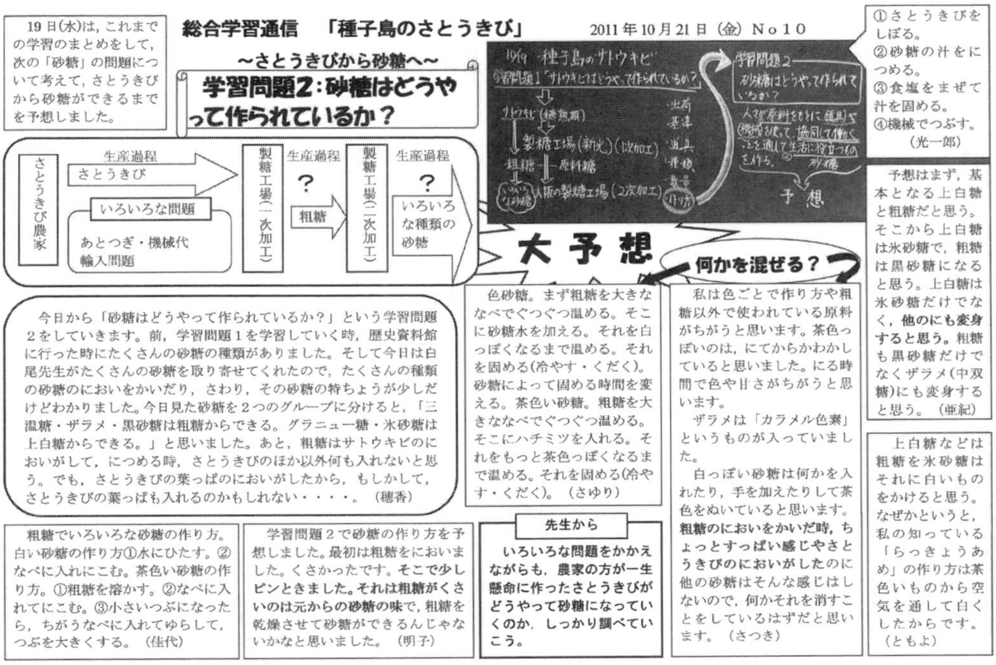

19日(水)は，これまでの学習のまとめをして，次の「砂糖」の問題について考えて，さとうきびから砂糖ができるまでを予想しました。

総合学習通信 「種子島のさとうきび」 2011年10月21日（金）No10

~さとうきびから砂糖へ~

学習問題2：砂糖はどうやって作られているか？

さとうきび農家 → 生産過程 さとうきび → 製糖工場(一次加工) → 生産過程 ？ 粗糖 → 製糖工場(二次加工) → 生産過程 ？ いろいろな種類の砂糖

いろいろな問題
あとつぎ・機械代
輸入問題

10/19 種子島のサトウキビ
学習問題１「サトウキビはどうやって作られているか？」
サトウキビ（糖熟期）
製糖工場（新光）（1次加工）
粗糖 原料糖
大阪の製糖工場（2次加工）
出荷 基準 道具 準備 数量 ハリカ
学習問題２ 砂糖はどうやって作られているか？
予想

①さとうきびをしぼる。
②砂糖の汁をにつめる。
③食塩をまぜて汁を固める。
④機械でつぶす。
（光一郎）

予想はまず，基本となる上白糖と粗糖だと思う。そこから上白糖は氷砂糖で，粗糖は黒砂糖になると思う。上白糖は氷砂糖だけでなく，**他のにも変身すると思う。**粗糖も黒砂糖だけでなくザラメ(中双糖)にも変身すると思う。（亜紀）

大予想

何かを混ぜる？

今日から「砂糖はどうやって作られているか？」という学習問題２をしていきます。前，学習問題１を学習していく時，歴史資料館に行った時にたくさんの砂糖の種類がありました。そして今日は白尾先生がたくさんの砂糖を取り寄せてくれたので，たくさんの種類の砂糖のにおいをかいだり，さわり，その砂糖の特ちょうが少しだけどわかりました。今日見た砂糖を２つのグループに分けると，「三温糖・ザラメ・黒砂糖は粗糖からできる。グラニュー糖・氷砂糖は上白糖からできる。」と思いました。あと，粗糖はサトウキビのにおいがして，につめる時，さとうきびのほか以外何も入れないと思う。でも，さとうきびの葉っぱのにおいがしたから，もしかして，さとうきびの葉っぱも入れるのかもしれない・・・・。（穂香）

色砂糖。まず粗糖を大きななべでぐつぐつ温める。そこに砂糖水を加える。それを白っぽくなるまで温める。それを固める(冷やす・くだく)。砂糖によって固める時間を変える。茶色い砂糖。粗糖を大きななべでぐつぐつ温める。そこにハチミツを入れる。それをもっと茶色っぽくなるまで温める。それを固める(冷やす・くだく)。（さゆり）

私は色ごとで作り方や粗糖以外で使われている原料がちがうと思います。茶色っぽいのは，にてからかわかしていると思いました。にる時間で色や甘さがちがうと思います。

ザラメは「カラメル色素」というものが入っていました。

白っぽい砂糖は何かを入れたり，手を加えたりして茶色をぬいていると思います。**粗糖のにおいをかいだ時，ちょっとすっぱい感じやさとうきびのにおいがしたの**に他の砂糖はそんな感じはしないので，何かそれを消すことをしているはずだと思います。（さつき）

上白糖などは粗糖を氷砂糖はそれに白いものをかけると思う。なぜかというと，私の知っている「らっきょうあめ」の作り方は茶色いものから空気を通して白くしたからです。（ともよ）

粗糖でいろいろな砂糖の作り方。白い砂糖の作り方①水にひたす。②なべに入れにこむ。茶色い砂糖の作り方。①粗糖を溶かす。②なべに入れてにこむ。③小さいつぶになったら，ちがうなべに入れてゆらして，つぶを大きくする。（佳代）

学習問題２で砂糖の作り方を予想しました。最初は粗糖をにおいました。くさかったです。**そこで少しピンときました。それは粗糖がくさいのは元からの砂糖の味で，**粗糖を乾燥させて砂糖ができるんじゃないかなと思いました。（明子）

先生から

いろいろな問題をかかえながらも，農家の方が一生懸命に作ったさとうきびがどうやって砂糖になっていくのか，しっかり調べていこう。

はこのお話を聞き、日本の自給率が低いので、本当にTPPが日本に来たら、私たちの食生活はどうなるのか想像がつきません」と書き、TPPが食生活に及ぼす影響を考え始めた。

子どもたちは、学習問題１「さとうきびはどやって作られているか？」を調べ、考え、まとめる過程で、さとうきびの生産過程に含まれる問題点も理解し始めた。次は、さとうきびから砂糖〔「粗糖」（原料糖）〕が生産される過程を学習することで、さとうきびをめぐる問題の理解を深めることにした。

学習問題２「砂糖はどうやって作られているか？」
～「粗糖はさとうきびのにおい」（穂香）～

今日から「砂糖はどうやって作られているか？」という学習問題２をしていきます。前、学習問題１を学習していく時、歴史資料館に行った時にたくさんの砂糖の種類がありました。そして今日は白尾先生がたくさんの砂糖を取り寄せてくれたので、たくさんの種類の砂糖のにおいをかいだり、さわり、その砂糖の特ちょうが少しだけどわかりました。今日見た砂糖を２つのグループに分けると、「三温糖・ザラメ・黒砂糖は粗糖からできる。グラニュー糖・氷砂糖は上白糖からできる」と思いました。あと、粗糖はさとうきびのにおいがして、につめる時、さとうきびのほか以外何も入れないと思う。でも、さとうきびの葉っぱのにおいがしたから、もしかして、さとうきびの葉っぱも入れるのかもしれない……。
（穂香）

子どもたちはさとうきびから砂糖が生産される過程を予想してまとめた。

さとうきび農家の佐山さんが農林水産課の高田さんにお願いをして，資料を届けてくださいましたので，紹介します。そのままでは少し難しいので先生が資料を簡単にしたものを紹介します。

総合学習通信　「種子島のさとうきび」　2011年11月2日（水）No11

～さとうきびから砂糖へ～

少し難しいところもありますが，農家を支える国や町，農協，製糖工場などの働きがわかります。しっかり読みましょう。

学習問題2：砂糖はどうやって作られているか？

さとうきび農家の佐山さんと農林水産課の高田さんからの資料

1　役場が農家を助ける仕組み

（1）大型機械（ハーベスター）の貸し出し
・費用の3分の2を国と町で出します。

（2）さとうきびの生産を増やすために農家が買う小型機械の機械代を補助する取り組み
・機械代の半分を県と町で出します。

（3）種苗センター（さとうきびの品種改良を研究する所）でできた新しい品種を農家に配って育ててもらう取り組み
・新しい品種の苗の代金の半分を県と町で出します。

（4）農家が育てた新しい品種の苗を他の農家へ渡す取り組み
・農家が育てた2つ芽のついた苗1本につき1.4円で買い取る。代金は町と製糖工場が半分づつ出します。

（5）新しくさとうきびを植える畑づくりに費用を補助する取り組み
・畑づくりにかかる費用の一部を町，農協，製糖工場，農業公社が出します。

（6）さとうきびの生産を増やす取り組み
・生産を増やしたい品種の苗の代金の一部を町が出します。

2　高齢化・農家戸数が減る中で栽培面積が増えてきた理由

（1）収穫の機械化〔ハーベスター〕の共同利用
・さとうきび栽培一番の問題点は収穫作業が大変な重労働であることでした。そのため農家の高齢化とあとをつぐ若者がいないことで，さとうきびの栽培面積が一時的に減りました。しかし収穫作業を機械化する仕組みを整えることで，あとつぎが少なく，高齢化が進む中でも栽培面積が増えてきました。またハーベスターは農家の人々が共同してつくる「生産組合」や「農業公社」が持つことで，個人の負担を少なくしていて，これも栽培面積が増えてきた理由です。

（2）品種改良が生産量を高めた
・「農林8号」（NiF8）は，早く糖熟期をむかえ，収穫も多い。また「黒穂病」などの病気にも強い品種で，「農林8号」を植えることで10アール当たり6～7トンであった生産量が8トン前後まで上がってきた。

3　さとうきび生産農家の努力・願い

（1）栽培面積を広げて生産を高める
・製糖工場がやっていけるだけの生産量を確保する努力をしています。（土地・肥料の改善）

（2）生活ができる価格でさとうきびを買い上げてもらうこと
・外国から輸入されるさとうきびにかかる関税(144%)を元にして，さとうきびの買い上げ価格の交付金が出されます。だから関税をなくすTPPに入ると，交付金の元になるお金がなくなるので，さとうきびを現在の価格で買い上げてもらうことができなくなる。それはさとうきび栽培ができなくなることを意味している。

（3）砂糖の自給率を高める
・台風に強い作物であるさとうきびは，台風に襲われても収入がなくなることはありません。自然条件を生かして，日本の南の島々で安定的に収入を得られる農業としてさとうきび栽培があります。多くの食品に使われる砂糖の国内自給率を高めるためにもさとうきび農家が安心してさとうきび作りにはげむことができる環境をつくることが大事です。

①さとうきびをしぼる。
②砂糖の汁をにつめる。
③食塩をまぜて汁を固める。
④機械でつぶす。（光一郎）

予想はまず、基本となる上白糖と粗糖だと思う。そこから上白糖は氷砂糖で、粗糖は黒砂糖になると思う。上白糖は氷砂糖だけでなく、他のにも変身すると思う。粗糖も黒砂糖だけでなくザラメ（中双糖）にも変身すると思う。（亜紀）

私は色ごとで作り方や粗糖以外で使われている原料がちがうと思います。茶色っぽいのは、にてからかわかしていると思いました。にる時間で色や甘さがちがうと思います。ザラメは「カラメル色素」というものが入っていました。白っぽい砂糖は何かを入れたり、手を加えたりして茶色をぬいていると思います。粗糖のにおいをかいだ時、ちょっとすっぱい感じやさとうきびのにおいがしたのに他の砂糖はそんな感じはしないので、何かそれを消すことをしているはずだと思います。（さつき）

町役場農林水産課の高田さんからの資料

さとうきび農家の佐山さんが役場の農林水産課の高田さんにお願いしてさとうきび生産にかかわる資料を作ってもらった。（通信 No.11）

そこには、①「役場が農家を助ける仕組み」、②「高齢化・農家戸数が減る中で栽培面積が増えてきた理由」、③「さとうきび生産農家の努力・願い」がまとめてあった。

中でも子どもたちが疑問に感じていた「高齢化・農家戸数が減る中で栽培面積が増えてきた理由」について、その答えを「収穫期の機械化」と「品種改良」としたことは大きな理解に

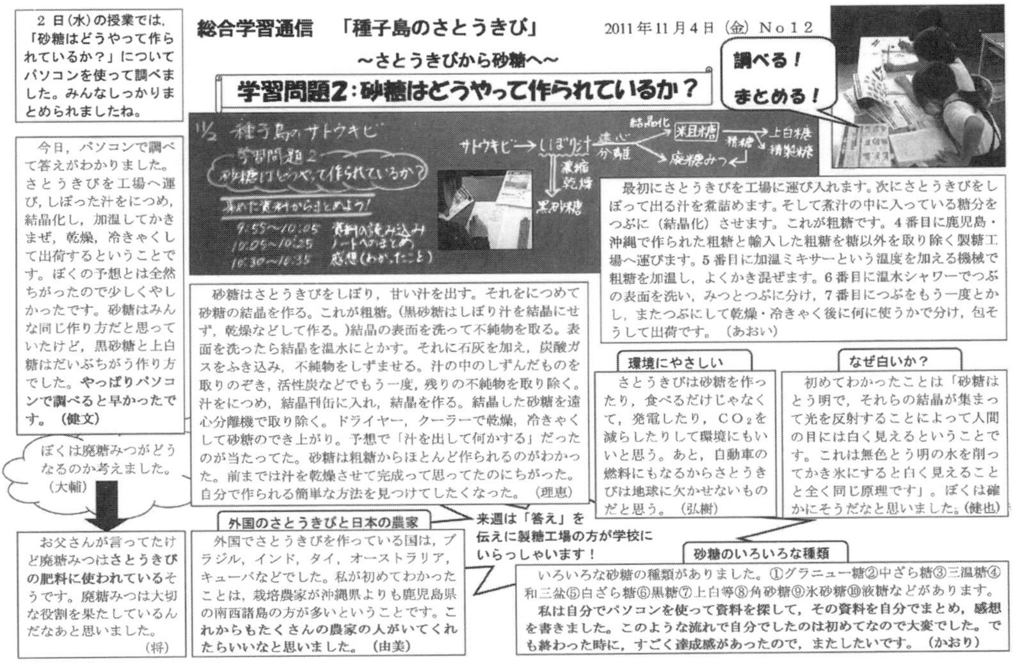

2日(水)の授業では，「砂糖はどうやって作られているか？」についてパソコンを使って調べました。みんなしっかりまとめられましたね。

総合学習通信 「種子島のさとうきび」 2011年11月4日（金）No12

～さとうきびから砂糖へ～

学習問題2：砂糖はどうやって作られているか？

調べる！ まとめる！

今日，パソコンで調べて答えがわかりました。さとうきびを工場へ運び，しぼった汁をにつめ，結晶化し，加温してかきまぜ，乾燥，冷きゃくして出荷するということです。ぼくの予想とは全然ちがったので少しくやしかったです。砂糖はみんな同じ作り方だと思っていたけど，黒砂糖と上白糖はだいぶちがう作り方でした。**やっぱりパソコンで調べると早かったです。（健文）**

砂糖はさとうきびをしぼり，甘い汁を出す。それをにつめて砂糖の結晶を作る。これが粗糖。(黒砂糖はしぼり汁を結晶にせず，乾燥などして作る。)結晶の表面を洗って不純物を取る。表面を洗ったら結晶を温水にとかす。それに石灰を加え，炭酸ガスをふき込み，不純物をしずませる。汁の中のしずんだものを取りのぞき，活性炭などでもう一度，残りの不純物を取り除く。汁をにつめ，結晶刊缶に入れ，結晶を作る。結晶した砂糖を遠心分離機で取り除く。ドライヤー，クーラーで乾燥，冷きゃくして砂糖のでき上がり。予想で「汁を出して何かする」だったのが当たってた。砂糖は粗糖からほとんど作られるのがわかった。前までは汁を乾燥させて完成って思ってたのにちがった。自分で作られる簡単な方法を見つけてしたくなった。（理恵）

最初にさとうきびを工場に運び入れます。次にさとうきびをしぼって出る汁を煮詰めます。そして煮汁の中に入っている糖分をつぶに（結晶化）させます。これが粗糖です。4番目に鹿児島・沖縄で作られた粗糖と輸入した粗糖を糖以外を取り除く製糖工場へ運びます。5番目に加温ミキサーという温度を加える機械で粗糖を加温し，よくかき混ぜます。6番目に温水シャワーでつぶの表面を洗い，みつとつぶに分け，7番目につぶをもう一度とかし，またつぶにして乾燥・冷きゃく後に何に使うかで分け，包そうして出荷です。（あおい）

ぼくは廃糖みつがどうなるのか考えました。（大輔）

お父さんが言ってたけど廃糖みつは**さとうきびの肥料に使われているそ**うです。廃糖みつは大切な役割を果たしているんだなあと思いました。（将）

環境にやさしい

さとうきびは砂糖を作ったり，食べるだけじゃなくて，発電したり，CO_2を減らしたりして環境にもいいと思う。あと，自動車の燃料にもなるからさとうきびは地球に欠かせないものだと思う。（弘樹）

なぜ白いか？

初めてわかったことは「砂糖はとう明で，それらの結晶が集まって光を反射することによって人間の目には白く見えるということです。これは無色とう明の水を削ってかき氷にすると白く見えることと全く同じ原理です」。ぼくは確かにそうだなと思いました。（健也）

外国のさとうきびと日本の農家

外国でさとうきびを作っている国は，ブラジル，インド，タイ，オーストラリア，キューバなどでした。私が初めてわかったことは，栽培農家が沖縄県よりも鹿児島県の南西諸島の方が多いということです。**これからもたくさんの農家の人がいてくれたらいいなと思いました。（由美）**

来週は「答え」を伝えに製糖工場の方が学校にいらっしゃいます！

砂糖のいろいろな種類

いろいろな砂糖の種類がありました。①グラニュー糖②中ざら糖③三温糖④和三盆⑤白ざら糖⑥黒糖⑦上白等⑧角砂糖⑨氷砂糖⑩液糖などがあります。
私は自分でパソコンを使って資料を探して，その資料を自分でまとめ，感想を書きました。このような流れで自分でしたのは初めてなので大変でした。でも終わった時に，すごく達成感があったので，またしたいです。（かおり）

つながった。収穫時に３m近くになるさとうきびは、収穫期の刈取りが昔から大変な重労働であった。この重労働が一つの要因になって、高齢化に伴う離農や後継者不足につながっていた。そこで刈取り用の機械（ハーベスター）の購入補助や農業公社を通した共同利用を進めることで、収穫時期の重労働の軽減を図った。さらに品種改良によって単位面積当たりの収穫を増やすことで、収入も上がり、栽培面積の増加につながった。

ハーベスターでの収穫

またさとうきび農家の願いとして、「現在の価格で買い上げてもらうこと」をあげ、TPPに参加すると交付金がなくなるので、さとうきび栽培ができなくなることを示していた。

第２次調べ学習
～「やっぱりパソコンで調べると早かった！」（健文）～

子どもたちは、農林水産課からの資料に加え、パソコンで「砂糖ができるまで」を調べてまとめた。（通信 No.12）

> 今日、パソコンで調べて答えがわかりました。さとうきびを工場へ運び、しぼった汁をにつめ、結晶化し、加温してかきまぜ、乾燥、冷きゃくして出荷するということです。ぼくの予想とは全然ちがったので少しくやしかったです。砂糖はみんな同じ作り

9 日（水）の授業では製糖工場の宮崎さんに来ていただいて「砂糖はどうやって作られているか？」についてお話をしてもらいました。

総合学習通信　「種子島のさとうきび」　2011年11月11日（金）No13

～さとうきびから砂糖へ～

学習問題2：砂糖はどうやって作られているか？

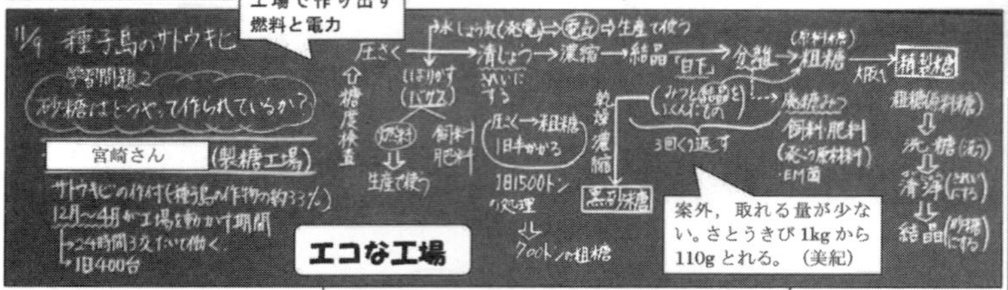

まずさとうきびを圧さく機でしぼり汁にします。そのしぼりかす（バガス）は，燃料になったり，飼料や肥料になったりすることを知ってびっくりしました。また水蒸気は電気になって，その電気を生産で使うことなど，**そうとうエコが工場でもできている**んだなあと思いました。（美恵）

工場から出るバガス，ケーキ(清浄過程で出るカス)は，飼料，肥料，燃料などにして使います。工場内では水蒸気を電力にかえ，工場の機械を動かします。何とその電力1日で家4300けん分の電力にかえられるのです。私はとってもエコな工場だなあと思いました。（穂香）

製糖工場では1日約1500トンを処理しているそうです。1500トンのさとうきびから約170トンのみつが絞り出されるそうです。さとうきびは製糖工場までトラックで運ばれます。1日約400台のトラックで運んでいるそうです。しぼった後のさとうきびのことを「バカス」というそうです。バカスはボイラーに運ばれ，燃料として使われます。またさとうきびは「糖度」で値段が変わるそうです。原料糖にはよごれがたくさんついており，洗うことを「洗糖」というそうです。（弥生）

砂糖の種類と特長

宮崎さんの話を聞いていろいろなことがわかりました。日本の年間1人当たりの砂糖の消費量18.3kg(世界で103番目)。砂糖の種類と特長
グラニュー糖：サラサラしている。
粉砂糖：グラニュー糖をすりつぶしたもの
中ザラ糖：グラニュー糖の結晶を大きくしたもの
氷砂糖：中ザラ糖より結晶が大きい。
上白糖；しっとりしている。
角砂糖：粉砂糖を固めたもの。
（かおり）

1日に1500トンをしぼって，粗糖は170トンも作られる。種子島では世界でもめずらしい「ポリひふく栽培」をしている。そうすることで早くさとうきびが作られる。製糖工場ではさとうきびの糖度を測る。しぼりかすのことをバカスという。シラップで細かい異物を取り除く。分離機から出たみつを「分みつ糖」という。粗糖ができ上がって島間港から大阪に運んでいく。大阪に運ばれると糖液をタンクで70度以下でにつめる。再び遠心分離機で分離し，上白糖ができる。そして砂糖の種類は10種類ぐらいある。私が初めて分かったことは砂糖の国内消費量が減っていることです（208万トン）。農家の人がかわいそうだなあと思います。（由美）

会社での仕事は社員が51名で，製糖が開始すると，24時間運転で終了まで工場が止まるのは1週間だけです。出たごみ(バガス，ケーキ)なども家畜のえさにしたり，畑の肥料にしたりしていました。
環境にも気を配って，排水処理しせつなどもありました。（健文）

方だと思っていたけど、黒砂糖と上白糖はだいぶちがう作り方でした。やっぱりパソコンで調べると早かったです。（健文）

砂糖はさとうきびをしぼり、甘い汁を出す。それをにつめて砂糖の結晶を作る。これが粗糖。（黒砂糖はしぼり汁を結晶にせず、乾燥などして作る。）結晶の表面を洗って不純物を取る。表面を洗ったら結晶を温水にとかす。それに石灰を加え、炭酸ガスをふき込み、不純物をしずませる。汁の中のしずんだものを取りのぞき、活性炭などでもう一度、残りの不純物を取り除く。汁をにつめ、結晶刊缶に入れ、結晶を作る。結晶した砂糖を遠心分離機で取り除く。ドライヤー、クーラーで乾燥、冷きゃくして砂糖のでき上がり。予想で「汁を出して何かする」だったのが当たってた。砂糖は粗糖からほとんど作られるのがわかった。前までは汁を乾燥させて完成って思ってたのにちがった。自分で作られる簡単な方法を見つけてしたくなった。（理恵）

いろいろな砂糖の種類がありました。①グラニュー糖②中ざら糖③三温糖④和三盆⑤白ざら糖⑥黒糖⑦上白糖⑧角砂糖⑨氷砂糖⑩液糖などがあります。私は自分でパソコンを使って資料を探して、その資料を自分でまとめ、感想を書きました。このような流れで自分でしたのは初めてなので大変でした。でも終わった時にすごく達成感があったので、またしたいです。（ゆりな）

10ページを超える資料から必要な情報を取り出してまとめる作業に、子どもたちは苦労していたが、それでもしっかりまとめ、まとめたことを発表し交流することで理解を深めていった。

11 月 9 日に宮崎さんの話を板書したもの

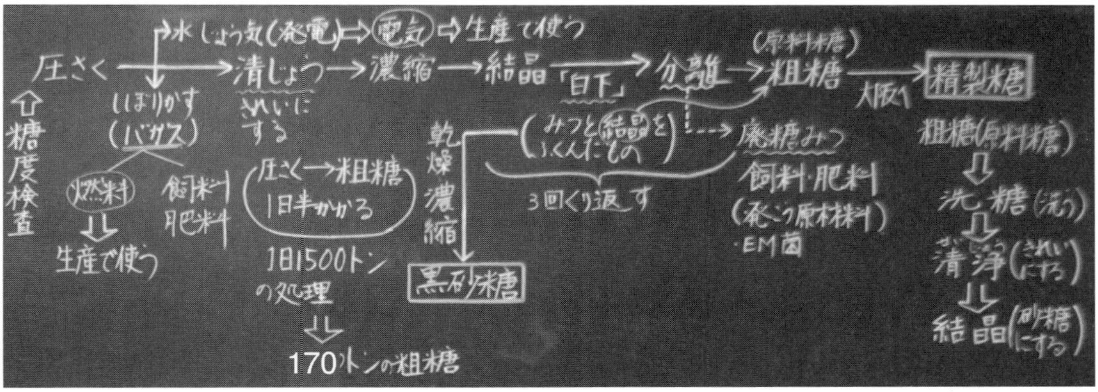

製糖工場の宮崎さんの話～ 1,500 トンのさとうきびから約 170 トンの粗糖が作られる～

学習問題や疑問は予想を立て、子どもたちで調べられるだけ調べてから「答え」を確認したり、示したりするようにしている。そうすることで「問い」と「答え」の間に、子どもたちの調べ学習が入り、「答え」が分かった時に理解が確実になる。

次の授業では、地元の製糖工場の宮崎さんに来ていただいて、学習問題 2「砂糖はどうやって作られているか？」の「答え」を示してもらった。（通信 No.13 ～ 14）

１日に 1,500 トンをしぼって、粗糖は 170 トンも作られる。種子島では世界でもめずらしい「ポリひふく栽培」をしている。そうすることで早くさとうきびが作られる。製糖工場ではさとうきびの糖度を測る。しぼりかすのことをバカスという。シラップで細かい異物を取り除く。分離機から出たみつを「分みつ糖」という。粗糖ができ上がって島間港から大阪に運んでいく。大阪に運ばれると糖液をタンクで 70 度以下でにつめる。再び遠心分離機で分離し、上白糖ができる。そして砂糖の種類は 10 種類ぐらいある。私が初めて分かったことは砂糖の国内消費量が減っていることです（208 万トン）。農家の人がかわいそうだなあと思います。（佳代）

宮崎さんの話を聞いていろいろなことがわかりました。日本の年間１人当たりの砂糖の消費量 18.3kg（世界で 103 番目）。
砂糖の種類と特長
グラニュー糖：サラサラしている。
粉砂糖：グラニュー糖をすりつぶしたもの。
中ザラ糖：グラニュー糖の結晶を大きくしたもの。
氷砂糖：中ザラ糖より結晶が大きい。
上白糖；しっとりしている。
角砂糖：粉砂糖を固めたもの。（ゆりな）

農家に支払われる原料代金と会社が仕事をすることによる種子島全体の経済効果は約 150 億円といわれているそうです。昨年のさとうきびの生産量は 197,633 トンで、原料代金は 39 億 5,000 万円だそうです。輸入品は国産の６分の１の価格。

総合学習通信　「種子島のさとうきび」　2011年11月16日（水）Ｎｏ１４

～さとうきびから砂糖へ～

ぼくは TPP に賛成です。輸入品が安くなれば，いろいろ買えるし，お金が少ない人でも食べ物が買えたりするので，ぼくは賛成です。（勝也）

TPP 賛成！

学習問題2：砂糖はどうやって作られているか？

一番びっくりしたのが，国内消費量が 208 万 5000 t /年なのに国内供給量が 75 万 5000 t /年だから 133 万 t もの砂糖を国外から輸入すると聞いてびっくりした。（聡史）

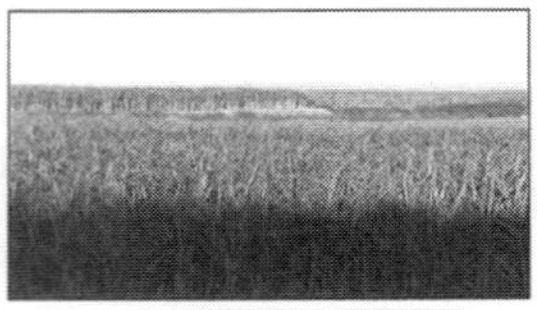

経済効果と輸入

農家に支払われる原料代金と会社が仕事をすることによる種子島全体の経済効果は約 150 億円といわれているそうです。昨年のさとうきびの生産量は 197,633 トンで，原料代金は 39 億 5000 万円だそうです。輸入品は国産の 6 分の 1 の価格。外国産は安いとは知っていましたが，ここまで安いとは思いませんでした。日本の農業はどれだけ苦労しているのでしょう。（雄也）

TPP 問題と農業

私は TPP に反対です。 TPP に入ると安い輸入品が入りますが，農家の人々の生活が苦しくなるからです。関税がかからなくなるということは，かなり安くなると私は思います。**これからも国産，地元の安全なものを食べたいです。**（さつき）

スーパーでの TPP アンケート

TPP 反対！

TPP のことで政治の人たちの中でもめ合いが起こっています。私たち種子島の人は農業の人が多くいます。だから**私は TPP に反対します。**しかし反対に東京の人たちは農業をしている人が少ないので，安くなればいいと思っているみたいです。**そこで私は TPP に賛成する人が多いか，反対する人が多いか調べてみました。** 10 人にインタビューしました。そのうち 3 人は農家の人です。その結果 10 人中 10 人が反対でした。A コープの近くにも「TPP 絶対反対」という張り紙を見ました。私は TPP をすると種子島のさとうきびがなくなると思うので，TPP だけは絶対にやめてほしいです。（早紀）

今日(10 日)は日本が TPP に入るか入らないかの話し合いだったそうです。でも延期になったらしいです。**私は TPP に反対です。**なぜなら日本に届くまでに食べ物はくさらないように薬をいろいろ使っているので，それで害があったら大変だからです。つまり「食の安全」が大事だということです。多分，ほとんどの人が反対だと思いますが，TPP はやめてほしいと思います。（美恵）

TPP のことです。お父さんも製糖工場で働いています。なので TPP に入ると農業もできなくなり，製糖工場もつぶれてしまいます。するとお父さんや製糖工場で働いている人も仕事がなくなってしまいます。**私は TPP に反対です。**でもなぜ農業をしている人が TPP に入ることで仕事をなくしてしまうのに「TPP に賛成」の人がいるのかわかりません。TPP 問題は日本全体で考えるべきだと思います。（舞）

私は TPP に入るのは反対です。なぜなら，TPP に入るということは，農家もいなくなってしまうし，種子島の住民もいなくなってしまうと思うからです。でもあまり農業をしていない東京の人は賛成している人もいるそうです。

でも TPP に入ると，輸入品ばかりで，輸出品がなくなってしまい，日本は大赤字になって生活が苦しくなってしまい，やはり種子島の名産であるさとうきびがせっかく作ってきたものなのに，作る意味がなくなってしまいます。だから TPP は反対です。（真由美）

外国産は安いとは知っていましたが、ここまで安いとは思いませんでした。日本の農業はどれだけ苦労しているのでしょう。（雄也）

宮崎さんは輸入問題にもふれ、また総合学習の後、社会科でも貿易について学習したので、子どもたちに TPP 問題について考えてもらった。

学習問題２「砂糖はどうやって作られているか？」を立て、予想し、調べ、まとめた上で、答えを確認した子どもたちは、さとうきびから粗糖、精製糖への生産過程を理解した。そして、それを総合通信によって交流し、確認することで、理解をさらに深めることができた。

TPP 問題
～「TPP 問題は日本全体で考えるべき」（舞）～

ぼくは TPP に賛成です。輸入品が安くなれば、いろいろ買えるし、お金が少ない人でも食べ物が買えたりするので、ぼくは賛成です。（勝也）

私は TPP に反対です。TPP に入ると安い輸入品が入りますが、農家の人々の生活が苦しくなるからです。関税がかからなくなるということは、かなり安くなると私は思います。これからも国産、地元の安全なものを食べたいです。（さつき）

輸入品が安くなること、収入が少ない人でも食べ物が買えることを理由に賛成した勝也だったが、賛成する者は他にいなかった。さつきの「農家の人々の生活が苦しくなるから」を筆頭に、美恵の「安全性」、製糖工場で働く親の心配をする舞、アンケートをとった早紀など、子どもたちは真剣に考えた。（通信 No.14）

今日（10 日）は日本が TPP に入るか入らないかの話し合いだったそうです。でも延期になったらしいです。私は TPP に反対です。なぜなら日本に届くまでに食べ物はくさらないように薬をいろいろ使っているので、それで害があったら大変だからです。つまり「食の安全」が大事だということです。多分、ほとんどの人が反対だと思いますが、TPP はやめてほしいと思います。（美恵）

TPP のことです。お父さんも製糖工場で働いています。なので TPP に入ると農業もできなくなり、製糖工場もつぶれてしまいます。するとお父さんや製糖工場で働いている人も仕事がなくなってしまいます。私は TPP に反対です。でもなぜ農業をしている人が TPP に入ることで仕事をなくしてしまうのに「TPP に賛成」の人がいるのかわかりません。TPP 問題は日本全体で考えるべきだと思います。（舞）

TPP のことで政治の人たちの中でもめ合いが起こっています。私たち種子島の人は農業の人が多くいます。だから私は TPP に反対します。しかし反対に東京の人たちは農業をしている人が少ないので、安くなればいいと思っているみたいです。そこで私は TPP に賛成する人が多いか、反対する人が多いか調べてみました。10 人にインタビューしました。そのうち３人は農家の人です。その結果 10 人中 10 人が反対でした。A コープの近くにも「TPP 絶対反対」という張り紙を見ました。私は TPP をすると種子島のさとうきびがなくなると思うので、TPP だけは絶対にやめてほしいです。（早紀）

私は TPP に入るのは反対です。なぜなら、TPP に入るということは、農家もいなくなってしまうし、種子島の住民もいなくなってしまうと思うからです。でもあまり農業をしていない東京の人は賛成している人もいるそうです。

でも TPP に入ると、輸入品ばかりで、輸出品がなくなってしまい、日本は大赤字になって生活が苦しくなってしまい、やはり種子島の名産であるさとうきびがせっかく作ってきたものなのに、作る意味がなくなってしまいます。だから TPP は反対です。（真由美）

子どもたちがこだわったのは、さとうきび農家を守ることに加えて、さとうきびが地域の重要な産物であることを認めた上で、それをなくさないという立場であり、食の安全性の問題であった。地域の基幹産業であるさとうきびを守ろうとする立場は、この地域に生活する子どもたちにとって当然なのかもしれないが、「TPP 反対」の理由を探し、考え、自分の言葉で説明した。

学習問題３「種子島のさとうきび作りが盛んになっていくために大事なことは何か？」

次の時間は、学習問題１及び２のまとめをした。子どもたちはこれまでの事実を確認し、最後の問題、「種子島のさとうきび作りが盛んになっていくために大事なことは何か？」について、それぞれの考えをまとめた。（通信 No.15 ～ 19）

総合学習通信　「種子島のさとうきび」　2011年11月18日(金) No15

~さとうきびから砂糖へ~

学習問題3
種子島のさとうきび作りが盛んになっていくために大事なことは何か？

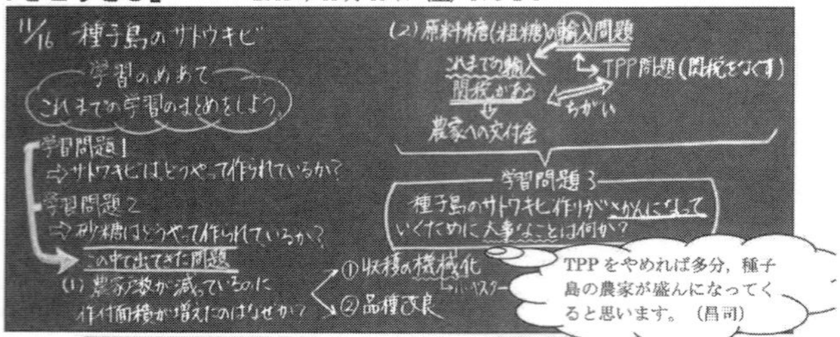

TPPをやめれば多分，種子島の農家が盛んになってくると思います。（昌司）

あとつぎ・環境・お金

種子島のさとうきび作りが盛んになっていくために大事なことは3つあると思います。1つ目は「あとつぎ」のことだと思います。あとつぎが増えなければ農家の人が増えないから盛んにならないと思う。2つ目は「環境」のことだと思います。製糖工場ではバガスはボイラーに運び燃料として使われる。そのお金が節約され，そのお金でさとうきび作りがしやすくなると思います。3つ目は「お金」のことだと思います。これまでの輸入は関税があったけど，TPP問題は関税がなくなる。つまり農家への交付金がなくなるということなので，盛んにならないと思います。（かおり）

これからも輸入を続ける

・僕が大事だと思うのは，これからも輸入を続けて，関税があり，農家への交付金を出し続けていくことだと思います。なぜなら自給率を上げるもの大切だけど，輸入をやめれば農家に交付金がわたらなくなるからです。（将）
・外国からの輸入をまだ続けていいと思う。粗糖にかかる関税（144%）を元にしてさとうきび買い上げ価格の交付金が出るからです。関税が出なくなるTPPには反対です。（健也）
・私はこのままでいいと思います。（萌花）
・交付金を出せるように少しだけ輸入をすればいいと思います。（あおい）
・少し輸入をして，いろいろな農家を支えればいいと思う。農家にとってTPPは入りたくないと思う。半分以上が65才以上の人で，やとえる仕事は，ほとんどないから。（孝義）

TPP反対：３８人

盛んになっていくために大事なことはTPPに反対することです。TPPに賛成してしまうと関税がなくなって輸入品が安く仕入れられるけど，農家の人への交付金がなくなってしまい，農家の人が困ってしまうので，僕はTPPに反対した方がいいと思います。（栄太）

TPPに入ったら，国からの交付金がなくなり，さとうきびを作るどころじゃなくなるからです。まずはTPPのかべを乗り越えないと何をしても盛んにならないと思いました。それにさとうきび関係の仕事をしている人がいてこそ，盛んにできるのにTPPに入ったら，その人たちも働けなくなります。だから僕はTPPに入らないで，その後，あとつぎを増やして盛んにしていくことが大切だと思いました。（翔太）

まだTPPが始まったわけではないので，ねばり強く反対したいと思います。（早紀）

TPP賛成：２人

僕は先生と話し合いをした結果の答えは，農家を大規模化して，効率よくするということでした。農家の人は独立せず，会社の社員になれば，会社の機械をみんなで共同で使うこともできるし，効率がよくなるので，僕は農家を大規模化するという方法がいいと思いました。（勝也）

TPPに入ればいいと思います。なぜならTPPに入れば，輸入品が安くなるし，消費者にはメリットがあるからです。（和哉）

優さんの「TPP問題は日本全体で考えるべきだと思います」というのに賛成です。やっぱりTPPは反対の人，賛成の人のことも考えてほしいです。（美恵）

TPPに入らないで，あとつぎを増やす

種子島のさとうきびが盛んになるためにはTPPに入らないで，あとつぎを増やす必要があると思う。（孝義）

かおりは、「種子島のさとうきび作りが盛んになっていくために大事なことは3つある」と書き、「後継ぎ・環境・お金」を挙げた。そして「お金」にかかわって「これまでの輸入は関税があったけど、TPP問題は関税がなくなる。つまり農家への交付金がなくなるということなので、盛んにならない」と書いた。他の子どもたちも「これからも輸入を続けて、関税があり、農家への交付金を出し続けていくことだ」(将)に代表される意見を書き、関税のかかる輸入を続けて農家への交付金を続けることが「種子島のさとうきび作りが盛んになっていくために大事なこと」につながる立場をとった。

「TPP反対」を書く子どもは38人いた。孝義はTPPに参加して離農した場合を想定して、「半分以上が65才以上の人で、やとえる仕事は、ほとんどない」という農家の高齢化の立場からTPP反対の立場をとり、「TPPに入らないで、後継ぎを増やす必要がある」とまとめた。後継者問題については、和孝も「後継ぎが少しずつ改善されている収穫の機械化と品種改良にもう少し力を入れればいい」と書き、機械化と品種改良による後継者対策を支持していた。

TPPに入ったら、国からの交付金がなくなり、さとうきびを作るどころじゃなくなるからです。まずはTPPのかべを乗り越えないと何をしても盛んにならないと思いました。それにさとうきび関係の仕事をしている人がいてこそ、盛んにできるのにTPPに入ったら、その人たちも働けなくなります。だから僕はTPPに入らないで、その後、後継ぎを増やして盛んにしていくことが大切だと思いました。(翔太)

また、翔太は「さとうきび関係の仕事をしている人がいてこそ、盛んにできる」と書き、農家だけでなく関連する産業にかかわる人々の存

総合学習通信 「種子島のさとうきび」 2011年11月18日（金）No１６

種子島のさとうきびが盛んになっていくためには，１人当たりの消費量を上げていけばいいと思う。そして農家が作る量を増やしていって，国はTPPに入らないで，原料糖（粗糖）を少しだけ輸入していけば農家に交付金が入るから種子島のさとうきび作りが盛んになっていくと思う。そして，あとつぎが少しずつ改善されている収穫の機械化と品種改良にもう少し力を入れればいいと思う。これからも環境にやさしい砂糖作りを続ければいいと思った。（和孝）

～さとうきびから砂糖へ～

学習問題３：種子島のさとうきび作りが盛んになっていくために大事なことは何か？

さとうきびを続けたいという気持ち

私はまず農家の人たちの問題を少しずつ解決することも大事なことだと思いました。例えば「あとつぎ問題」です。若い人たちが農業をすれば仕事もはかどり，さとうきびの自給率も上がると思いました。品種改良も行ったらいいと思います。農林８号のように特長をもったのを開発して，それをどこの農家も同じ品種を使うのではなく，糖度が高い，早めにできる，風に強くて大きいのができるなど，ちがう品種のものを使っていいんじゃないかと思いました。とにかく私たちはさとうきびを続けたいという気持ちを大切にしておけばいいかなって思いました。（さつき）

気持ちの問題

「盛んになるためにはどうしたらよいか？」。僕はこう考えました。国がもう少し国のことを考えなければならないと思いました。国会は東京のど真ん中にあるので農家のことを考えてないんじゃないかと思います。それに農家の息子も農家をつぐのか，つがないのかを考えないといけない。今は農家の子どもでも会社のサラリーマンになる人が多いので，農家の気持ちになってまじめに考えることが大切なんだと思いました。だから，どれだけ仕事をしやすくしても，どれだけ簡単にしても「気持ちの問題」なのかもしれないと思いました。（悠太）

安心・安全

私はTPPに反対です。TPPに入ると安いものが多く輸入されてきて，お金が少ない人でも食べ物が買えますが，農家の人々の生活がとても苦しくなるからです。あと，日本に届くまでに薬を使っていることもわかりました。私は「食べ物の安さ」か「食べ物の安全」のどちらかを取るなら「食べ物の安全」を取るべきだと思います。私はもっと，国産と地元の安全・安心できるものを食べていきたいです。（由紀）

日本のものを買う

私がこれまでやってきた問題でTPP問題が一番心配です。もしTPPに入ると交付金がなくなってしまいます。交付金は農家を支えるためにもあります。でもTPPに入るかは私たちの意見も聞いてくれると思うけど，基本的に総理が決めると思います。だからTPPに入ってもおかしくありません。だからTPPに入っても大丈夫なようにすればいいと思います。私が考えた工夫は「日本のものを買う」ことです。もし自分が作ったさとうきびが売れなくて消費者が輸入品ばかり買っていたら「もうつくらなくていい」と思って作らなくなると思います。逆に自分の作ったものを買ってくれると「また作ろう」と思うと思います。それを日本の国民全員がやると輸入品なんかに負けないはずです（穂香）

環境をつくる

種子島のさとうきび農家が，さとうきび作りに安心して取り組める環境をつくることが，さとうきび作りを盛んにするために大事なことだと思います。（雄也）

日本の文化としての農業を守る

私は学習問題３についてこう考えました。１つ目は「あとつぎ」のことです。農家に生まれ子には農家をついでほしいし，農家に生まれない子にも農家になってほしいです。外国にも農家の人はいると思います。でも，今では私は「農業」という仕事は日本の文化のようだと思います。だからご先祖様が今まで一生けん命支えてきた日本の文化を失わないでほしいです。２つ目はTPPです。私はやっぱり日本の食品は安全だと思います。社会科の学習で習ったように，今では農薬を使わなかったり，有機栽培をしたりして健康に害のない野菜などを育てているからです。「日本が今まで一生けん命つくってきた農業だ。」ということをみんなに、日本全体で改めて考えてほしいです。日本は今，TPPに参加しようと意思を示しています。もう一度，農家の人たちのことを考えなおしてほしいです。（おあい）

在を重視した。

こうした中で勝也は、TPP賛成の立場を次のように展開した。そして和哉も賛成にまわった。

> 僕が先生と話し合いをした結果の答えは、農家を大規模化して、効率よくするということでした。農家の人は独立せず、会社の社員になれば、会社の機械をみんなで共同で使うこともできるし、効率がよくなるので、僕は農家を大規模化するという方法がいいと思いました。（勝也）

> TPPに入ればいいと思います。なぜならTPPに入れば、輸入品が安くなるし、消費者にはメリットがあるからです。
> （和哉）

TPPへの賛成、反対意見の意見を展開した子どもたちの前提としてほぼ共通してとらえていた問題は、後継者問題である。現在の農家を守り、後継者をつくりだしていく立場と、農業の企業化による機械等の共同化、人材確保の視点からの立場による分かれ方をしていた。

由紀はTPP参加によって輸入品が安くなることを認めた上で「農家の人々の生活がとても苦しくなる」ことと農薬などの安全性の問題から次のようにまとめた。

> 農家の人々の生活がとても苦しくなるからです。あと、日本に届くまでに薬を使っていることもわかりました。私は「食べ物の安さ」か「食べ物の安全」のどちらかを取るなら「食べ物の安全」を取るべきだと思います。私はもっと、国産と地元の安全・安心できるものを食べていきたいです。
> （由紀）

総合学習通信　「種子島のさとうきび」 2011年12月2日 (金) No17

~さとうきび砂糖へ~

学習問題3：種子島のさとうきび作りが盛んになっていくために大事なことは何か？

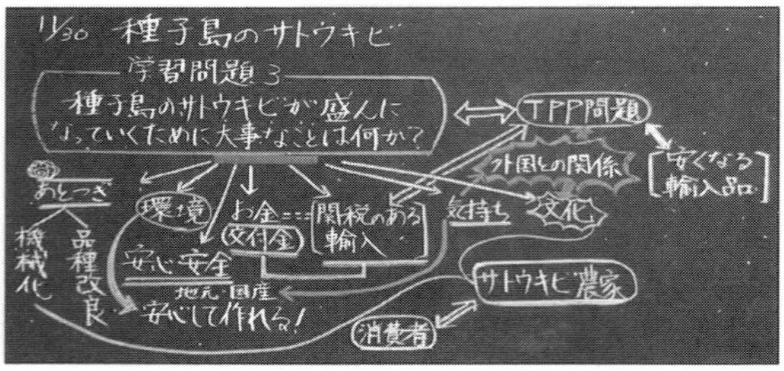

賛成・反対・・・理解

私は今日の話し合いがとても楽しかったです。なぜなら私の意見にも反対，賛成がたくさん出て，自分の意見や反対，賛成，質問などを熱く語っている人もいました。まるで国会の話し合いみたいでした。今日，**私の意見に賛成，反対意見が出たということは，私の意見を理解してくれたということだと思ってうれしかったです。**みんなの意見を聞いていたり，通信をよんでいたりしたら，啓太君の意見について発表（賛成）しました。啓太君の文で』良いと思ったところは「国会は東京のど真ん中にあるので，農家のことを考えてないんじゃないか」という意見に注目しました。私は啓太君の意見は「その通りだ」と思いました。発表した時にも言ったけど，都会の人は農家の人のことを考えていないということが分かったからです。（穂香）

農家が増える対策

前の感想で僕はこう書きました。「気持ち問題」。そして今回の総合で僕に「農家の人たちは都会の人たちのことを考えてないんじゃないか」という反対意見が出てきました。確かに僕も「そうだな」と思いました。でもやっぱり正直に言うと，「都会にも農家にも考えている人が少ないからずいるんじゃないかな」と僕は思います。そして盛んにしてくためには，**計画をもう一度しっかり立てて農家が増える対策**をしたらいいと思います。（悠太）

今回の話し合いで意外な意見が出てきました。勝也君がまとめで書いていたことは農家を大規模化して効率よくすることでした。僕は「**勝也君はすごいことを考えているんだなあ**」と思いました。（誠）

「気持ちの問題」

僕はTPP賛成だったけど，ちょっと気が変わりました。少し反対です。まあ中間です。TPPに入れば輸入品が安くなるというメリットがあるし，**農家は日本の文化だから失ってはいけないという意見も響きました。**でも僕が一番いい意見と思ったのは悠太君の意見でした。農家の子どもが将来，後つぎをするか，サラリーマンになって出世をめざすかという先のことの考え方はいろいろなので，農家のことをどう考えるのかという「気持ちの問題」で僕は悠太君の意見に賛成です。（勝也）

TPP賛成

僕はTPP賛成をまだあきらめていません。なぜなら決して害があるとは限りません。それに**高齢者の人たちにも買えるものが増えてくる**からです。（和哉）

僕はTPPに反対だったけど，今日の話し合いでTPPに少しだけ賛成になりました。関税がなくなって農家の人たちのくらしが苦しくなるのはいやだけど，**お金が少ない人たちでも食べ物が買える**ので，僕は少しだけTPPに賛成します。（光輝）

お金だけで決めない

僕が思ったのは，和也君の「TPPに入って輸入品を安く仕入れられるからTPPに賛成」という意見には反対です。なぜなら**お金だけでTPPにあっさり入るのはだめだと思います。**農家の人たち，安心・安全など他のことも考えてTPPに反対するか，賛成するかを考えていけばいいと思います。（栄太）

こうした中で子どもたちは、「農家の気持ち」も問題にしていた。さつきは「まず農家の人たちの問題を少しずつ解決することも大事なことだ」と前置きして、後継ぎ問題の対策として自分が調べてきた品種改良の調査を元に品種改良の重要性について述べた。そして「とにかく私たちはさとうきびを続けたいという気持ちを大切にしておけばいいかなって思いました」とまとめた。

「気持ちの問題」（悠太）

悠太は別の視点から「農家の気持ち」を問題にしていた。

「盛んになるためにはどうしたらよいか？」。僕はこう考えました。国がもう少し国のことを考えなければならないと思いました。国会は東京のど真ん中にあるので農家のことを考えてないんじゃないかと思います。それに農家の息子も農家をつぐのか、つがないのかを考えないといけない。今は農家の子どもでも会社のサラリーマンになる人が多いので、農家の気持ちになってまじめに考えることが大切なんだと思いました。だから、どれだけ仕事をしやすくしても、どれだけ簡単にしても「気持ちの問題」なのかもしれないと思いました。(悠太)

悠太は「農家の息子も農家をつぐのか、つがないのかを考えないといけない」と書いた。これは、現在の後継者問題が、高齢化の問題からだけでなく、収入の問題、働き方の問題も含む問題としてとらえていたことを次の表現で示している。「農家の気持ちになってまじめに考えることが大切なんだと思いました。だから、どれだけ仕事をしやすくしても、どれだけ簡単にしても『気持ちの問題』なのかもしれないと思

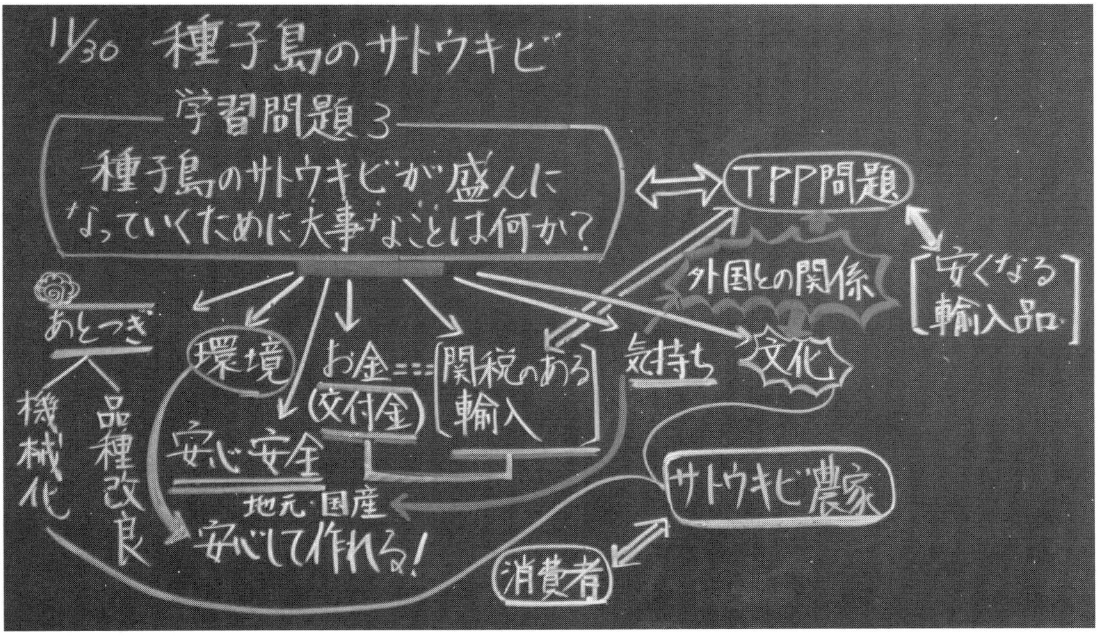

いました」。この悠太の「気持ちの問題」は、後のあおいの「農業は日本の文化」という意見と共に、TPP 賛成の立場に立っていた勝也の認識に影響を与えることになった。

雄也は「種子島のさとうきび農家が、さとうきび作りに安心して取り組める環境をつくることが、さとうきび作りを盛んにするために大事なことだと思います」とまとめた。この「種子島のさとうきび農家が、さとうきび作りに安心して取り組める環境」の内容をこの後に考えていくことになる。

「農業は日本の文化」（あおい）

このまとめの学習で農業を「日本の文化」という視点から考えたのが、あおいであった。

私は学習問題３についてこう考えました。１つ目は「後継ぎ」のことです。農家に生まれた子には農家をついでほしいし、農家に生まれない子にも農家になってほしいです。外国にも農家の人はいると思います。でも、今では私は「農業」という仕事は日本の文化のようだと思います。だからご先祖様が今まで一生けん命支えてきた日本の文化を失わないでほしいです。２つ目は TPP です。私はやっぱり日本の食品は安全だと思います。社会科の学習で習ったように、今では農薬を使わなかったり、有機栽培をしたりして健康に害のない野菜などを育てているからです。「日本が今まで一生けん命つくってきた農業だ」ということをみんなに、日本全体で改めて考えてほしいです。日本は今、TPP に参加しようと意思を示しています。もう一度、農家の人たちのことを考えなおしてほしいです。（あおい）

あおいは「『農業』という仕事は日本の文化のようだと思います」と書き、それが歴史的に受け継がれてきたものであることと、有機栽培などの農業改善の努力から、「『日本が今まで一生けん命つくってきた農業だ』ということをみんなに、日本全体で改めて考えてほしいです」とまとめ、その上でTPPについて「もう一度、農家の人たちのことを考えなおしてほしいです」とした。

次の授業では、これらの意見を発表し合う中で、学習問題3「種子島のさとうきび作りが盛んになっていくために大事なことは何か？」について考えた。

「国会は東京のど真ん中にあるので、農家のことを考えてないんじゃないか」（悠太）

私は今日の話し合いがとても楽しかったです。なぜなら私の意見にも反対、賛成がたくさん出て、自分の意見や反対、賛成、質問などを熱く語っている人もいました。まるで国会の話し合いみたいでした。今日、私の意見に賛成、反対意見が出たということは、私の意見を理解してくれたということだと思ってうれしかったです。みんなの意見を聞いていたり、通信をよんでいたりしたら、悠太君の意見について発表（賛成）しました。悠太君の文で良いと思ったところは「国会は東京のど真ん中にあるので、農家のことを考えてないんじゃないか」という意見に注目しました。私は悠太君の意見は「その通りだ」と思いました。発表した時にも言ったけど、都会の人は農家の人のことを考えていないということが分かったからです。（穂香）

穂香が支持した悠太は、「農家の人たちは都会の人たちのことを考えてないんじゃないか」という反論を踏まえた上で、「農家が増える対策」を出した。

前の感想で僕はこう書きました。「気持ちの問題」。そして今回の総合で僕に「農家の人たちは都会の人たちのことを考えてないんじゃないか」という反対意見が出てきました。確かに僕も「そうだな」と思いました。でもやっぱり正直に言うと、「都会にも農家にも考えている人が少なからずいるんじゃないかな」と僕は思います。そして盛んにしてくためには、計画をもう一度しっかり立てて農家が増える対策をしたらいいと思います。（悠太）

TPP賛成の立場を取った勝也の考えは、和哉の他、光輝、誠などの支持を取り付けていた。和哉は食の安全性についても「決して害があるとは限りません」とし、輸入品が安くなることで「高齢者の人たちにも買えるものが増えてくる」とした。しかし、勝也は、悠太とあおいの考えの影響を受けて考え直し始めていた。

僕はTPP賛成だったけど、ちょっと気が変わりました。少し反対です。まあ中間です。TPPに入れば輸入品が安くなるというメリットがあるし、農家は日本の文化だから失ってはいけないという意見も響きました。でも僕が一番いい意見と思ったのは悠太君の意見でした。農家の子どもが将来、後継ぎをするか、サラリーマンになって出世をめざすかという先のことの考え方はいろいろなので、農家のことをどう考えるのかという「気持ちの問題」で僕は悠太

総合学習通信 「種子島のさとうきび」 2011年12月2日（金）No１８

～さとうきびから砂糖へ～

学習問題３：種子島のさとうきび作りが盛んになっていくために大事なことは何か？

大事なことは後つぎとTPPと安心・安全問題

今日の話し合いについて，由紀さんと真由美さんの言い合いみたいなのがスゴイ！と思いました。最初は由紀さんの意見について「そうだなあ」と思ったけど，真由美さんの意見を聞いて，「やっぱりそういうこと（由紀さんの考え）は無理なのかもしれない」と思いました。私は正直言ってTPPに賛成の人はヤバイと思いました。やっぱり一番大事なことは「後つぎ問題」と「TPP問題」と「安心・安全」のことだと思います。なのでTPPに入ることは絶対反対です。（杏）

TPPに入るということは，私にとっては輸入品で安心できない食べ物がたくさん入って来るということだと思います。（佳代）

輸入や輸出などで新たな問題が出てくる

由紀さんが言っていた「TPPに入ってからやめたらどうか」という意見は，私は賛成ですが，そうしたら外国との仲が悪くなり，**輸入や輸出などで新たな問題が出てくる**ので，やめた方がいいのかなと思いました。そう考えると今のままでも安い輸入品を今までどおり少し買えばいいと思います。農家の人たちも後つぎや機械化の問題が解決する努力をし，消費者は少しでも感謝して食べたり，農家に興味をもつことが大切です。（さつき）

TPPに入って，後からやめる

私はTPPには反対ですが，ためにしTPPに入ってみて，このままでは日本がだめになってしまうとなった時にTPPをやめたらいいと思います。でも簡単にはTPPをやめられないんだったら，輸入品を買わずに，日本のものを買い続けたらいいと思います。しかしここでも問題があります。それは「日本の人たちが日本のものを買ってくれるのか？」です。（由紀）

自分的には①一応，TPPに入ってみる。②TPPに入ってたら日本が大変なことになると思ったらぬける。③TPPをぬけたら，日本産をできるだけ安心して買ってもらうように工夫する。④そして外国との関係もちょっとはたもって，農業の人の「日本産が売れればなあ」と，都会の人の「もっと安く買えたらなあ」という願いもかなっていいと思います。（理恵）

TPPに入らず，後つぎを増やして日本の農業を支える

みんなの意見は「TPPに入って苦しくなったらやめる」，「TPPは始まっていないから今からがんばろう」，「TPPに入らず，後つぎを増やしてがんばる」などの**みんなの意見を聞いていると，「TPPに入らず，後つぎを増やして日本の農業を支える」というような意見が多かったです。**それを聞いて私は「外国から輸入した安全でなく安いものより，日本の安全だけど少し高い食べ物が食べたい」と思いました。だから私はTPPで安いものより日本で作られた安全な食べ物を食べたいです。（あおい）

そんなに簡単な問題ではない！

私はTPPには反対します。**みんな「後つぎ」，「後つぎ」と言っているけど，もしTPPに入ったら後つぎどころか，もとからやっている農家も減ってしまうと思います。**だから先にTPPを片付けてから「後つぎ問題」を解決していけばいいと思います。私は清香さんが言っていたように，まだTPPは始まったわけではないので，ねばり強く反対し続けたいと思います。そして由紀さんの考えの「TPPに入って日本が苦しくなったら，TPPをやめればいい」と言っていましたが，**私はちがうと思います。**なぜならTPPに入るか入らないかでニュースにもなっているのに，簡単にやめられないと思います。突然，「TPPをやめる」と言ったら，外国がおこってしまってケンカになるかもしれないと思ってしまいました。私は簡単にやめることができるのなら，とっくにTPPに入ってやめていると思います。**そんなに簡単な問題ではありません。**そんなに簡単な問題があると，そんなのではやっていけないと思うからです。でも，もうそろそろTPP問題を片付けてほしいです。やっぱり，安心・安全の国産のものがいいと思います。（真由美）

君の意見に賛成です。（勝也）

勝也は安くなる輸入品によるメリットより、「農業は日本の文化だから失ってはいけないという意見」を重要に考えるようになった。そして後継者問題ついても悠太の意見を支持した。

またTPP賛成の立場に対して栄太は、「お金だけで決めない」として次のようにまとめた。

僕が思ったのは、和哉君の「TPPに入って輸入品を安く仕入れられるからTPPに賛成」という意見には反対です。なぜならお金だけでTPPにあっさり入るのはだめだと思います。農家の人たち、安心・安全など他のことも考えてTPPに反対するか、賛成するかを考えていけばいいと思います。（栄太）

こうして子どもたちはTPP問題に対して、農家、高齢者、食の安全性、値段、文化などの視点から話し合うことができた。

「TPPに入って、後からやめる」（由紀・理恵）

話し合いの途中で、由紀と理恵が「TPPに入って、後からやめる」という発言をした。（通信No.18）

これに対して真由美は「そんな簡単な問題ではない」と反論した。授業後の感想文には次のように記された。

私はTPPには反対ですが、ためしにTPPに入ってみて、このままでは日本がだめになってしまうとなった時にTPPをやめたらいいと思います。でも簡単にはTPPをやめられないんだったら、輸入品を買わずに、日本のものを買い続けたらいいと思います。しかしここでも問題があり

ます。それは「日本の人たちが日本のものを買ってくれるのか？」です。（由紀）

自分的には①一応、TPPに入ってみる。②TPPに入ってたら日本が大変なことになると思ったらぬける。③TPPをぬけたら、日本産をできるだけ安心して買ってもらうように工夫する。④そして外国との関係もちょっとはたもって、農業の人の「日本産が売れればなあ」と、都会の人の「もっと安く買えたらなあ」という願いもかなっていいと思います。（理恵）

私はTPPには反対します。みんな「後継ぎ」、「後継ぎ」と言っているけど、もしTPPに入ったら後継ぎどころか、もとからやっている農家も減ってしまうと思います。だから先にTPPを片付けてから「後継ぎ問題」を解決していけばいいと思います。私は早紀さんが言っていたように、まだTPPは始まったわけではないので、ねばり強く反対し続けたいと思います。そして由紀さんの考えの「TPPに入って日本が苦しくなったら、TPPをやめればいい」と言っていましたが、私はちがうと思います。なぜならTPPに入るか入らないかでニュースにもなっているのに、簡単にやめられないと思います。突然、「TPPをやめる」と言ったら、外国がおこってしまってケンカになるかもしれないと思ってしまいました。私は簡単にやめることができるのなら、とっくにTPPに入ってやめていると思います。そんなに簡単な問題ではありません。そんなに簡単な問題があると、そんなのではやっていけないと思うからです。でも、もうそろそろTPP問題を片付けてほしいです。やっぱり、安心・安全の国産のものがいいと思います。（真由美）

TPPへの対応の違いであるが、由紀も理恵も真由美も日本産のものを買うことを前提にした意見であることが重要である。そしてこのやり取りから、杏は「一番大事ことは『後継ぎ問題』と『TPP問題』と『安心・安全』のことだ」とまとめた。

今日の話し合いについて、由紀さんと真由美さんの言い合いみたいなのがスゴイ！と思いました。最初は由紀さんの意見について「そうだなあ」と思ったけど、真由美さんの意見を聞いて、「やっぱりそういうこと（由紀さんの考え）は無理なのかもしれない」と思いました。私は正直言ってTPPに賛成の人はヤバイと思いました。やっぱり一番大事なことは「後継ぎ問題」と「TPP問題」と「安心・安全」のことだと思います。なのでTPPに入ることは絶対反対です。（杏）

さらに「日本産を買う」という前提は、舞の「日本全体の人が国産の物を買うのは難しいんじゃないか」という意見につながっていき、このことがTPPの賛否を超えて、子どもたちにとっては現実の問題として迫っていった。「地元・国産のものを食べる」という意見の代表は、美恵と由美であった。

「日本産を買うか、買わないか」

私は舞さんの「地元、国産のものだけを食べることはできない」という意見に反対です。なぜなら薬をまいた絶対安全とは言

総合学習通信 「種子島のさとうきび」 2011年12月2日（金）No１９

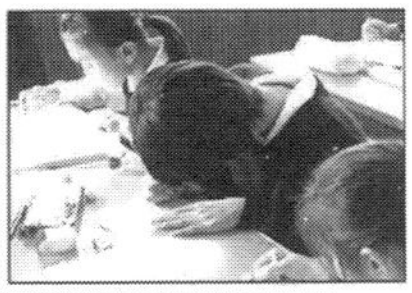

～さとうきびから砂糖へ～

学習問題３：種子島のさとうきび作りが盛んになっていくために大事なことは何か？

【TPP反対の場合の日本と外国の関係】

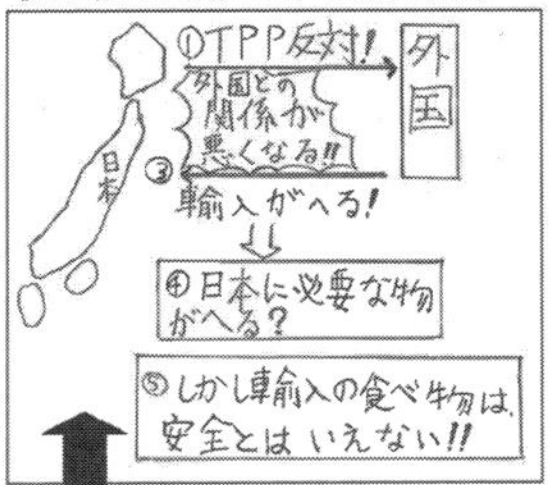
①TPP反対！
外国
外国との関係が悪くなる!!
日本
③輸入がへる！
④日本に必要な物がへる？
⑤しかし輸入の食べ物は、安全とはいえない!!

私はTPPにやっぱり反対します。TPPを始めると食べ物を安心して買えなくなります。どうすればいい？。図に書いたとおり外国にTPPを反対すると外国がおこります。なのでTPPはせずに輸入だけを続けて関税をもらっておけば農家の人たちもやっていけると思います。友達は「一時やっておいて無理だったらやめたらいい」と言ってましたが，その場合だと，外国が「今までやってきたのに」と思い，おこると思うので，TPPはせずに輸入だけしておけばいいと思います。本当にTPP問題は奥深い問題です。（早紀）

地元・国産のものを食べる

私は舞さんの「地元，国産のものだけを食べることはできない」という意見に反対です。なぜなら薬をまいた絶対安全とは言えない外国産のものを食べるよりかは，値段の高い国産のものを食べる方がよっぽどいいと思います。（美恵）

私は穂香さんの日本のものを買うというのに賛成です。理由は社会科の勉強で農家の方がうれしいことは「消費者が喜んでくれること」だったので，さとうきび農家もいっしょかなあと思ったからです。だけど日本のものは外国のものよりも少し高めなので，ちょっと難しいけど，日本を守るためでもあるし，安心・安全のためでもあるので，日本のものを買うことにしたいです。（由美）

高齢者の収入と年金

僕は栄太君の意見に賛成です。65才以上の人は年金があるけど，60才から64才までの人は農業などをしてお金をもらって生活しないといけないから，TPPに入ると交付金がなくなって収入がなくなってしまいます。だから60才から64才までの人はもしかしたら，ご飯などが食べられなくなります。（隆）

地元・国産のものを買い続けるのは難しいのでは？

今日の授業で舞さんが「日本全体の人が国産の物を買うのは難しいんじゃないか」という意見を言っていました。舞さんの意見はとてもいい意見だと思います。**私が買い物をする方だったら，多分，安い物を買うと思います。でも国産の物を買わなければ日本の自給率は上がっていきません。**（弥生）

舞さんが言ったように**日本のものを買おう，買おうとは思っていても，人間というものはやっぱり値段を見て決めてしまうものです。**ですから日本も少し安くしたらどうかなあと思います。そうすると外国産より国産をたくさん買えると思います。（さゆり）

私たちはTPPにずっと反対し続けます。ですが私は農業などまだしていないし，**お母さんとかと買い物に行く時もあるので，やっぱり安い方がいいです。そのためにはどうすればいいか考えてから決めたいです。**（萌花）

私は学習問題３について改めて思ったことがあります。話し合いの途中に「日本産をすべて買うのは難しい」という意見がありましたが，そのとおりだと思います。**私はこの前，野菜を買いに行きました。すると，その中にブロッコリーは国産と外国産の２種類が同じ箱に入っていました。私は最初に外国産を手に取りました。箱の後ろにはそれぞれ値段が書かれていました。私は外国産と国産を見比べて，やはり外国産のものを買ってしまいました。その理由は「安かった」からです。**だから私は，買い物がすんだ後にこうかいしました。確かに国産のものは，少し値段が高いです。でもできる限り国産のものを買い，農家の人にもっと安全・安心な野菜を作ってほしいです。（あおい）

えない外国産のものを食べるよりかは、値段の高い国産のものを食べる方がよっぽどいいと思います。（美恵）

私は穂香さんの日本のものを買うというのに賛成です。理由は社会科の勉強で農家の方がうれしいことは「消費者が喜んでくれること」だったので、さとうきび農家もいっしょかなあと思ったからです。だけど日本のものは外国のものよりも少し高めなので、ちょっと難しいけど、日本を守るためでもあるし、安心・安全のためでもあるので、日本のものを買うことにしたいです。（由美）

これに対して、弥生、さゆり、萌花、あおいは、地元・日本産のものを買い続ける難しさを素直に表現した。（通信No.19）

今日の授業で舞さんが「日本全体の人が国産の物を買うのは難しいんじゃないか」という意見を言っていました。舞さんの意見はとてもいい意見だと思います。私が買い物をする方だったら、多分、安い物を買うと思います。でも国産の物を買わなければ日本の自給率は上がっていきません。（弥生）

私たちはTPPにずっと反対し続けます。ですが私は農業などまだしていないし、お母さんとかと買い物に行く時もあるので、やっぱり安い方がいいです。そのためにはどうすればいいか考えてから決めたいです。（萌花）

舞さんが言ったように日本のものを買おう、買おうとは思っていても、人間というものはやっぱり値段を見て決めてしまうものです。ですから日本も少し安くしたらどうかなあと思います。そうすると外国産より国産をたくさん買えると思います。(さゆり)

私は学習問題3について改めて思ったことがあります。話し合いの途中に「日本産をすべて買うのは難しい」という意見がありましたが、そのとおりだと思います。私はこの前、野菜を買いに行きました。すると、その中にブロッコリーは国産と外国産の2種類が同じ箱に入っていました。私は最初に外国産を手に取りました。箱の後ろにはそれぞれ値段が書かれていました。私は外国産と国産を見比べて、やはり外国産のものを買ってしまいました。その理由は「安かった」からです。だから私は、買い物がすんだ後にこうかいしました。確かに国産のものは、少し値段が高いです。でもできる限り国産のものを買い、農家の人にもっと安全・安心な野菜を作ってほしいです。(あおい)

「TPP問題は奥深い問題」(早紀)

授業では、これらの意見をおあいが発表した。ここまでのやり取りを早紀は、図と文章でまとめ、「本当にTPP問題は奥深い問題です」と締めくくった。

私はTPPにやっぱり反対します。TPPを始めると食べ物を安心して買えなくなります。どうすればいい？　図に書いたとおり外国にTPPを反対すると外国がおこります。なのでTPPはせずに輸入だけを続けて関税をもらっておけば農家の人たちも

早紀の説明図

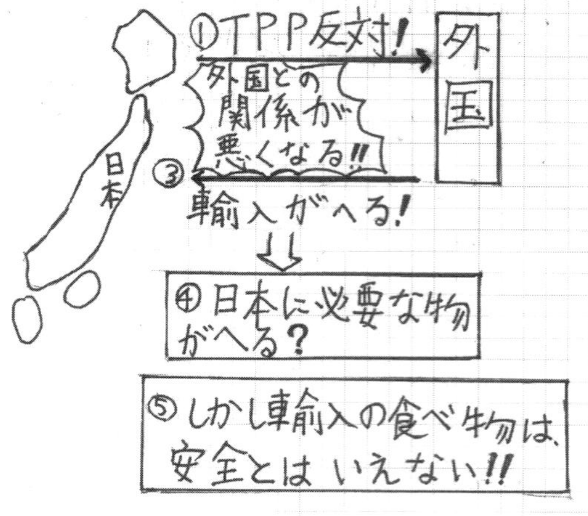
①TPP反対!
外国
外国との関係が悪くなる!!
日本
③
輸入がへる!
④日本に必要な物がへる?
⑤しかし輸入の食べ物は、安全とはいえない!!

やっていけると思います。友達は「一時やっておいて無理だったらやめたらいい」と言ってましたが、その場合だと、外国が「今までやってきたのに」と思い、おこると思うので、TPPはせずに輸入だけしておけばいいと思います。本当にTPP問題は奥深い問題です。(早紀)

この授業は、学習問題3「種子島のさとうきび作りが盛んになっていくために大事なことは何か？」について、それまで子どもたちがまとめてきた考えを出し合って話し合うことで、さとうきびをめぐる状況についての社会認識を深めることがねらいであった。子どもたちはよく考え、話し合った。TPPの賛否を中心にしながら、種子島のさとうきび作りが盛んになる条件、雄也の言葉では「環境」を問い直していた。そしてそのことが「日本産のものを買うか買わないか」という自分たちの生活の問題として立ち返ってきたことで、子どもたちの社会認識が問われることになった。

12月7日(水)はまとめでした。

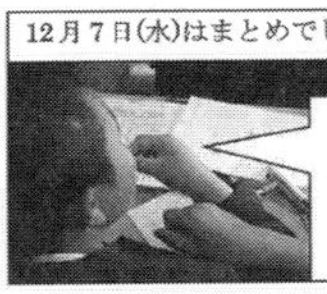

氷砂糖、黒砂糖の味見みもしました

総合学習通信 「種子島のさとうきび」 2011年12月16日（金）No２０

～さとうきびから砂糖へ～

学習問題3：種子島のさとうきび作りが盛んになっていくために大事なことは何か？

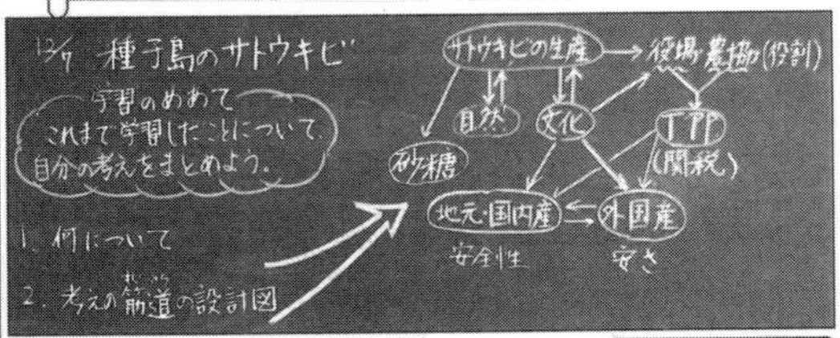

TPPに入ることの意味①

私はTPP問題についていろいろ調べました。まずTPPの中身にはいろんな問題があります。輸入品は安くなるのは確かだけど，農家の人たちが困ると思う。私も永濵さんが言ってたみたいに，1回入ってみて，きつかったらぬけるというのができるのならば，それで賛成。でも真由美さんが言ったように，私もそう簡単にやめられないと思う。なので，**やっぱりTPP問題については解決するのが難しい。**だから舞さんが言ってたように「TPPは日本全体で考えるべきだ」と思う。私は国産のものを食べていきたいのでTPPには何が何でも反対。安心・安全なものを食べていくにはTPPに入らないようにすることだと思います。私はそのことに対して**佳代さんの「TPPに入るということは，輸入品で安心できない食べ物がたくさん入って来る」**という意見に賛成しました。（杏）

TPPに入ることの意味②

僕はTPPについて考えました。まず，TPPに入ると，交付金がなくなり，農家の収入が減ります。そして仕事がなくなって，後つぎも減ります。そして輸入して輸入品が売られます。輸入品には薬が使われて送られてくるので，安心・安全な食べ物とは言い切れません。でも，お金があまりない人でも安くで食べ物が買えるので，消費者にはいいことがあります。また65才以上の人は年金で生活できるけど，60才以下の人は交付金がなくなり，仕事もなくなって，生活できない場合もあります。「TPPに入ってからやめればいい」という意見が出たけど，僕もそう簡単にTPPはやめられないと思う。**今まで品種改良やハーベスターの共同利用などの努力をしてきたのに，TPP入ると，その努力がむだになると思う。**これからは後つぎを増やしていき，TPPに入らなければ種子島のさとうきびは続いていくと思うので，僕はTPPに反対です。（光一郎）

農業をやめる理由

僕は輸入を少しだけ続けていけば，いいと思う。関税の出ないTPPには反対です。農家がいなくなると，自給率が下がると思います。種子島もそうですが，**日本全体の農家たちが「収入が少ない」という理由でやめてしまうからです。**

（健也）

役場・JA(農協)の働き

さとうきびの生産をする農家の人を手助けするのは役場・JA(農協)です。JAは主に7つの仕事をしている。出荷割り当てや，キビ農家への国からの交付金（約16000円／トン当たり）を農協が農家にかわってお金をもらえる（手続き）ようにしている。役場は3つの仕事をしている。①土作りの指導，②苗の手配，③機械代を貸したり，機械を貸したりする。また農家の悩みは3つある。①後つぎ，②お金，③機械代です。①の後つぎ問題は，社会科で学習したのと同じように若い後つぎが少ない。**中種子町の約一1100戸中，65才以上が半分ぐらいいることは，65才以上がさとうきび作りをやめてしまうと，残っている農家が半分以下になってしまう。そしたら種子島のさとうきびがなくなってしまう。**②のお金は1トンで約2万円。その半分が経費となる。③の機械代は，収穫に使う機械代が1900万円するので大変だと思いました。（裕恵）

学習のまとめ「種子島のさとうきび作りが盛んになっていくために大事なことは何か？」

話し合いによる意見交換の次の授業では、学習問題3「種子島のさとうきび作りが盛んになっていくために大事なことは何か？」についてのまとめを行った。（通信No.20 ～ 23）

光一郎は、農家戸数が減っているのに作付面積が増えた理由として挙げられた、品種改良と収穫期の機械化を中心にまとめ、「TPPに入ると、その努力がむだになる」とまとめた。

僕はTPPについて考えました。まず、TPPに入ると、交付金がなくなり、農家の収入が減ります。そして仕事がなくなって、後継ぎも減ります。そして輸入して輸入品が売られます。輸入品には薬が使われて送られてくるので、安心・安全な食べ物とは言い切れません。でも、お金があまりない人でも安くで食べ物が買えるので、消費者にはいいことがあります。また65才以上の人は年金で生活できるけど、60才以下の人は交付金がなくなり、仕事もなくなって、生活できない場合もあります。「TPPに入ってからやめればいい」という意見が出たけど、僕もそう簡単にTPPはやめられないと思う。今まで品種改良やハーベスターの共同利用などの努力をしてきたのに、TPPに入ると、その努力がむだになると思う。これからは後継ぎを増やしていき、TPPに入らなければ種子島のさとうきびは続いていくと思うので、僕はTPPに反対です。（光一郎）

12月7日(水)はまとめでした。

夏のサトウキビ畑

総合学習通信　「種子島のさとうきび」 2011年12月16日（金）No２１

種子島のさとうきび産の砂糖

～さとうきびから砂糖へ～

学習問題3：種子島のさとうきび作りが盛んになっていくために大事なことは何か？

「盛ん」に結びつくこと

私は何について考えたかというと「さとうきび作りが盛んになっていくためには」ということです。まず「盛ん」と結びつくのは「後つぎ」のことだと思います。「後つぎ」，つまり，している人がいないと盛んにはならないと思います。次に「盛ん」に結びつくのはTPPのことだと思います。日本がTPPに反対すれば，外国との関係が悪くなり，輸入が減る。輸入した外国の物は安全とは言えない。外国との信頼関係がなくなるということです。もし輸入がストップしたら，外国の物が手に入らなくなるということです。**だから日本は食料自給率を高めないと思います。自給率を高めるには，国産の物を買わないといけないと思います。**でも，やっぱり外国産の方が安いから，それはちょっと難しいかなと思います。さらに**「盛ん」になっていくためには，やはり「お金」のことだと思います。**私も前，書いたように機械代なども高いからです。（かおり）

みんなが幸せになる方法

農家が生産したさとうきびを砂糖にするため工場に送る。さとうきびをまず粗糖にする。その粗糖は外国から輸入したものもある。その輸入したものには関税144%がかかっている。TPPに入ると，その関税がなくなり，農家へのお金が減ると習った。**そしてその TPP に入るかどうか迷っている。私は反対。**TPPに入ると，農家へのお金が減ってしまうし，輸入品ばかり安くなってしまい日本産が少なくなってしまうから，都会の人は安くなってほしいと思っているみたいで，賛成の人もいるみたいだけど，他の人のことも考えてほしい。TPPに入ると農家の人が苦しくなるけど，TPPに入らなかったら輸入品は安くならない。**だから TPP に入らず，農家の人も都会の人も幸せになる方法を考えた方がいいと思う。自分の考えでは「ためにし入ってみる」です。真由美さんは「そんな甘いことじゃない」と言っていたけど，みんなが幸せになるため，そこはがんばんなきゃいけなし，何か問題なっていいたら，まず行動しないと何も始まらないので，TPP に入って，本当に入ってもいいかためしてみてもいいと思う。**（理恵）

TPPとわたしのくらし

まず，輸入についてです。砂糖の輸入は少ないですが，多くは粗糖を輸入するそうです。だから TPP に入ってしまうと，粗糖が輸入されても交付金がなくなって安くなるので，多分，種子島の粗糖は売れなくなると思います。だから TPP に賛成の人は，種子島がなくなってもいいと思っていることと変わりありません。その話で「じゃあ，国産のものを日本全体が買えばいい」という意見がありましたが，私の思うには，日本全体の人が買うのは難しいと思います。だから「TPP に入ってやめればよい」などという，**あやふやな答えで入ってはいけないと思います。日本人は，やっぱり安いものを買いたくなるものです。だから TPP に入ってしまうと安いものづくしで，国産のものがどんどん減ってしまいます。だから TPP はやめた方がいいと思います。**私は輸入品をなるべく買わないようにしていますが，やっぱり安いものを買う時もあります。でも TPP に入ってしまうのは，私の家族にとっては，お金が入らなくなってしまいます。「TPP 問題は日本全体で考えるべき」そう思います。まだ TPP の話し合いに参加するだけです。これからも反対し続けたいです。農家の人々も自分の作った野菜やさとうきびを地元の人に食べてもらいたいと思います。だからこそ，TPP をやめた方がいいと思います。（舞）

後つぎ問題が先

後つぎ問題は昔からある問題です。TPP より深刻かはわかりませんが，僕は深刻だと思います。なぜなら，農家の子どももサラリーマンなどで働いていると思うからです。**このままで TPP に反対しても，農家がいないなら意味がないと思います。後つぎ問題は簡単じゃないと思うけど，それからやった方がいいと思います。**（孝太）

種子島の大事な作物サトウキビ

さとうきびは台風などに強い防災作物で，暖かいから種子島で育てられます。**そんな種子島にとって，とっても大事な存在のさとうきびはなくなってはいけないと思います。**そのためにも後つぎを増やして，自給率を上げるために周りの人たちも支えてあげれば，たくさん生産できて値段も安くなると思います。（美恵）

「ためしに入ってみる」
「みんなが幸せになるため」（理恵）

理恵は、TPPへ基本的には反対の立場を取りながら、「ためしに入ってみる」ことにこだわり、「TPPに入らず、農家の人も都会の人も幸せになる方法を考えた方がいい」とまとめをしている。そこには「みんなが幸せになる」ことへの考えがあった。

農家が生産したさとうきびを砂糖にするため工場に送る。さとうきびをまず粗糖にする。その粗糖は外国から輸入したものもある。その輸入したものには関税144%がかかっている。TPPに入ると、その関税がなくなり、農家へのお金が減ると習った。そしてそのTPPに入るかどうか迷っている。私は反対。TPPに入ると、農家へのお金が減ってしまうし、輸入品ばかり安くなってしまい日本産が少なくなってしまうから、都会の人は安くなってほしいと思っているみたいで、賛成の人もいるみたいだけど、他の人のことも考えてほしい。TPPに入ると農家の人が苦しくなるけど、TPPに入らなかったら輸入品は安くならない。だからTPPに入らず、農家の人も都会の人も幸せになる方法を考えた方がいいと思う。自分の考えでは「ためしに入ってみる」です。真由美さんは「そんな甘いことじゃない」と言っていたけど、みんなが幸せになるため、そこはがんばんなきゃいけなし、何か問題なっていたら、まず行動しないと何も始まらないので、TPPに入って、本当に入ってもいいかためしてみてもいいと思う。（理恵）

12月7日(水)はまとめでした。

総合学習通信　「種子島のさとうきび」 2011年12月16日（金）Ｎｏ２２

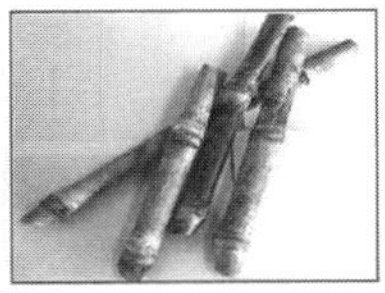

学習問題３：種子島のさとうきび作りが盛んになっていくために大事なことは何か？

「気持ちの問題」と農家の強さ

まずはTPP問題です。私は，おじいちゃんに反対か賛成か聞いてみました。やっぱり反対でした。じいちゃんはさとうきびを作っています。芋も作っています。「外国からの安いさとうきびが来ると，さとうきびは売れなくなってしまう。」と言ってました。私の考えは，TPP に入ると，安いさとうきびしか売れなくなり，農家の人たちがやめていってしまいます。そこで真由美さんの意見に少し賛成です。しかし，それは少し無理なのかと思います。**真由美さんの意見を聞いていたら，どんどん「気持ち」の問題もあるのかと思いました。農家の人はほとんどがお年よりなので，若い人があまりいません。だから TPP に入ると，なおさらいけないのだと思いました。TPP 問題は後つぎ問題にかかわることなのだと思いました。それと同じく「気持ち」も TPP とかかわることなのだと思いました。**理由は悠太君といっしょで，「国がもう少し，国のことを考えなければならない」というのに賛成です。私は TPP には必ず「気持ちの問題」が大切なんだと思いました。東京の人は賛成へ，農家の人は反対だけど，**その中にも東京の人が反対，農家の人が賛成というのもあると思います。**それではなかなか決まらないけど，前も言ったように**自分たちのことしか考えてない，考えられないということが結果なんじゃないかと思います。**気持ちは一番大切だと思うので，よく考えてほしいです。そして TPP に入ると輸入品が安く来て，それを買うか買わないかを決めるのは自分たちで，そこで私も「気持ちの問題」は大切だとおもいました。**TPP はやはりお金です。**安いものばかりついつい自分も買ってしまう時があります。国産を買おうとしても，やはり外国産を買うのがくせになってしまい，あまり地元産を食べない時があります。気をつけて食べたいです。なぜなら外国産は安いけど，薬を使っているので，私としては安心して食べられません。地元産は高いけど，安心して食べられます。だから私は地元産がいいです。そして種子島のさとうきびはしぼったり，いろいろして粗糖になります。それを大阪の工場に持って行っていろいろな砂糖になります。**私はさとうきび農家は，いろいろな問題をかかえているけど，堂々としているのが，すごいと思いました。うらはぼんやりしているけど，表はみんなに笑顔を見せているのが農家の強さをだと思います。**（明子）

日本の文化とTPP

まず，日本の文化と TPP は対立しています。日本の文化を守ると外国との関係が悪くなってしまいます。逆に外国との関係を守ると，日本の文化が失われてしまうかもしれません。この二つは，天びんに乗っていて常にどちらもつり合っていなければなりません。次に TPP と関税のある輸入も似ているけど対立しています。**TPP は「関税のない輸入」と言っていいでしょう。**そう考えると二つは正反対です。日本の文化をとるか，TPP をとるか。TPP をとるか，関税のある輸入をとるか。ひとつ間違うと全部がくずれてしまいます。このかべを日本は乗り越えることができるのでしょうか。日本の農業が発展していくためにも，このかべは最初に乗り越えるべきだと思います。

外国産は本当に安全なのでしょうか。日本のように有機栽培や無農薬の取り組みをしているのでしょうか。例えばアメリカでいうと，１人がもつ畑が日本の何倍という面積です。そんな広い畑に薬をまかないのでしょうか。それからニュースで TPP に入ると，日本の表示にある「遺伝子組み換えではない」という文が消えてしまうかもしれないそうです。そうなると，日本産も外国産と同じように「安全の分からない」食品になってしまいます。私は少し値段が高いですが，国産の安全・安心なものを食べたいです。（あおい）

農家のかかえる問題が先「後つぎと自給率」

私は TPP 問題も大事だと思うけど，農家がかかえる問題の方が大事だと思います。**農家には自給率，後つぎなどいろいろな問題があります。先にそっちを片付けた方がいいと思います。**自給率は国産の物を地道に少しずつ日本全体の人が買っていけば，何とかなるだろうけど，後つぎを一気に増やすことは難しいと思うので，後つぎを少しずつ増やしていき，ある程度増えたら，TPP 問題のことを中心に考えていけばいいと思います。（弥生）

「あやふやな答えで入ってはいけない」
「TPP問題は日本全体で考えるべき」（舞）

しかし舞は、「あやふやな答えで入ってはいけない」とまとめた。

まず、輸入についてです。砂糖の輸入は少ないですが、多くは粗糖を輸入するそうです。だからTPPに入ってしまうと、粗糖が輸入されても交付金がなくなって安くなるので、多分、種子島の粗糖は売れなくなると思います。だからTPPに賛成の人は、種子島がなくなってもいいと思っていることと変わりありません。その話で「じゃあ、国産のものを日本全体が買えばいい」という意見がありましたが、私の思うには、日本全体の人が買うのは難しいと思います。だから「TPPに入ってやめればよい」などという、あやふやな答えで入ってはいけないと思います。日本人は、やっぱり安いものを買いたくなるものです。だからTPPに入ってしまうと安いものづくしで、国産のものがどんどん減ってしまいます。だからTPPはやめた方がいいと思います。私は輸入品をなるべく買わないようにしていますが、やっぱり安いものを買う時もあります。でもTPPに入ってしまうのは、私の家族にとっては、お金が入らなくなってしまいます。「TPP問題は日本全体で考えるべき」そう思います。まだTPPの話し合いに参加するだけです。これからも反対し続けたいです。農家の人々も自分の作った野菜やさとうきびを地元の人に食べてもらいたいと思います。だからこそ、TPPをやめた方がいいと思います。（舞）

総合学習通信　「種子島のさとうきび」 2011年12月16日（金）Ｎｏ２３

収穫が始まったさとうきび畑

学習問題3：種子島のさとうきび作りが盛んになっていくために大事なことは何か？

牛のえさになるさとうきびの葉

TPP問題と後つ・輸入問題

私が一番心配している問題は TPP 問題です。TPP問題とは，今までの関税がなくなるということです。とういうことは，農家の人たちの収入がなくなるということです。ということは，**これから十年後は私たち種子島の宝がなくなってしまうのではないかと考えられます。**農家の人たちには，まだ２つの問題があります。１つは後つぎ問題です。後つぎ問題も深刻な問題です。なぜかというと，若い農家の人がいないと，いずれつぶれてしまいます。なので後つぎ問題は大切だと思います。今の若い人はサラリーマンなどの社会人になり，農家の子どもも農業に入ろうとしていないので農家のピンチだと思います。**農家に入らないのはお金のこともあると思います。**TPP を始めると収入が入ってこない分，生活ができなくなり，苦しくなるということになります。２つ目は輸入問題です。輸入問題はスーパーとかに輸入品が増えるだけと思っている人もいますが，それだあけではありません。外国の物は日本に来るまでに薬品を使っているので，100%安全とは言えません。中国産の物を食べて食中毒なになったというニュースを見たので安全とは言えなくなりました。（早紀）

TPPと後つぎ・輸入問題

TPP は消費者にはメリットだが，農家にはデメリットだから，僕はこうすればよいと思いました。TPPに入らず，輸入を中心的に考えて進めればよいと僕は考えました。なぜかというと，**TPP の方をほったらかしにしておけば，外国もいつまでたっても返事が来ないから，もう待ち切れなくなって，あきてしまうと思ったからです。**そしてこれはテレビで見たのですが，**どの国も日本と同じように「お国の事情」があるらしいです。だからそういう国の人たちは，日本のことが何となく分かるんじゃないかなあと思いました。**でも国会はそういうことが考えられないのかなと思いました。改めて考えると，そういうことはだめなのかもしれないと思いました。（悠太）

TPPをもの・お金・文化

僕は TPP 反対にうつります。**なぜなら日本の文化という農家はなくしてはならないと思ったからです。**確かに賛成して TPP に入れば，安く物が買えるし，和哉君の「絶対に危ないとは限らない」というのもあると思いますが，「農家は文化だ。」と」言われると，それを失ってはいけない気がするのでうつりました。賛成して安いのが入って来ても，安全なものもあれば，体に害を及ぼすものもあるし，食中毒を起こして病院にお金をむだにかけるよりかは，今の安全な国産の食べ物を買って，普通に生活するのがいいんじゃないかという方について考えました。ただ，今，関税をかけて交付金をもらっているので，輸入も大切だと思うが，断ると輸入をやめてしまいそうな気がするし，ストップすれば，どのみちなくなってしまうので，結論がつけにくいと思った。それに買い物をしていて，**日本産と外国産の二つが並べられていて，何も考えずに値段だけを見てしまうと，お得な外国産を買う人がやっぱり多いと思います。そこをどう考えるかも，日本の人，消費者しだいなので分からないと思った。**それで僕の最終的な結論は，少し高くてもいつもの国産の安全・安心を取りつつ，おいしくとっていくことが一番じゃないか思う。（勝也）

TPPの何が問題なのか？

TPP 問題は**何かが原因なので，TPP 問題があると僕は思います。その原因を何とかつかめれば，正しい TPP 問題があるかと，僕はなんとなくそう思います。**

僕は正しい TPP で反対か賛成かのどっちかが決まっても，僕はかまいません。僕は正しいことが聞きたいです。そして農家の人も消費者も納得する解決法を見つけだしたいです。そしてみんなが**納得する解決法が見つかれば，TPP 問題がなくなり，TPP のかべを乗り越えられます。**そして，この甘い砂糖が日本で作られていることには，すごく感謝して食べれば，農家の人たちは，うれしい気分で作ってくれると思います。（和哉）

親が製糖工場に勤める舞にとっては、目先の安さよりも家族の生活を考えた当然の結論であった。このことは理恵の「みんなが幸せになる」方法が、都会と地域という関係の中では成り立つように見えても、地域の具体的な事実の中では成り立たないことを示したものであった。

悠太はTPP問題に対しての自分の考えをまとめた。

> TPPは消費者にはメリットだが、農家にはデメリットだから、僕はこうすればよいと思いました。TPPに入らず、輸入を中心的に考えて進めればよいと僕は考えました。なぜかというと、TPPの方をほったらかしにしておけば、外国もいつまでたっても返事が来ないから、もう待ち切れなくなって、あきてしまうと思ったからです。そしてこれはテレビで見たのですが、どの国も日本と同じように「お国の事情」があるらしいです。だからそういう国の人たちは、日本のことが何となく分かるんじゃないかなあと思いました。でも国会はそういうことが考えられないのかなと思いました。改めて考えると、そういうことはだめなのかもしれないと思いました。（悠太）

悠太はTPPを早急に受け入れたり、検討したりするのではなく、「ほったらかしにして」おくことを考えた。TPPではよく「アジアの成長を取り込む」ことが主張されるが、2011年時点でアジアの成長の中核でもある中国、韓国が参加の意思を示していないことを踏まえれば、説得力をもつものであった。

勝也の考え方の変化

当初TPPに賛成していた勝也は、あおいの「『農業』という仕事は日本の文化」という意見をさらに重く受け止め、TPP反対へ回った。（通信No.7～23）

僕はTPP反対にうつります。なぜなら日本の文化という農家はなくしてはならないと思ったからです。確かに賛成してTPPに入れば、安く物が買えるし、和哉君の「絶対に危ないとは限らない」というのもあると思いますが、「農家は文化だ」と言われると、それを失ってはいけない気がするのでうつりました。賛成して安いのが入って来ても、安全なものもあれば、体に害を及ぼすものもあるし、食中毒を起こして病院にお金をむだにかけるよりかは、今の安全な国産の食べ物を買って、普通に生活するのがいいんじゃないかという方について考えました。ただ、今、関税をかけて交付金をもらっているので、輸入も大切だと思うが、断ると輸入をやめてしまいそうな気がするし、ストップすれば、どのみちなくなってしまうので、結論がつけにくいと思った。それに買い物をしていて、日本産と外国産の二つが並べられていて、何も考えずに値段だけを見てしまうと、お得な外国産を買う人がやっぱり多いと思います。そこをどう考えるかも、日本の人、消費者しだいなので分からないと思った。それで僕の最終的な結論は、少し高くてもいつもの国産の安全・安心を取りつつ、おいしくとっていくことが一番じゃないかと思う。（勝也）

当初、「ぼくが思うには、TPPに入ると輸入品が安くなるので消費者にとっては、メリットがある」と考えた勝也であった。このまとめの途中でも「日本産と外国産の二つが並べられていて、何も考えずに値段だけを見てしまうと、お得な外国産を買う人がやっぱり多いと思います。そこをどう考えるかも、日本の人、消費者しだいなので分からない」としながらも、「僕の最終的な結論は、少し高くてもいつもの国産の安全・安心を取りつつ、おいしくとっていくことが一番じゃないかと思う」とまとめた。勝也は、TPP問題が登場した直後（通信No.7）で、次のように書き反対の立場をとっていた。

さとうきび作りは大変だと思った。収入が低い。問題がたくさんある（後継ぎ・費用・輸入）。このTPP問題がヤバい。まず、さとうきび農家は国からの交付金で16,000円と4,000円で２万円もらっていた。だが、外国から安いさとうきびが来てしまうが、国が関税12%で高い値段にして防いでいた。だが外国人たちが「TPPに入らないか？」と言った。TPPに入るということは、関税12%がなくなるということだ。つまり関税が12%なくなれば、外国の安いさとうきびが売れてしまい、交付金がなくなるので、さとうきび生産ができなくなるということだ。この問題をさけない限り、さとうきびはなくなってしまうので、とてもヤバいし、TPP問題には入ってもらわないでほしいと思う。（勝也）

しかし、さとうきび農家の佐山さんの話の中で、TPP問題が取り上げられた時（通信No.14）に、「でもぼくが思うには、TPPに入ると輸入品が安くなるので消費者にとっては、メリットがある」とまとめ、明確に反対の立場は取らなくなった。そして２学期の社会科で学習した「つりあいのとれた貿易」をもち出した勝也はTPP賛成の立場を取り、次のようにまとめた。

ぼくはTPPに賛成です。輸入品が安くなれば、いろいろ買えるし、お金が少ない人でも食べ物が買えたりするので、ぼくは賛成です。（勝也）

勝也の意見以降、TPPに賛成する意見が少しずつ増えていった。しかし、先に示したようにあおいの「農業は日本の文化」という考え方を受け止めたのをきっかけに（No.17）、考え方を変え始めた。

僕はTPP賛成だったけど、ちょっと気が変わりました。少し反対です。まあ中間です。TPPに入れば輸入品が安くなるというメリットがあるし、農家は日本の文化だから失ってはいけないという意見も響きました。（勝也）

この後の学習問題3「種子島のさとうきび作りが盛んになっていくために大事なことは何か？」の話し合いや学習のまとめを通して、先に示したようにTPP反対の立場に変わっていった。

TPPのメリットから「みんなが納得する解決法」へ～和哉のまとめ～

こうした中、勝也と同じ理由でTPP賛成の立場を取っていた和哉は、次のようにまとめていた。（通信No.23）

TPP問題は何かが原因なので、TPP問題があると僕は思います。その原因を何とかつかめれば、正しいTPP問題があるかと、僕はなんとなくそう思います。僕は正しいTPPで反対か賛成かのどっちかが決まっても、僕はかまいません。僕は正しいことが聞きたいです。そして農家の人も消費者も納得する解決法を見つけだしたいです。そしてみんなが納得する解決法が見つかれば、TPP問題がなくなり、TPPのかべを乗り越えられます。そして、この甘い砂糖が日本で作られていることには、すごく感謝して食べれば、農家の人たちは、うれしい気分で作ってくれると思います。（和哉）

和哉のまとめは、理恵の「みんなが幸せになる方法」や勝也の「TPP反対」の意見の影響がある。和哉も勝也と同様に「TPPのメリット」を根拠にしたTPP賛成の意見であったが、他の子どもの意見を聞き、「農業は日本の文化」（あおい）や「みんなが幸せになる方法」（理恵）などの考える視点を取り入れることで変化していった。和哉の場合は、理恵の意見が影響している。和哉は「何かが原因なので、TPP問題がある」と書き、問題となる原因に着目しようとしている。そして「農家の人も消費者も納得する解決法を見つけだしたいです。そしてみんなが納得する解決法が見つかれば、TPP問題がなくなり、TPPのかべを乗り越えられます」とまとめている。

「日本の文化とTPPは対立」（あおい）

学習問題3「種子島のさとうきび作りが盛んになっていくために大事なことは何か？」の話し合いや学習のまとめを通して、あおいは「日

本の文化としての農業」をさらに進めて次のようにまとめた。（通信 No.22）

まず、日本の文化と TPP は対立しています。日本の文化を守ると外国との関係が悪くなってしまいます。逆に外国との関係を守ると、日本の文化が失われてしまうかもしれません。この二つは、天びんに乗っていて常にどちらもつり合っていなければなりません。次に TPP と関税のある輸入も似ているけど対立しています。TPP は「関税のない輸入」と言っていいでしょう。そう考えると二つは正反対です。日本の文化をとるか、TPP をとるか。TPP をとるか、関税のある輸入をとるか。ひとつ間違うと全部がくずれてしまいます。このかべを日本は乗り越えることができるのでしょうか。日本の農業が発展していくためにも、このかべは最初に乗り越えるべきだと思います。

外国産は本当に安全なのでしょうか。日本のように有機栽培や無農薬の取り組みをしているのでしょうか。例えばアメリカでいうと、１人がもつ畑が日本の何倍という面積です。そんな広い畑に薬をまかないのでしょうか。それからニュースで TPP に入ると、日本の表示にある「遺伝子組み換えではない」という文が消えてしまうかもしれないそうです。そうなると、日本産も外国産と同じように「安全の分からない」食品になってしまいます。私は少し値段が高いですが、国産の安全・安心なものを食べたいです。（あおい）

あおいは、これまで考えてきたことの結論として「日本の文化と TPP は対立しています」としている。これは TPP を受け入れることで日本の農業が大きな打撃を受けることからの判断だろう。そして TPP を「関税のない輸入」と位置づける。

日本がこれまでの農業の市場開放として取り組んできた関税の引き下げを背景とした「関税のある輸入」は、国内市場開放という先進国としての責務と国内の農業保護及び食料安全保障の立場から「多様な農業」のあり方として進められてきた国策である。その国策と TPP が対立することを見取ったあおいは、「日本の文化をとるか、TPP をとるか。TPP をとるか、関税のある輸入をとるか。ひとつ間違うと全部がくずれてしまいます」と警戒しながら「日本の農業が発展していくためにも、このかべは最初に乗り越えるべきだと思います」とまとめた。そして問題点を「食の安全性」のひとつにしぼって締めくくった。

「いろいろ問題をかかえているけど、さとうきび農家は強い」（明子）

自分の祖父がさとうきびを生産している明子は、学習のまとめを祖父の意見や姿からまとめた。（通信 No.22）

まずは TPP 問題です。私は、おじいちゃんに反対か賛成か聞いてみました。やっぱり反対でした。じいちゃんはさとうきびを作っています。芋も作っています。「外国からの安いさとうきびが来ると、さとうきびは売れなくなってしまう」と言ってました。

私の考えは、TPP に入ると、安いさとうきびしか売れなくなり、農家の人たちがやめていってしまいます。そこで真由美さんの意見に少し賛成です。しかし、それは少し無理なのかと思います。真由美さんの意見を聞いていたら、どんどん「気持ち」の問題もあるのかと思いました。農家の人はほとんどがお年よりなので、若い人があまりいません。だからTPPに入ると、なおさらいけないのだと思いました。TPP問題は後継ぎ問題にかかわることなのだと思いました。それと同じく「気持ち」もTPPとかかわることなのだと思いました。理由は悠太君といっしょで、「国がもう少し、国のことを考えなければならない」というのに賛成です。私はTPPには必ず「気持ちの問題」が大切なんだと思いました。東京の人は賛成へ、農家の人は反対だけど、その中にも東京の人が反対、農家の人が賛成というのもあると思います。それではなかなか決まらないけど、前も言ったように自分たちのことしか考えてない、考えられないということが結果なんじゃないかと思います。気持ちは一番大切だと思うので、よく考えてほしいです。そしてTPPに入ると輸入品が安く来て、それを買うか買わないかを決めるのは自分たちで、そこで私も「気持ちの問題」は大切だとおもいました。

TPPはやはりお金です。安いものばかりついつい自分も買ってしまう時があります。国産を買おうとしても、やはり外国産を買うのがくせになってしまい、あまり地元産を食べない時があります。気をつけて食べたいです。なぜなら外国産は安いけど、薬を使っているので、私としては安心して食べられません。地元産は高いけど、安心して食べられます。だから私は地元産がいいです。そして種子島のさとうきびはしぼったり、いろいろして粗糖になります。それを大阪の工場に持って行っていろいろな砂糖になります。

私はさとうきび農家は、いろいろな問題をかかえているけど、堂々としているのが、すごいと思いました。うらはぼんやりしているけど、表はみんなに笑顔を見せているのが農家の強さだと思います。（明子）

明子は、TPP問題を突き詰めて考えると、消費者や生産者の「気持ちの問題」（悠太）が大切であることと同時に「お金」とからんでいることに改めて気が付いた。まとめの最後にある「私はさとうきび農家は、いろいろな問題をかかえているけど、堂々としているのが、すごいと思いました。うらはぼんやりしているけど、表はみんなに笑顔を見せているのが農家の強さだと思います」という表現は、明子の祖父や話をしてくださったさとうきび農家の佐山さんの姿から書かれたものである。さとうきび農家が高齢化や後継者不足、TPP問題などのさまざまな問題を抱えながら生産を続けている姿に「農家の強さ」を見出している。

製糖工場の見学

製糖工場の見学は、当初、学習問題2「砂糖はどうやって作られているか？」のまとめの段階で行う予定であったが、さとうきびが糖熟期を迎え、収穫して工場の操業となる期間（11月末～4月末）と学習の展開時期が合わなかったために、12月16日に行った。（通信No.24～26）

総合学習通信　「種子島のさとうきび」　2011年12月21日（水）Ｎｏ２４

さとうきびが粗糖になるまで〔製糖工場の見学〕12月16(金)

トラックごと重さを量る。
山積みされるさとうきび
さとうきび
サンプルを取って糖度の検査
さとうきびを圧搾機へ運ぶ。
圧搾機の中へ入れる。
圧搾機から見学スタート
圧搾機で細かくくだく。
さとうきびのしぼり汁
しぼり汁に消石灰を入れ，温度を上げて不純物を取る。（洗浄工程）
濃縮工程
結晶缶で白下(みつと砂糖の結晶を含んだもの)を作る。
遠心分離機で蜜と粗糖に分ける。みつは再び，結晶缶へもどる。
粗糖
でき上がっていく粗糖
私が「いいな。」と思ったのは，「問題意識をもって，さあやるぞ！　明日のさとうきびを守り続ける主役は我ら！！」と「タバコを出すなら，知恵出せ！」です。(亜紀)
バガス
蒸気
電気
しぼり取ったあとのさとうきび（バガス）
燃料として燃やして蒸気から電力を作る。

総合学習通信　「種子島のさとうきび」　2011年12月21日（水）Ｎｏ２５

さとうきびが粗糖になるまで〔製糖工場の見学〕12月16日(金)

製糖工場には１日1500トンのさとうきびが入って来るが，170トンしか砂糖はできない。まず品質を測って値段を決める。そしてさとうきびを「ケーンナイフ」で細かくする。金属を取り，４つのローラーでしぼる。その時に出たバガズは燃やし，蒸気で発電する。バガスを使わずにふつうに電気を買っていたら400万円もかかるそうだ。そのバガスの一部は畜産農家に売る。しぼったさとうきびの汁は100度まであたため，消石灰によごれをつけさせる。それをしずめ，上の方のきれいなのを取る。５回濃縮することによって，13%～60%まで糖度が上がる。それに砂糖の種を入れないと，つぶ状にならない。その種を入れて結晶を作り，白下ができる。その城下は黒砂糖になる。白下をみつと砂糖に分ける。その砂糖は原料糖（粗糖）になる。そして品質管理室で異常がないか確かめる。

この工場には1000台以上もの機械がある。１番霜がおりることによって，さとうきびの糖度が下がる。こういった製糖工場は全国では，北海道や鹿児島県南部，沖縄県にある。ハーベスターで収穫するとさとうきびは短く，手がりだと長い。ハーベスターで収穫すると，切った所からくさりやすい。私はあまったバガスを使い，蒸気で工場自ら発電するなど，環境にもやさしい「エコ」をしていることが大切だと思った。

学習問題3「種子島のさとうきび作りが盛んになっていくために大事なことは何か？」については，工場側もやっぱり「さとうきびを作ってくれる農家が減ってくると，盛んにならない。」と言っていた。自給率を上げるためには，地元産を買うことが大切だと思った。これからもTPPに入らずに，一定の輸入を続け，後つぎをなくならないようにすることが大切だ。（美恵）

手刈りのさとうきび

ハーベスターで収穫したさとうきび

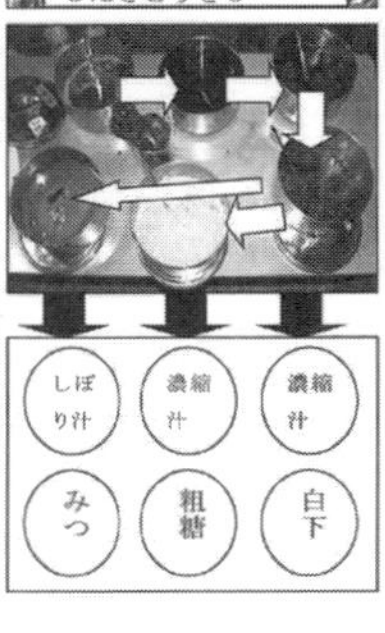

今日は工場見学に行きました。早速，工場に着いてみると，さとうきびをしぼったにおいがしてきました。工場見学は初めてなのでドキドキしました。中に入ってみると，大きな機械がたくさんありました。まずさとうきびをしぼる所から行きました。入口の方から「バキバキ」とさとうきびをへし折る音が聞こえてきました。中をのぞくと，ローラーがすき間なくうめこまれて回っていました。そして先に行くと金属探知機というものがあって，金属を取り除くらしいです。またケイタイ電話などが入っているらしいです。そして進んで行くとバガスと甘い部分に分ける所がありました。そしてまた進んで行くと，バガスを使って発電できる所があるらしいです。何と1570キロワットをまかなえるそうです。そしてしばらくすると，結晶させる所があり，そこには大きな大きな缶がありました。中は真空だそうです。そして最後に遠心分離機にかけるそうです。（悠太）

今日，実際の作り方を見に行きました。圧さく工程では大きなローラーでさとうきびの汁をしぼり出すところや金属探知機で金属を取り除くところなどが見れました。また，しぼりかす（バガス）をボイラーで燃やして発電しているところも実際に見ることができました。次の清浄工程では，石灰で不純物をしずませるという工程を見ることができました。その不純物のかたまり（ケーキ）を見て，「しぼったばかりの汁の中には，こんなに不純物が入っているのだな。」とおどろきました。濃度を高める濃縮工程に来た時，工場で働いている人が「この工場では，ほとんど機械で作業をやっています。」と言ってました。濃縮工程では，大きなタンクのようなものがあり，その中でさとうきびの汁をにつめ，濃度を高めていました。さして最後の結晶工程では，砂糖の種を入れて結晶化させていくらしいです。ある一定の量の砂糖の種を入れると，粗糖になり，一定の量でなければ他の砂糖になるそうです。このように粗糖はいろいろなたくさんの作業の中から生まれてくる種子島の大事なものと改めて思いました。（翔太）

総合学習通信　「種子島のさとうきび」　2011年12月21日（水）No26

さとうきびが粗糖になるまで〔製糖工場の見学〕

今日の見学で知ったことがたくさんありました。製糖工場では1日に約1500トンものサトウキビをしぼっており，そのうち約170トンが砂糖へと姿を変えます。170トンとは，25mプールの約半分ぐらいの量です。そしてしぼりきったさと**うきびのことを「バガス」といい，バガスはボイラーに運ばれ，工場全体を動かす燃料になります。**その時のバガスには水分50%がふくまれており，木くずみたいに燃えやすくなっています。砂糖がみつといっしょになったものを「白下」といい，分みつ機でみつと砂糖に分かれます。最初に「1日約1500トン」と書きましたが，それは毎日の平均を示しています。雨がふって仕事ができない時は，平均以下の時もあるそうです。機械は安くても20万円以上の機械で，高いのは1億2000万円の機械が多数あるそうです。またさとうきびには，良いさとうきびと悪いさとうきびがあるそうです。良いさとうきびとは砂糖がたくさん入っているさとうきびのこと。そして悪いさとうきびとは，砂糖があまり入っていないさとうきびのことだそうです。（弥生）

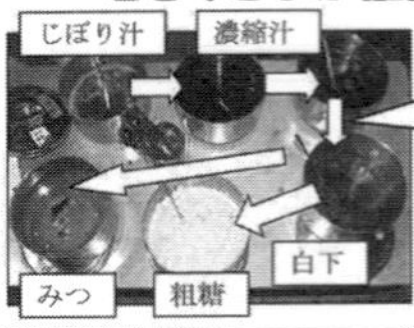

さとうきびしぼり汁の濃縮過程と白下，みつ，粗糖。

味見に忙しい人が多かったです。それぞれちがう味でしたね。

機械の音がうるさかったり，きついにおいがしたりしていたので，私は工場だなあと思いました。（真由美）

白下は砂糖の結晶とみつでできたもの。この後，結晶とみつに分けて，結晶は粗糖，みつは60度でまた砂糖にする。2回目に砂糖にするのは「2番糖」といい，3番糖までするが，3番糖は製品化しない。100度まであたためて消石灰を入れる。よごれがくっついて，しずめ，上に残ったきれいなのを取る。5回に分けて濃縮させる。（理恵）

この工場見学で心に残ったことを1つ書きます。砂糖を食べさせてもらった時のことです。私は粗糖と粗糖を結晶化させる段階の砂糖を主に食べました。粗糖はいつもどおりの味。**砂糖を結晶化させる段階の砂糖は，味が苦くて濃かったです。でも後で，とっても甘く感じました。**（穂香）

トラックに積んださとうきびが何kgかを量り，その後からトラックの重さを量って，ひき算するとさとうきびの重さがわかるのがすごいと思いました。（裕恵）

バガスはさとうきびのしぼりかすです。さわってみると意外にサラサラしていて，すごくかわいていましたが，たくさんのバガスが手について取るのがすごく大変でした。（和哉）

白下は,おいしい。

みつと結晶が混ざったの**（白下）は，とてもおいしかったです。**それをみつと結晶に分けたものの結晶が「粗糖」だそうです。（さつき）

今日，製糖工場を見学しました。バガスやさとうきびのにおいがしました。新光糖業では，1日1500トンしぼって砂糖が170トンできるらしいです。さとうきびを分析した時，**糖度が高かったら値段が高くて，糖度が低かったら値段は安くなります。**さとうきびの汁をしぼる時には，お湯をかけながらしぼります。しぼりかすはボイラーに送られて，ボイラーで焼いて工場の電気を作ります。もしバガスを使わないで電気を使っていたら，1日400万円もするそうです。白下は粗糖とみつを分けるらしいです。濃縮する時は5回に分けて濃縮します。働いている人は124名だそうです。しぼるのが少ない日は雨がふっている日で，1300トンや1400トンの時があります。（春菜）

今日は製糖工場に見学に行きました。**やっぱり工場に行くと，パソコンより分かりやすかったです。**工場の中にあったさとうきびはすごい量でした。そのにおいが少しくさかったです。**工場は1日当たり1500トンもしぼるそうなので，おどろきました。この1500トンからは170トンくらい粗糖ができるそうです。**もう一つおどろいたことは金属をとり除く所にケータイやかまなどが時々入ってくるそうです。トラックは1台当たり3トンだそうです。トラックからこぼれ落ちそうでした。糖度が高いのがいいさとうきび。低いのが悪いさとうきびです。やはり工場には知らないことがたくさんありました。（健文）

製糖工場には1日1,500トンのさとうきびが入って来るが、170トンしか砂糖はできない。まず品質を測って値段を決める。そしてさとうきびを「細裂機」（さいれつき）で細かくする。金属を取り、4つのローラーでしぼる。その時に出たバガスは燃やし、蒸気で発電する。バガスを使わずにふつうに重油を買っていたら1日に400万円もかかるそうだ。そのバガスの一部は畜産農家に売る。しぼったさとうきびの汁は100度まであたため、消石灰によごれをつけさせる。それをしずめ、上の方のきれいなのを取る。5回濃縮することによって、13%～60%まで糖度が上がる。それに砂糖の種を入れないと、つぶ状にならない。その種を入れて結晶を作り、白下ができる。白下をみつと砂糖に分ける。その砂糖は原料糖（粗糖）になる。そして品質管理室で異常がないか確かめる。

この工場には1,000台以上もの機械がある。1番霜がおりることによって、さとうきびの糖度が下がる。こういった製糖工場は全国では、北海道や鹿児島県南部、沖縄県にある。ハーベスターで収穫するとさとうきびは短く、手がりだと長い。ハーベスターで収穫すると、切った所からくさりやすい。私はあまったバガスを使い、蒸気で工場自ら発電するなど、環境にもやさしい「エコ」をしていることが大切だと思った。

学習問題3「種子島のさとうきび作りが盛んになっていくために大事なことは何か？」については、工場側もやっぱり「さとうきびを作ってくれる農家が減ってくると、盛んにならない」と言っていた。自給率を上げるためには、地元産を買うことが大切だと思った。これからもTPPに入らずに、一定の輸入を続け、後継ぎをなくならないようにすることが大切だ。（美恵）

総合学習通信 「種子島のさとうきび」

2012年1月11日（水）No２７

12月21日(水)はこれまでの学習の感想をまとめてもらいました。

「種子島のさとうきび」を学習して

どうしてさとうきびには，そんなに興味をもてたのかなあ？

私はこれまで，ニュースなどに興味はなかったけれど，TPP問題のことについて勉強してから「今日はTPPについてどんなニュースがあるかなあ。」と考えたりしてました。私はあんまり勉強に興味をもてない性格なのに，どうしてさとうきびには，そんなに興味をもてたのかなあと思っていました。それはいろいろな場所を見学して，いろいろ教えてもらったからかなあと思います。まず，さとうきび畑に行きました。くわしく畑を見たのは初めてでした。私よりもデカくて，アリがいっぱい下にいて，甘そうには見えませんでした。2か所目は歴史民俗資料館に行きました。今は機械というのは知っていたけど，昔はすごくいっぱいの人で手作業でしていたのは初めて知りました。3か所目は役場の農林水産課に行きました。そこではさとうきびやさとうきびの一本一本のことを教えてくれました。私が一番勉強になったところは，製糖工場に行ったことです。1日1500トンのさとうきびで170トンの砂糖ができると言っていました。それでまた興味がもてたけれど，もうさとうきびについての学習は終わりなので，すごく残念でした。私が一番よく知ったのが，砂糖の種類でした。これからも自主的にさとうきびのことを勉強したいです。（真央）

身近に感じたい。

さとうきびが砂糖になるまでを実際に見たので，砂糖がとても大切に見えました。また砂糖ができるまでをよく知ったので，さとうきびは種子島や日本にとって大切な農作物として，私たちが大人やあばあちゃんになっても子どもたちに残していたいと思います。そして今後，砂糖を食べる時は，さとうきびを作った農家の人や砂糖を作った製糖工場の人の気持ちや思いを考えて，これからもさとうきびや砂糖を大切にして，もっと身近に感じたいと思います。（あおい）

とても楽しかった

私は2学期にさとうきびのことを学習して，今まで砂糖の作り方など考えたことがなかったけど，たくさんのことがわかりました。私はさとうきびから砂糖ができることは知っていましたが，詳しいことは何もわからなかった。この総合を通して問題についても，TPPや後つぎなどいろいろ出てきました。製糖工場へ行って，作り方や機械などを間近で見れて，とてもためになりました。

私は種子島の特産物のことを学習する前と今と比べると，数えきれないくらいたくさんのことを知りました。総合は勉強になったし，とても楽しかったです。（由紀）

たくさん砂糖が作れるようにしたい！

ぼくもじいちゃん，ばあちゃんのお手伝いをたくさんして，たくさんのさとうきびを収穫して，たくさん砂糖が作れるようにしたいです。（光輝）

もうちょっと調べてみたい

私は「さとうきび作りなんて・・・。」と最初は思っていました。でも今では「もうちょっと調べてみたい。」という考えがあります。それはなぜかというと，この「総合」という学習を通して，さとうきびのことについて学んだからです。ちょっとしたことでも，知らないことがあると知りたくなることもありました。私はさとうきびの作り方は知っていても，砂糖の作り方までは知りませんでした。そういうことをこの学習で学んで良かったと思います。

例えば，製糖工場は1日1500トンのさとうきびをしぼっているとか，その中の170トンが粗糖になるなど，とにかくたくさんのことを学びました。あゆみさんが言うとおり「さとうきび・砂糖を作っている人たちのことを考えて砂糖を食べないなといけないんだなあ。」と思いました。

私は前も書いたようにさとうきび作りが盛んになっていくために大事なことは，3つあると思います。

1つ目は「後つぎ」のことだと思います。後つぎが増えなければ，農家の人が増えないからです。

2つ目は「環境」のことだと思います。製糖工場は「バガス」（さとうきびのしぼりかす）をボイラーに運び，燃料として使う。そしてお金が節約される。

3つ目は「お金」のことだと思います。これまで輸入は関税がかかっていたけど，TPP問題は関税がなくなる。つまり，農家への交付金がなくなるということで盛んにならないと思います。（かおり）

サトウキビの問題をなくすこと！

どうやったら，さとうきび作りが盛んになるか，あまり分からないけど，やっぱりさとうきびの問題をなくすことが，さとうきびを盛んにさせられる方法だと私は思います。（佳代）

「種子島のさとうきび」を学習して（感想）
（通信No.27～30）

最後の授業では、「種子島のさとうきび」の学習について感想をまとめた。真央とかおりは次の書き出しでまとめた。

> 私はこれまで、ニュースなどに興味はなかったけれど、TPP問題のことについて勉強してから「今日はTPPについてどんなニュースがあるかなあ」と考えたりしてました。私はあんまり勉強に興味をもてない性格なのに、どうしてさとうきびには、そんなに興味をもてたのかなあと思っていました。それはいろいろな場所を見学して、いろいろ教えてもらったからかなあと思います。（真央）

> 私は「さとうきび作りなんて…」と最初は思っていました。でも今では「もうちょっと調べてみたい」という考えがあります。それはなぜかというと、この「総合」という学習を通して、さとうきびのことについて学んだからです。ちょっとしたことでも、知らないことがあると知りたくなることもありました。私はさとうきびの作り方は知っていても、砂糖の作り方までは知りませんでした。そういうことをこの学習で学んで良かったと思います。（かおり）

杏はTPP問題が多くのことに関わっていることに改めて気づき、次のようにまとめた。

> 私は今までさとうきびのいろいろな問題をかかえてきました。TPPや後継ぎのこと、輸入のことなどたくさんありました。砂糖づくりで大事なことは前から感想に書

総合学習通信　「種子島のさとうきび」　2012年1月11日（水）Ｎｏ２８

12月21日(水)はこれまでの学習の感想をまとめてもらいました。

「種子島のさとうきび」を学習して

やはり後つぎが必要だ！

これからの農業にはやはり，「後つぎ」が必要だと思っています。理由は，さとうきび農家にかかわらず，後つぎがいなければ，政治をする人が「農家は少ないし，後つぎが少ないから，TPPに入っても，もう年だからいいか。」と思ってくれるはずです。後つぎが増えると，「これからも農家は続いていくんだ。少しは農家のことも考えよう」と思ってくれるはずです。だからと言って，農家の人が無理やり将来の夢のある人を農業につれてきてもいけないと思います。そうではなく，農家で協力し，若い人たちを「農家に入っていいかな？　おもしろそうだな。」と思ってもらえるようにして，農家に入ってもらい，TPPに絶対反対を続けるといいと思います。（さゆり）

TPP問題は何にでも関係する！

私は今までさとうきびのいろいろな問題をかかえてきました。TPPや後つぎのこと，輸入のことなどたくさんありました。砂糖づくりで大事なことは前から感想に書いたように，TPPと後つぎと安心・安全だと思います。この私の考えは多分，変わらないと思います。私はこれからもっともっとさとうきびが盛んになっていくためには，身の回りの環境とTPPだと思います。TPP問題は何にでも自分の中で関係すると思います。すごくいろいろなところにかかわってくると思います。早く解決してほしいです。TPP絶対反対！（杏）

おじいちゃんとおばあちゃんにインタビュー！

私のおじいちゃんとおばあちゃんはさとうきび農家です。私はいつも楽しく作業とかしているおじいちゃんたちに「悩みとかないの？」と聞いてみました。するとおじいちゃんたちは，「もちろん，あるよ。」という返事が返ってきました。今，話題になっているTPPがなやみだそうです。でも，じいちゃんとばあちゃんは悩みなんかないような顔つきで楽しく作業をしています。私は本当は顔に出さないだけで，心の中では，TPPのことで悩んでいるのかなあと思いました。そして「さとうきび作りは楽しい？」と聞いてみると，「楽しい。」と言っていました。安心しました。これからも大変だろうけど，ばあちゃんとじいちゃんはさとうきび作りを続けてほしいです。私も休みの日は，ばあちゃんじいちゃんたちに少しでも役に立てるようにお手伝いに行きたいと思います。

これからもさとうきびが続いていくために私たちができることは，「地道な努力」だと思います。TPPの話し合いには参加できないので，日本の自給率を上げるぐらいしかできないと私は思います。だから私たちができることは，国産のものは外国産のものと比べると少し高いですが，がまんして国産のものを買って，少しずつ日本の自給率を上げていくことが，私たちにできることだと思います。（弥生）

ちゃんと話し合うべき

ぼくは総合の時間に発表できなかったけど，紙に書きます。ぼくは問題があるのもちっとも知りませんでした。やっぱりTPPや輸出または輸入問題は，ちゃんとさとうきび農家の人たちと話し合うべきだと思いました。自己中心でやると，農家の人たちは「もうやめた。」と思ってしまうから，そうなる前にちゃんと話し合うべきではないかと思いました。（達也）

ただの砂糖なのにいろいろな問題がある。

ぼくは今まで総合をして思ったことは，ただの砂糖なのにいろいろな問題があることです。例えば後つぎやTPPの問題があります。それをらが日本の農家の人々を困らせていることが分かりました。それにその問題をどう解決するかも決まっていないです。後つぎは農家の子どもがサラリーマンになったりするし，「農家をやりませんか？」と呼びかけてもすぐにはなれないので，後つぎ問題がすごく心配だと思います。それに農家の人がいなくなると，きっと輸入ばかりにたよって，日本は大赤字になると思いました。（孝太）

いろいろな問題を考えるのがおもしろかった。

さとうきびの後つぎ問題やTPPの問題のことなどのいろいろな問題を考えるのが，おもしろかった。それとさとうきびでいろいろな砂糖ができるということを改めて「すごいな。」と思いました。それで，9月ごろは全く知らなかったことを今ではすぐ考えられるようになり，さとうきびのことがくわしく分かりました。次からは今ある問題をなくせるように考えていきたいです。（弘樹）

この学習は本当に大切だな！

ぼくは，じいちゃんやばあちゃんのさとうきびのお手伝いをしているけど，ここまでくわしくは知っていなかったので「この学習は本当にたいせつだな。」と思いました。ぼくは，おじいちゃんたちのさとうきびのお手伝いをして「すごいね。」と言われたらうれしいです。ぼくは，あおいさんみたいなあんなすごいことは言えないけど，あおいさんみたいな人になりたいです。（義彦）

いたように、TPPと後継ぎと安心・安全だと思います。この私の考えは多分、変わらないと思います。私はこれからもっともっとさとうきびが盛んになっていくためには、身の回りの環境とTPPだと思います。TPP問題は何にでも自分の中で関係すると思います。すごくいろいろなところにかかわってくると思います。早く解決してほしいです。TPP絶対反対！（杏）

弥生は学習のまとめにあたって、さとうきびを作っている祖父母に改めて話をきいたことを中心に次のようにまとめた。

私のおじいちゃんとおばあちゃんはさとうきび農家です。私はいつも楽しく作業とかしているおじいちゃんたちに「悩みとかないの？」と聞いてみました。するとおじいちゃんたちは、「もちろん、あるよ」という返事が返ってきました。今、話題になっているTPPがなやみだそうです。でも、じいちゃんとばあちゃんは悩みなんかないような顔つきで楽しく作業をしています。私は、本当は顔に出さないだけで、心の中では、TPPのことで悩んでいるのかなあと思いました。そして「さとうきび作りは楽しい？」と聞いてみると、「楽しい」と言っていました。安心しました。これからも大変だろうけど、ばあちゃんとじいちゃんはさとうきび作りを続けてほしいです。私も休みの日は、ばあちゃんじいちゃんたちに少しでも役に立てるようにお手伝いに行きたいと思います。

これからもさとうきびが続いていくために私たちができることは、「地道な努力」だと思います。TPPの話し合いには参加できないので、日本の自給率を上げるぐらいしかできないと私は思います。だから私

総合学習通信　「種子島のさとうきび」　　2012年1月11日（水）Ｎｏ２９

12月21日(水)はこれまでの学習の感想をまとめてもらいました。

「種子島のさとうきび」を学習して

「農家に対してなくてはならない」輸入

私はこの学習がとても楽しかったです。発表したように，私の家は農家ではありません。だからすべて初めて知ったことです。学習の最初に粗糖と上白糖をなめました。その時に「粗糖はなぜ茶色なのだろう。逆に上白糖はなぜ白いのだろう。」と疑問がうかびました。調べていくと，さとうきびをしぼって出る汁をにつめていくと茶色くなるということが分かりました。「上白糖はなぜ白いのか？」という疑問に対しては，本当は砂糖はとう明で，光が反射して白く見えるということが分かりました。でも**また新たな疑問がうかんだのです。それは誰かが「輸入」について言った時でした。「砂糖も輸入しているの？」**。その疑問について調べました。実際に輸入をしていました。はじめは食料自給率のことを考えると，いけないのではないかと思いましたが，**その輸入は「農家に対してなくてはならない」輸入だったのです。**それは安い輸入品にかけている関税から農家への交付金が出ているということが分かったからです。これが後に，新たな問題とつながるのです。学習問題３「さとうきびが盛んになっていくために大事なことは何か？」。ここにTPPという「関税のない輸入」が出てきます。このかべは一番重要です。外国との関係，TPP，国産，関税のある輸入。みんなに農家の方のことを考えてほしいです。（あおい）

さとうきびのことを習って本当に良かった。

さとうきびが続いてほしいなあと思いました。総合の勉強でさとうきびのことを習って本当に良かったです。（優太郎）

さとうきび・・・大好きな種子島の宝

このさとうきびと砂糖の学習は「大好きな種子島の宝」だと思いました。なぜなら種子島のほとんどでさとうきびが作られているからです。なので未来にも「種子島の宝」はなくなってほしくないです。話し合いで私は「日本の物を買う」という意見を出しました。意見を出したからには実行します。お母さんと買い物に行って，商品表示を見て日本産の物をなるべく買います。そして日本産について興味がわいてきました。友達のふでばこの中や自分のを見て，日本産や中国産の物を探し出したりしました。冬休みに時間があれば，家の物がどこ産なのか調べてみようと思いました。

製糖工場見学に行った日，ごはんの時にお母さんが感想を言ってくれました。

「『メイド・イン・種子島』みたいに大きくパッケージに入れたり，種子島の有名な物『ロケット』や『宇宙に一番近い島』などを入れたら，観光客も増えるんじゃない？」という感想をくれました。私もこれから先，新しい物を買うなら，日本産の物を買います。（穂香）

大人になっても役立つ

ぼくはこの学習で初めて分かったことがありました。それはさとうきびがTPPや輸入問題にかかわっていることです。**よくニュースで見ますが，習う前は，そんなのには気づきませんでした。**それと交付金や関税があることも初めて知りました。そして交付金が通る道筋なども初めて知りました。金額もさとうきび１トン当たり約２万円ということも知りました。この学習でいろいろ知れてよかったです。そして**大人になっても役立つ**と思います。（悠太）

今までとはちがった見方でさとうきびを見る

今まで普通に食べていた砂糖が，TPP問題や輸入問題になどによって悩まされながらも，いろいろ手を加えて何種類も作り，大変だなあって改めて思った。今までだったら，道を歩いている時，さとうきびに目もくれず，すうっと歩いていたけど，砂糖のことをいろいろ勉強して，時間をかけて問題と戦ったりして，がんばり，やっとみんなのもとに砂糖として届けられていることを知っているので，**今までとはちがった見方でさとうきびを見ることができる**と思う。何かを作る時は「苦労」をして，おいしいもの，すごいものが作られるので，これからもすっごく甘い砂糖を作ってほしい。

問題とかは，解決したいなら，自分の願いがかなったりしてほしくて意見ばっかり言っているけど，相手の話を聞き，納得のいく「答え」を見つけ，問題を解決してほしい。（理恵）

これからも何かに役立つ！！

私たちはこの長い間，さとうきびと砂糖についていろいろ調べて考えてきました。その中で「種子島のさとうきびが盛んになっていくために大切なこと」は，とても難しかったです。それについて私は，一定の輸入を続けながら，後つぎを増やし，自給率を上げるようにまわりの人たちも国産をできるだけ買うように努力することだと思います。TPPに入ると関税がなくなり，交付金も入らないので，農家にとってはマイナスばっかりだということも分かりました。**さとうきびについて深く考えたことのなかった私は，いろいろなことが分かって，これからも何かに役立つのではないかと思います。**（美恵）

たちができることは、国産のものは外国産のものと比べると少し高いですが、がまんして国産のものを買って、少しずつ日本の自給率を上げていくことが、私たちにできることだと思います。（弥生）

理恵は「今までとはちがった見方でさとうきびを見ることができる」として次のようにまとめた。

> 今まで普通に食べていた砂糖が、TPP問題や輸入問題になどによって悩まされながらも、いろいろ手を加えて何種類も作り、大変だなあって改めて思った。今までだったら、道を歩いている時、さとうきびに目もくれず、すうっと歩いていたけど、砂糖のことをいろいろ勉強して、時間をかけて問題と戦ったりして、がんばり、やっとみんなのもとに砂糖として届けられていることを知っているので、今までとはちがった見方でさとうきびを見ることができると思う。何かを作る時は「苦労」をして、おいしいもの、すごいものが作られるので、これからもすっごく甘い砂糖を作ってほしい。
>
> 問題とかは、解決したいなら、自分の願いがかなったりしてほしくて意見ばっかり言っているけど、相手の話を聞き、納得のいく「答え」を見つけ、問題を解決してほしい。（理恵）

「農業を日本の文化」ととらえたあおいは、輸入問題を中心にまとめた。

> 私はこの学習がとても楽しかったです。発表したように、私の家は農家ではありません。だからすべて初めて知ったことです。学習の最初に粗糖と上白糖をなめました。その時に「粗糖はなぜ茶色なのだろう。逆

総合学習通信　「種子島のさとうきび」　　2012年1月11日（水）Ｎｏ３０

12月21日(水)はこれまでの学習の感想をまとめてもらいました。

「種子島のさとうきび」を学習して

おばあちゃんになったら，畑をします！

私は今まで２学期に勉強した「種子島のさとうきび」は，本当に勉強になりました。さとうきび畑に行って，観察して知らないことがいっぱいあって，そこから「もっとさとうきびのことを調べてみたい」と思うようになりました。

私はそこから，お父さん，おじいちゃん，本，図書館，インターネットなどで調べました。それからさとうきびだけで砂糖は作られているのだと思っていましたが，何と「テンサイ」も砂糖の元だということも分かりました。家では上白糖をよく使いますが，私は黒砂糖，氷砂糖，角砂糖，グラニュー糖しか知りませんでした。それとはちがい，砂糖にはいろいろな種類があり，食べてみたいなあと思うものもたくさんありました。

製糖工場見学にも行きました。すぐ行ける所ではないし，なかなかいけないから，私たちは恵まれているなあと思いました。すごく間近で見ることができて，すごく迫力があり，すごく楽しくて，こうふんしてしまいました。製糖工場の宮崎さんがわざわざ東京から資料ももらってきてくれて，うれしかったです。やさしい人だなあと思いました。

私たち５年生はいろいろな体験をさせてもらっているなあと思います。やっぱりさとうきびというのは「種子島の名産」と言ってもいいくらいなので，よく知っておかないといけないなあと思いました。TPP や後つぎ問題などもありますが，やっぱりなくならないでほしいし，守ってもらいたいです。私は将来，おばあちゃんになったら畑をします。まだ決まっていませんが，サトウキビもやりたいなあと思いました。でも TPP も後つぎも解決できていません。早く TPP も後つぎ問題もかたづけてほしいです。

TPP にはすごく反対します。国産品が安心・安全だから，輸入品ばかりじゃいやです。でもそうかと言って，日本産が 100%安心・安全なのかも，ちょっとわかりません。でもできるだけ，日本のものがありふれた国にしたいです。

私は TPP の問題にずっと反対し続けたらいいと思いましたが，簡単な問題ではないので，私もどうすればいいか分かりません。ただねばり強く反対して，分かってもらいたいです。TPP に入るとさとうきびだけでなく，他のものも輸入品になってしまいます。そんなのいやなので反対します。（真由美）

これだけ書けるようになった！

ぼくはこの総合の授業でいろいろなことを知りました。ぼくは神奈川で生まれて，少したつとこの種子島に来ており，育った所でもあるのですが，さとうきびのことは全く知らず，ここにあるということすら知りませんでした。

でも５年生になり，総合の授業は屋久島の話，そしてさとうきびの話になりました。このことで，どうやって作られているか，どんなふうに植えるかなどを知りました。さとうきび農家の人が来て，質問コーナーを作っていろいろな他のことも知りました。それと今かかえている問題も知りました。その中でぼくが考えたのは TPP でした。今，さとうきび農家は外国から輸入している砂糖に関税をかけてもらって，それを交付金としてさとうきび１トン当たり合計約２万円をもらっていることを知りました。今，TPP に入るか，入らないかを問われていて，入れば関税はなくなり，安い品物が入る。つまりメリットは消費者へと行く。入らなければ，関税は続くことになり，現在と同じになる。

ぼくは最初は「入って安い品物を買おう。」と言っていたが，「農家は日本の文化」と言われ，自分が悪く見えました。文化を消す立場だったからです。なので，ぼくは考え，「反対」にうつりました。意見は「安くても害を及ぼすようなものよりかは，安全でおいしいものがよい」と思いました。

他の人でぼくがいいと思った意見は悠太君の「気持ちの問題」でした。親が農家であっても，後をつぐかは，その子どもたちの考えしだいだし，最近は都会に行く人も多いので，分からないと思った。それに「こらからどうやって農家が盛んになっていくか？」ということは，ほとんどの人がどう思うか，そう考えるかしだいなので，ぼくは決められません。とりあえずぼくは，書いたとおり「気持ち」だと思います。

ここから言えることは，ぼくはこの学習で，これだけ書けるようになったということなので，良かったと思いました。（勝也）

【先生から】みんな「種子島のさとうきび」の学習をよくがんばってきました。理恵さんが書いているように，ありふれたものも，よく見て考えていくと本当にたくさんの関係の世界が見えてきます。それは見ようとしないと見えないものです。先生は，みんながこの学習を通して，新しいものの見方・考え方があることに気づいてくれたことが一番うれしく思います。

に上白糖はなぜ白いのだろう」と疑問がうかびました。調べていくと、さとうきびをしぼって出る汁をにつめていくと茶色くなるということが分かりました。「上白糖はなぜ白いのか？」という疑問に対しては、本当は砂糖はとう明で、光が反射して白く見えるということが分かりました。でもまた新たな疑問がうかんだのです。それは誰かが「輸入」について言った時でした。「砂糖も輸入しているの？」。その疑問について調べました。実際に輸入をしていました。はじめは食料自給率のことを考えると、いけないのではないかと思いましたが、その輸入は「農家に対してなくてはならない」輸入だったのです。それは安い輸入品にかけている関税から農家への交付金が出ているということが分かったからです。これが後に、新たな問題とつながるのです。学習問題３「さとうきびが盛んになっていくために大事なことは何か？」。ここにTPPという「関税のない輸入」が出てきます。このかべは一番重要です。外国との関係、TPP、国産、関税のある輸入。みんなに農家の方のことを考えてほしいです。（あおい）

穂香は、この感想を「大好きな種子島の宝」としてまとめた。

このさとうきびと砂糖の学習は「大好きな種子島の宝」だと思いました。なぜなら種子島のほとんどでさとうきびが作られているからです。なので未来にも「種子島の宝」はなくなってほしくないです。話し合いで私は「日本の物を買う」という意見を出しました。意見を出したからには実行します。お母さんと買い物に行って、商品表示を見て日本産の物をなるべく買います。そして日本産について興味がわいてきました。友達のふでばこの中や自分のを見て、日本産や中国産の物を探し出したりしました。冬休みに時間があれば、家の物がどこ産なのか調べてみようと思いました。

製糖工場見学に行った日、ごはんの時にお母さんが感想を言ってくれました。

「『メイド・イン・種子島』みたいに大きくパッケージに入れたり、種子島の有名な物『ロケット』や『宇宙に一番近い島』などを入れたら、観光客も増えるんじゃない？」という感想をくれました。私もこれから先、新しい物を買うなら、日本産の物を買います。（穂香）

TPP問題に関して、自分の意見が変わっていった勝也は学習の最後を次のようにまとめた。

ぼくはこの総合の授業でいろいろなことを知りました。ぼくは神奈川で生まれて、少したつとこの種子島に来ており、育った所でもあるのですが、さとうきびのことは全く知らず、ここにあるということすら知りませんでした。

でも５年生になり、総合の授業は屋久島の話、そしてさとうきびの話になりました。このことで、どうやって作られているか、どんなふうに植えるかなどを知りました。さとうきび農家の人が来て、質問コーナーを作っていろいろな他のことも知りました。それと今かかえている問題も知りました。その中でぼくが考えたのはTPPでした。今、さとうきび農家は外国から輸入している砂糖に関税をかけてもらって、それを交付金としてさとうきび１トン当たり合計約２万円をもらっていることを知りました。今、TPPに入るか、入らないかを問われていて、入れば関税はなくなり、安い品物が入る。つまりメリットは消費者へと行く。入らなければ、関税は続くことになり、現在と同じになる。

ぼくは最初は「入って安い品物を買おう」と言っていたが、「農家は日本の文化」と言われ、自分が悪く見えました。文化を消す立場だったからです。なので、ぼくは考え、「反対」にうつりました。意見は「安くても害を及ぼすようなものよりかは、安全でおいしいものがよい」と思いました。他の人でぼくがいいと思った意見は悠太君の「気持ちの問題」でした。親が農家であっても、後をつぐかは、その子どもたちの考えしだいだし、最近は都会に行く人も多いので、分からないと思った。それに「こらからどうやって農家が盛んになっていくか？」ということは、ほとんどの人がどう思うか、そう考えるかしだいなので、ぼくは決められません。とりあえずぼくは、書いたとおり「気持ち」だと思います。

ここから言えることは、ぼくはこの学習で、これだけ書けるようになったということなので、良かったと思いました。（勝也）

内気なところのある勝也は言葉を数多く知っているのに、「自分の考えをまとめて書く」ということに対して、強い苦手意識をもっていた。しかしこの学習で自らの社会認識を何度も問い直す過程を通して、言葉によって自分の考えを表現することに手ごたえを感じていった。それは、他の教科等の学習でも表れた。特に国語における課題に対する作文では、素早く取りかかり、内容や構成のしっかりした文章を書くようになった。

黒糖作りの過程

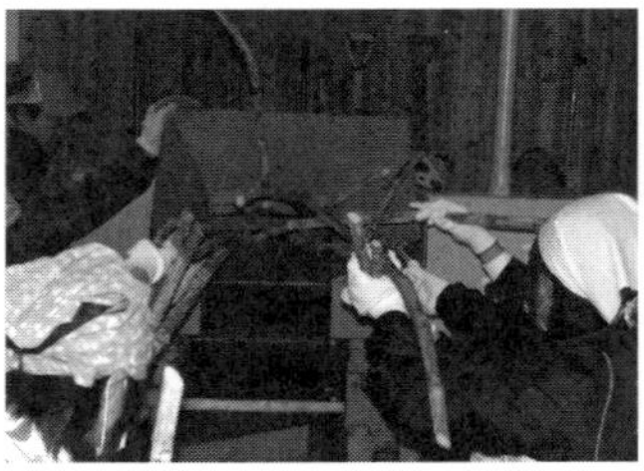
① 搾る

② 煮る

③ 混ぜる

④ 型入れ

⑤ 仕切り

⑥ 完成

黒糖作り体験活動

2月7日にさとうきびから黒砂糖を作る体験活動をした。生産過程がわかっている子どもたちも実際に体験するのは初めての子どももいた。

今日、この貴重な黒砂作りができて本当に楽しかったです。早速、さとうきびを圧さくしました。しぼった後のかす(バガス)は軽トラック1台分ほどあり、びっくりしました。その後、しぼり汁は「第1がま」という3つのかまの1つ目に入れられ、あく取りをしました。あくはとても苦いから取るそうです。「第2がま」では水分が蒸発して、ねばりが出てきていました。この時の温度は約100度でした。「第3がま」では、固まってしまわないように、ひたすら混ぜていました。その後、大なべに移しました。まだ液状だったので、とても不思議に思いました。混ぜ方も1人でぐるぐる混ぜるのではなく、2人で左右に混ぜました。早く混ぜないと固まってしまうので大変でした。また最初に大なべのふちについていた液体からできたかたまりと、混ぜてからできたもう黒砂糖のようなかたまりのちがいが不思議に思いました。聞いてみると、それは空気に触れることで黒糖のようになるそうです。私はたださましていただけだと思っていました。混ぜたら型に入れて外で冷やしました。とてもおいしそうにできました。このできた黒糖は「たくさんの人のがんばりのかたまり」だと思いました。2学期のさとうきびのまとめができました。とても楽しかったです。(さつき)

学習した目でさとうきび農家を書く

春菜は、さとうきび作りとさとうきび農家がかかえる悩みについて作文にまとめた。

「種子島のさとうきび」（春菜）

さとうきびの植え方は、最初に畑を耕しておきます。次に畑にうねを作って溝に肥料をまいて、さとうきびの苗を重ねながら並べます。並べた横の土をかけてビニールをかぶせます。私も並べてみたけど、苗を重ねていかないといけないので、少し難しかったです。

畑はさとうきびが一列になっていて、さとうきびとさとうきびの間は人が通れるようになっていて、畑はきちんとしています。さとうきびは盛り上がっている所から生えてきます。だから芽が出始めると畑はでこぼこしています。一つの苗から何本も生えてきます。それからどんどん成長していきます。

さとうきびが成長している間にしなければならないことは、少し大きくなったら、ビニールをはいで、大きな草をぬいたり、除草剤をかけたりします。雑草ぬきは収穫の時期になるまで時々します。さとうきびが成長していく間は、こういうことをしないといけません。

１１月ぐらいに成長が止まり、どんどん甘くなっていきます。１２月には、かまとおので収穫したり、ハーベスターで収穫したりします。ハーベスターは皮をむいて、切ってあみに入れる機械です。さとうきびには、製糖工場へ運ぶものと苗に使うものがあります。最初にかまで上の穂の部分は切って、束にして牛を飼っている人に飼料としてあげます。次におので穂を切ったさとうきびをたおして、さとうきびについている皮をかまでむきます。苗として残すさとうきびは、芽が長いものは切りますが、短い芽は切りません。苗として植えた時に芽を切っていたら芽がでないからです。芽を二つ残しておので切って苗として使います。他の皮をむいたさとうきびは製糖工場に運びます。それで粗糖や黒砂糖を作ります。さとうきびの手伝いをしている時にお母さんは、「さとうきびの収穫をする時は、寒い中、さとうきびをたおしたり、皮をむく時、芽を切らないようにむいたり、苗を並べたりする時に腰が痛くなるから大変」と言っていました。

さとうきびの収穫の後は、「はかま焼き」というのをします。「はかま」とはさとうきびの皮のことです。さとうきびの皮を畑で焼くのです。収穫してからすぐには「はかま焼き」はできません。さとうきびの皮をあちこちに集めているので、中がしめっていたり、そこらへんに散らばっている皮も下の方がしめっていたりするからです。だからひっくり返したり、広げたりして乾かしてからでないと火が全体に回りません。収穫した後はこういうことをします。さとうきびの皮を焼いた後の灰は畑の肥料にします。さとうきびはこのくり返しです。さとうきびは時間をかけて育っているのです。

今、さとうきび農家は三つの悩みをもっています。一つは「後継ぎ」です。なぜならさとうきびを作っている人が減っているし、あとをつぐ人が少ないからです。二つ目は「生産にかかるお金」です。生産までお金がたくさんかかります。例えば肥料などを買っているからです。

三つ目は「TPP 問題」です。私は TPP に参加してほしくないです。なぜなら日本に安い食べ物がたくさん入ってきて、自給率も上がらないし、輸入した食べ物が安全かどうか分からないからです。今、オーストラリアなどの暖かい地域でたくさん作られたさとうきびから作られた粗糖（原料糖）を輸入しています。TPPに入ったら、外国からどんどん安いものが入ってきて種子島の粗糖が売れなくなります。農家の悩みがひとつでもなくなるといいと思います。

私が、種子島のさとうきびのことで願っていることは、さとうきび農家が増えることです。種子島のさとうきびが盛んになっていくためにも、後継ぎを増やしたらいいと思います。後継ぎはどんどん減っている中で、作付面積は少しずつ増えていますが、さとうきび作りをしている人は、ほとんどが六十才以上なので、だんだん年をとっていってさとうきび作りができなくなるからです。だからどうしても後継ぎが増えてほしいし、若い人も農業をやっていける環境をつくってほしいです。

第2章
「種子島の酪農」から考える

2013年5月～7月。5年生　社会科・総合学習

（1）種子島の酪農

ｉ　種子島の酪農の歴史

種子島の酪農は独自の歴史をもっている。1543年の鉄砲伝来と同時にホルスタイン系の乳牛が伝えられたという。『鹿児島県酪農史』によれば、「種子島の畜牛には二つの異なった系統に属する在来種があった。一つは赤牛（俗に彦太牛という）で一つは黒毛（もしくは黒白まだら）の牛である。前者は比較的小にして後者は偉大であった」と記されている。前者の赤牛は種子島の在来種であるが、後者がホルスタイン系の系統を受け継ぐ牛とみなされていた。

江戸末期になり、薩摩藩でも島津斉彬の命令で鹿児島でも牧場をつくった。全国的にも明治になり、欧米式の畜産の急速な導入が図られた。これは土地の払い下げによって失業した士族の働く場としての受け皿になっていった。しかし、地租改正に伴う共有地の減少や牛の病気（ダニの発生）、事業運営に不慣れなこともあり、多くが失敗していった。鹿児島でも同様で鹿児島市の城山周辺や吉野町等で展開されて牧畜業が失敗している。

種子島では、西之表の武田龍蔵と西村守人が1870年から牧畜業を営むために準備を進め、1873年から馬毛島で事業を展開し始めた。馬毛島は江戸時代に種子島家の牧場として馬が放牧されていたが、廃藩に伴って放置され、野生化した馬と鹿がいる荒地になっていた。1878年には種子島に記録上、初めて洋種牛（洋種短角種・洋種デボン種）が導入された。馬毛島の牛は短各種とデボン種による交配が進み、役・肉、乳用の改良基礎牛になる資格を備えた牛であったが、種子島では「病気が多く使役に不向き」とされ好まれなかった。しかし、「馬毛島牛」の評価は徐々に高まり、明治時代後期には種子島の畜牛がみな、「馬毛島牛」の血統を引き継ぐことになっていった。

1901年、「種子島産牛馬組合」が創設され、1905～1906年にかけてホルスタイン種が種牡牛として組合に承認された。この時期の牧畜経営は西之表を中心に行われた。1907年頃、初代鹿児島高等農林学校長の玉利喜造は、自然環境が乳牛に好適地であることから西之表市横山岳に牧場を開設することにした。また玉利は、鹿児島農林学校の創設費から種牛購入を捻出するなど尽力した。さらに1912年には農務省に

対して「種子島を乳牛島とすべきである」という意見を出し、調査の後、農務省は種子島の畜産を乳牛中心に進めることを決定した。こうして種子島ではホルスタイン種の乳牛が取り入れられていった。

「畜産」とは家畜（馬・牛・豚・羊・山羊等）を飼養して、人間の生活に必要なものを生産することであるが、乳牛の場合、乳牛の飼養で生産された生乳を加工して、牛乳をはじめ乳製品を生産するまでを生産過程として含んでおり、生乳の加工による仕事が「酪農」である。

酪農業として成立していくために個々の酪農家で努力がなされてきた。そして1926年に中種子町で「婦人酪農組合」ができて、バターの生産を始めている。また1928年には西之表市にも「婦人酪農組合」がつくられた。1929年には両者は合併し、「種子島酪農組合」（後に「購買販売組合」に改組）が成立した。ただ保存技術が確立していない当時は、早期の販売に結びつける販路の開拓が大きな課題であった。その後も練乳生産などの加工品の生産や、大手の「明治」や「森永」との連携を模索したが不調に終わった。

こうした状況下で協力の手を差し伸べたのが、新高商会の森芳一であった。協議の結果、1933年、新高練乳工場として練乳の生産が始まった。しかし1935年には乳価の低迷に加え、経営の縮小も始まると、優秀な乳牛が島外に流れ、乳量も減少するという悪循環を生み出した。種子島の「購買販売組合」は、新高商会と協議して工場施設を森永練乳会社に売却する合意を得て、1939年、「森永練乳工場」として再スタートした。

こうして酪農事業が展開されることで、酪農家も西之表横山から、杁之峯、池久保、花里、下西等に広がり、次いで国上、安納、住吉にも広がった。また中種子町の増田、野間にも広がっていった。戦後の混乱期の実態は不明だが、1965年には薩摩半島を中心にした「鹿児島県酪農業協同組合」が発足したことを受けて、同じ年に「種子島酪農業協同組合連合会」も発足した。しかし1969年に森永乳業種子島工場が撤退して、練乳などの加工部門が種子島酪農業協同組合連合会に引き継がれた。

この間も生乳の生産は行われており、島内消費分は「種子島牛乳」として種子島酪農業協同組合連合会が牛乳を生産し、島内で消費しきれない残りの生乳を「南日本酪農協同株式会社」に販売していた。しかし、種子島酪農業協同組合連合会の経営悪化が進み、1982年に種子島酪農業協同組合連合会の牛乳と乳製品加工工場及び販売部門を南日本酪農協同株式会社に譲渡することになった。同年、工場は「南日本酪農協同株式会社種子島工場」として再スタートした。

この間は島内消費分の牛乳生産と練乳やコーヒー牛乳などの加工乳の生産を続けていた。しかし、2006年3月を最後にすべての生産を都城市で行うことになり、日本酪農協同株式会社種子島工場」は「南日本酪農協同株式会社種子島クーラーステーション」として、島内の生乳集約施設として稼働している。集められた生乳は、貨物船で毎日、都城へ運ばれている。また2007年には鹿児島県下の酪農業協同組合がひとつに合併して新たな「鹿児島県酪農業協同組合」としてスタートして、以前の「種子島酪農業協同組合連合会」は「鹿児島県酪農業協同組合種子島支所」として現在に至っている。

ii　酪農家をめぐる状況

①　酪農家戸数の減少と多頭化

種子島の酪農家戸数は、1975年の300戸を

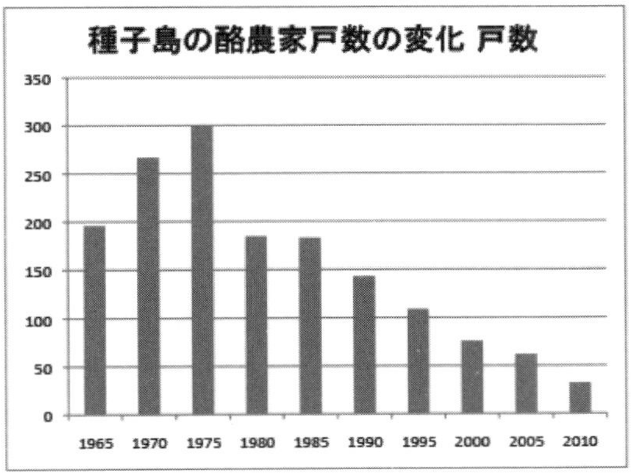

ピークに減少し、2012 年末で 30 戸になり、10 分の１に減少している。それに伴って多頭化が進み、1965 年に１戸当たり 3.5 頭だった飼養頭数は、2010 年には１戸当たり 100 頭近くになってきた。1975 年以降、農業経営的な淘汰が進み、多頭化に耐えうる経営基盤をもった酪農家が生き残ってきたことを示している。

② 酪農家減少の理由～乳質検査の厳格化～

酪農家が減少しているのは、牛乳生産体制の整理・統合に伴う乳質基準の厳格化によって、経営基盤を正常に保つことが難しくなってきていることが主な要因である。集乳の際、酪農家はひと月に２回、抜き打ちでサンプル検査をされる。そこでは次の７項目が検査される。

こうした検査項目に対してＡ～Ｅランクがあり、それが乳価に反映される。乳価は九州生乳販売農業協同組合連合会で決まり、生乳の代金は、牛乳メーカーが乳価と乳量、サンプル検査の成績によって加減された金額が鹿児島県酪

集乳時のサンプル検査項目

	検査項目	検 査 内 容
①	乳脂肪分	生乳から水分と無脂乳固形分を取り除いたもの。
②	無脂乳固形分	生乳中の固形分のうち乳脂肪を除いたもので、乳糖、乳タンパク質、ミネラルが含まれる。
③	乳タンパク質	生乳に含まれるタンパク質の総称。ガゼインなどがある。
④	細菌数	細菌数（生菌数）は１ｍｌ中５万以下。大腸菌群陰性であること。
⑤	体細胞数検査	牛乳に含まれる「白血球の死骸の量」。乳房炎になっていると上がる。乳牛が健康だと少ない。
⑥	MUN（乳中尿素態窒素）	飼料中の窒素源の無駄を示す指標。MUN が高い場合は、エネルギー不足か考えられ、低い場合は飼料中のタンパク質が効率よく利用されていることを示す。一般に推奨されている数値は８～ 16mg/dL。
⑦	生乳の氷点	水の氷結点は０度であるが、生乳中には水溶成分が含まれるために低い測定値を示す（－ 0.525℃前後）。正常な生乳に水が混入すれば、測定値が低下し、水以外の異物が混入すれば、測定値が上昇する。

生乳の組成

- 生乳
  - 水分(87.4%)
  - 乳固形分(12.6%)
    - 無脂乳固形分(8.8%)
      - タンパク質(3.3%)
      - 炭水化物(4.8%)
      - ミネラル(0.7%) ※カルシウムなど
      - ビタミン
    - 乳脂肪分(3.8%)

※「小岩井乳業：ミルクワールド」より作成

農協同組合に支払われる。検査項目に対する評価がAなら1kg当たり基準価格からの加算。Bは±0。C、D、Eになるにつれて減額が大きくなる。乳代は鹿児島県県酪農協同組合に支払われた後、飼料代、機械購入のローン、保険料、手数料等が引かれ、酪農家に支払われる。乳価は牛乳の消費が伸びる夏場に需要が求められるが、暑くなる時期は、乳質、乳量共に伸びない時期でもある。夏場に乳量を確保するために夏場の乳価を高め（1kg当たり110円程度）にすることで、酪農家へ生乳生産を促し、需要の落ちる冬場の乳価を低め（1kg当たり100）にして、年間で乳価を調整している。

サンプル検査で一定基準を満たさない酪農家は、前掲の支出金額によっては、予定する生乳の代金が入らない場合は立ち行かなくなることもある。「収入の7割が経費」（生乳生産酪農家）と言われる中で、この経営の健全化が保てないことによって、「後継不足」ではなく「後継困難」な状況になり、結果として「後継」できない状況が広がり、それが酪農家の減少につながっている。

この他、メーカーはローリー（集乳車）毎に行った成分検査に加え、生乳受入れ時に色や風味を調べる官能検査、異常のある生乳に凝固反応が起こるアルコール検査、抗生物質の残留検査も行う。乳房炎等の病気で抗生物質を投与した場合、72時間（3日）以降でなければ出荷してはならないことになっていて、仮に抗生物質が出た場合は、原料乳は返却され、タンク全体を弁償することになる。

このように厳格な乳質管理の下で、経営が健全に保てない酪農家は、年々の赤字累計金額と手持ちの生産手段（設備・牛等）の資産価値を勘案して、場合によっては生産手段（設備・牛等）を売却し、赤字を清算して廃業することがみられる。

③ 飼養頭数の変化と乳量の変化

種子島の酪農家の飼養頭数は1982年に3,000頭を超え、その後わずかに減少傾向にある。しかし生産される乳量は、年々上昇して、2003年に17,000トンを超えてからは18,000トンとの間で推移している。1982年は3,143頭で乳量

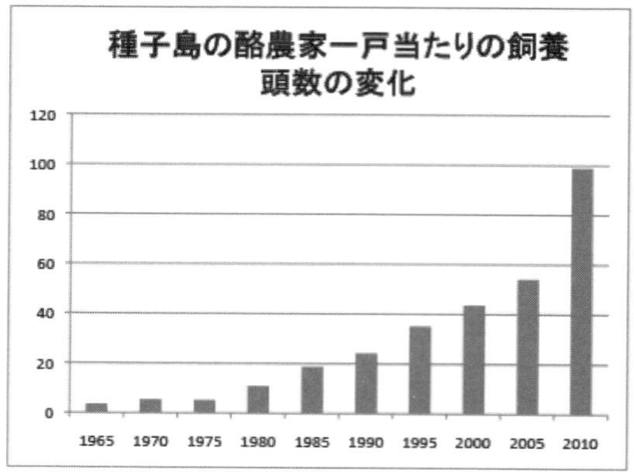

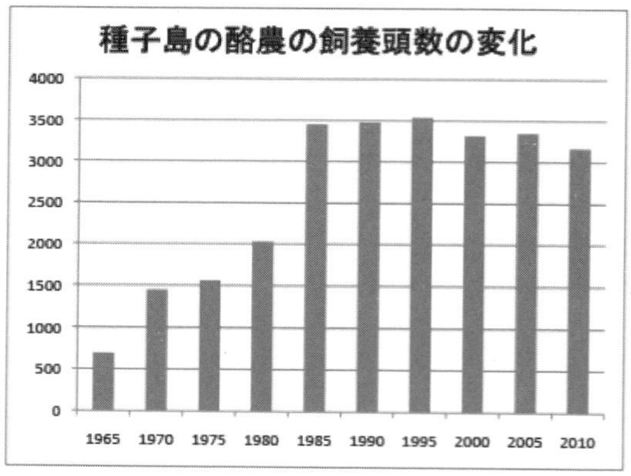

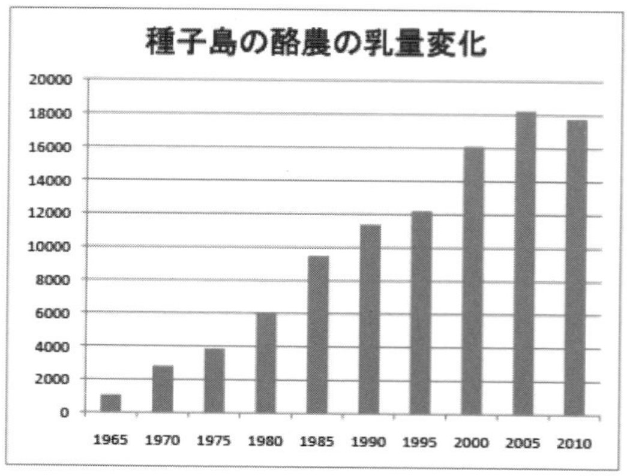

は8,304トンであるが、2010年はほぼ同じ程度の頭数3,166頭でありながら、17,776トンの乳量を記録している。これは約20年間で乳牛1頭から生産される乳量が2倍になったことを示している。

酪農家は、これまでみてきた条件の下で生産規模の拡大やエサの改良などの経営努力を続けて乳量拡大を達成してきた。そうした経営努力の一方で、「家計調査にみる牛乳・乳製品の消費動向」（一般社団法人　日本乳業協会）によると、1世帯当たりの牛乳の消費は、1998年を100％としたとき、2011年は72.5％になっており、12年間で消費が27.5％減少している。また生産量も2003年を100％としたとき、2010年は82.9％になっており、7年間で生産が17.15％減少している。このような全国的な消費・生産の減少傾向の中で酪農業のおかれている状況は厳しいものがある。

④　酪農家　安田さん

〔経営形態〕

・生産従事者：3人（安田さん・奥さん・婿嫁）

・土地：10ha

・飼養頭数：牛80頭〔搾乳50頭・後継牛30頭〕

・機械：トラクター5台・2tトラック2台・軽トラ2台・バルククーラー（原料乳を冷蔵保存する機械）4トン。

バルククーラー

・1日に1トンを搾乳するSさんは、生乳を4トン保管できる冷蔵保存する機械に保管する。集乳は2日に1度である。

〔生産高〕

搾乳量は1日1トン。1L／100円で換算して、1日10万円の生産額になるが、7割がエサ・機械代などの経費になる。乳価は先に示したとおり、夏場の価格と冬場の価格があり、すべて九州生乳連合会によって価格が決められ、買取される。加工乳には補助金がでるが、生乳には付かない。

〔エサ〕

エサはサイレージと乾草（輸入牧草※アメリカ）を混ぜ合わせる。サイレージは1個約500kgで、これに乾草〔アルファベール・チモシー・イタリアングラス〕を混ぜて与える。アルファベールとチモシーはタンパク質が多い分、割高になっている。またビタミン剤を与えるなどして健康管理に努めている。

サイレージ（上）　サトウキビを混ぜたエサ（下）

一日の仕事の流れ

5：30	6：00	7：00	7：30	～ 12：00	13：00	16：30
搾乳準備	搾乳	エサやり	牛舎掃除	草刈・牧草管理		搾乳
			※時期によって異なる作業			

乳量と乳質の確保のために基本的に草の質を変えない。ただしさとうきびの穂先（トップ）がエサとなる冬季は、2~3日かけてエサの配合を変える。乳量を多量かつ一定に保つためには、牛の生理を変えないことに心がけている。

種子島の牛乳は「美味しい」と言われる。その理由としてさとうきびの穂先がエサとなっていることが挙げられるが、科学的根拠はない。しかし「種子島牛乳」や「種子島バター」のブランドが残っている。

〔生乳生産〕

搾乳機の消毒、乳房の消毒の後、搾乳は決まった時刻（6時30分・16時30分）に行われる。個体差にもよるが1頭当たり1日25L前後の乳量を生産する。乳牛の生理を一定のリズムに保つことによる生乳の生産量、乳質共に一定にするためである。生乳は「バルククーラー」に冷却保管され、集乳は2日に1度行われる。その際、原料乳検査は、月2回、抜き打ちで行われる。検査項目は7項目〔脂肪・無脂固形・タンパク質・細菌数・体脂肪数・MUN・氷点〕で、前掲のような厳しい基準があり、特に脂肪は3.5%以上がAランクとなっている。生乳生産で重要なことは脂肪分を上げることである。「

搾乳以外の時間帯は、給餌や牛舎の掃除、草刈、堆肥作り、機械の整備等の仕事がある。

〔後継牛の育成〕

産まれた雌の子牛は、個体差にもよるが14か月前後で発情がくる。その後、約21日周期で発情を繰り返し、その間に①乳牛精子、②乳牛受精卵、③和牛精子、④和牛受精卵の4つの方法で初産を迎え、約25か月で乳牛となる。どの方法をとるかは酪農家が予算に応じて決めるが、①から④になるにつれて高額になる。①または②でオスのホルスタインが産まれた場合、50日から60日飼育して市場に出される。約2～3万円で販売される。これに対して③から産まれる「F1」（エフワン）と呼ばれる交雑種の場合、約8～9万円で取引される。このように子牛生産または肥育による成牛生産による和牛農家の畜産と異なり、酪農家は生乳の生産の他に子牛販売でも収入がある点が経営的に異なっている。

また北海道からの乳牛の買い入れも行っている。県給職員が酪農家の予算や希望に応じて北海道で買い付けることもある。安田さんは年間5頭程度を購入している。

〔出荷〕

出荷先は南日本酪農協同株式会社（デイリー牛乳）である。種子島のすべての生乳が南日本酪農協同株式会社に買い取られているが、先の「種子島の酪農の歴史」の経緯の結果である。

iii 牛乳メーカーの生産過程

〔生乳から牛乳への生産過程〕

（1）受乳：タンクローリーで集乳する（5℃以下）。その際、生乳のサンプルを各酪農家から取る。
（2）受入検査：風味、温度、アルコール反応、脂肪含有量、酸度、比重などの検査をする。
（3）計量：受け入れ検査に合格した生乳の乳量を計測する。
（4）貯乳：受入検査に合格した生乳を量り、不純物を取り除くために濾過し、細菌等が増えないように「プレートクーラー」という装置で冷やし、5℃以下の撹拌装置を備えた冷却タンクに保存される。
（5）清浄化：「クラリファイヤー」という遠心分離機で、搾乳時に乳腺から出る体細胞などの生乳に含まれる不純物を取り除く。また濾過機で濾過をしていく。
（6）均質化：「ホモジナイザー」という機械で、生乳に含まれる脂肪球を細かく砕くことによって、消化がよくなる。脂肪球を小さくすることで、乳脂肪の浮力がなくなり、タンパク質も細かくなる。「ホモジナイザー」を使わない牛乳を「ノンホモ牛乳」という。
（7）殺菌・冷却：均質化された生乳は、130℃で２秒間、加熱殺菌され、冷却後にタンクに保管される。
（8）検査：牛乳の成分検査と味や風味などの品質検査が行われる。
（9）充填：牛乳パック（ゲーブルパック）を形成しながら牛乳を充填していく。
（10）製品検査：完成品からサンプルを取り出して検査する。
（11）箱詰め
（12）出荷

種子島の場合、各酪農家から集乳車によって集められた生乳は、10℃以下に保たれたまま、西之表市にある南日本酪農協同株式会社種子島クーラーステーションに集められる。乳量が減る夏場で１日約40トン、冬場の多い時で約60トンの生乳が集められる。上記の（1）から（5）の生産工程をここで行い、サイロタンクに貯乳される。その後、日曜日を除く毎日、専用のタ

種子島クーラーステーション

集乳車

輸送用タンクローリー

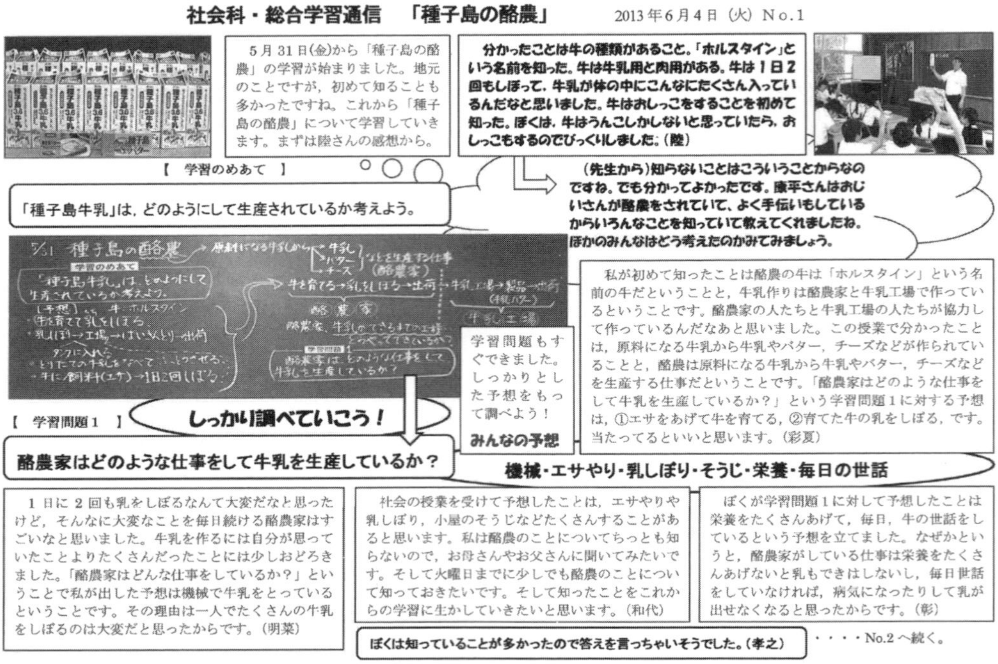

社会科・総合学習通信　「種子島の酪農」　2013年6月4日（火）No.1

5月31日(金)から「種子島の酪農」の学習が始まりました。地元のことですが，初めて知ることも多かったですね。これから「種子島の酪農」について学習していきます。まずは陸さんの感想から。

分かったことは牛の種類があること。「ホルスタイン」という名前を知った。牛は牛乳用と肉用がある。牛は１日２回もしぼって，牛乳が体の中にこんなにたくさん入っているんだなと思いました。牛はおしっこをすることを初めて知った。ぼくは，牛はうんこしかしないと思っていたら，おしっこもするのでびっくりしました。（陸）

（先生から）知らないことはこういうことからなのですね。でも分かってよかったです。康平さんはおじいさんが酪農をされていて，よく手伝いもしているからいろんなことを知っていて教えてくれましたね。ほかのみんなはどう考えたのかみてみましょう。

【　学習のめあて　】

「種子島牛乳」は，どのようにして生産されているか考えよう。

私が初めて知ったことは酪農の牛は「ホルスタイン」という名前の牛だということと，牛乳作りは酪農家と牛乳工場で作っているということです。酪農家の人たちと牛乳工場の人たちが協力して作っているんだなあと思いました。この授業で分かったことは，原料になる牛乳から牛乳やバター，チーズなどが作られていることと，酪農は原料になる牛乳から牛乳やバター，チーズなどを生産する仕事だということです。「酪農家はどのような仕事をして牛乳を生産しているか？」という学習問題１に対する予想は，①エサをあげて牛を育てる，②育てた牛の乳をしぼる，です。当たってるといいと思います。（彩夏）

学習問題もすぐできました。しっかりとした予想をもって調べよう！

【　学習問題１　】　しっかり調べていこう！

酪農家はどのような仕事をして牛乳を生産しているか？

みんなの予想

機械・エサやり・乳しぼり・そうじ・栄養・毎日の世話

１日に２回も乳をしぼるなんて大変だなと思ったけど，そんなに大変なことを毎日続ける酪農家はすごいなと思いました。牛乳を作るには自分が思っていたことよりたくさんだったことには少しおどろきました。「酪農家はどんな仕事をしているか？」ということで私が出した予想は機械で牛乳をとっているということです。その理由は一人でたくさんの牛乳をしぼるのは大変だと思ったからです。（明菜）

社会の授業を受けて予想したことは，エサやりや乳しぼり，小屋のそうじなどたくさんすることがあると思います。私は酪農のことについてちっとも知らないので，お母さんやお父さんに聞いてみたいです。そして火曜日までに少しでも酪農のことについて知っておきたいです。そして知ったことをこれからの学習に生かしていきたいと思います。（和代）

ぼくが学習問題１に対して予想したことは栄養をたくさんあげて，毎日，牛の世話をしているという予想を立てました。なぜかというと，酪農家がしている仕事は栄養をたくさんあげないと乳もできはしないし，毎日世話をしていなければ，病気になったりして乳が出せなくなると思ったからです。（彰）

ぼくは知っていることが多かったので答えを言っちゃいそうでした。（孝之）

・・・・No.2へ続く。

ンクローリー車で貨物船に乗せて都城工場に送られる。種子島工場では従業員３人が２人態勢で、ここまでの受入・検査・積込の仕事をしている。都城工場では、(6) から (12) までの生産工程が行われる。

サイロタンク

（２）子どもが酪農を考える

子どもが主体的に考える～四つの「問い」～

学習問題１「酪農家はどのような仕事をして牛乳を生産しているか？」

学習問題２「牛乳はどのように生産されているのか？」

学習問題３「乳牛や乳量が増えているのに酪農家が減っているのはなぜか？」

学習問題４「酪農家が減らないようにするためには、どうすればよいか？」

予想の絞込みが調査への意欲につながる

～「牛乳は牛の乳をそのままパックにつめている」（晃成）～

学習問題１「酪農家はどのような仕事をして牛乳を生産しているか？」を立てた子どもたちは、その予想を考える中で、牛乳の生産過程が

社会科・総合学習通信　「種子島の酪農」　2013年6月4日（火）No.2

学習問題１：酪農家はどのような仕事をして牛乳を生産しているか？

みんなの予想は酪農家だけにとどまらないで広がっています。
これから先の学習の中で解決できるように調べていきましょう。

酪農家の仕事

エサの工夫

「学習問題１」では，おいしい牛乳を作るために，飼料に栄養をたくさんふくめて，それを食べさせるという牛を育てる仕事をしていると思った。（優樹菜）

牛の生活リズム・名前・疑問？

牛乳をいろいろな種類に作ることができる。酪農家が何をするのか。まずいい牛を育てるには①食事をいい食べ物にする。②生活をよくする（ねる時間を決める等）。③1頭ずつ名前をつけて，たくさんの種類のおいしい牛乳を作る。疑問。工場では何をするのだろう。店にはどのように出荷するのだろう。牛乳にはバイキンが入っているのか？（百合）

飼料と愛情

この授業をして初めて知ったことは，基本的に牛乳づくり関わっているのは，酪農家と牛乳工場ということと牛の種類はホルスタインだということです。ぼくの予想は「牛に飼料をやり，愛情をこめて育ててお乳をとっている」です。今までは牛乳工場の人が全部やっていると思ったのでおどろきました。（朝雄）

エサやり・牛乳しぼり・うんちそうじ

私が今日初めて知ったことは，乳をしぼる牛はただの牛ではなく，「ホルスタイン」という牛だということです。「学習問題１」の予想は，エサやり，牛乳しぼり，うんちそうじです。なぜうんちそうじかというと，うんちが牛小屋にたまっていると牛もきたなくなるし，牛の体に何かえいきょうをあたえると思うからです。あと，酪農でいろいろな機械の仲間も覚えました。土日におじいちゃんに電話して牛のことや酪農のことを聞きたいと思います。（帆夏）

なぜ牛乳はほかの都道府県から送られてくるんじゃなくて，種子島だけから送られてくるのかを調べてみたいです。牛の仕事はどんだけ大変なのか自分でも知りたいと思いました。（勇樹）

酪農家から店まで

疑問に思ったことは，牛乳ができるまでの時間，牛乳ができるまでの工程です。（弓香）

毎日エサをやり，大きくなるとその牛からどんどん乳をしぼり，工場に運ぶためにタンクに入れてから工場にやり，それから何時間かかけて，ほとんどの牛の牛乳をパックに入れて，そしてその工場がいろんな店にもっていき，その店がおくられた牛乳を売っている。（里香）

牛乳はいろいろな人の手で作られている。（楓雅）

・牛乳工場の中の機械やどうやってまぜているかなどをもっと調べていきたいです。（晃成）
・酪農家だけじゃおいしい牛乳は作れないのだなと思いました。酪農家は牛乳をしぼる時，どのような努力をしてしぼっているのかとても気になりました。牛乳はいろいろな人の手で作られているんだなと思いました。（史也）
・店に行くまでにいろいろな工程がある。（幸太郎）

残った疑問

疑問に思ったことは種子島の牛と北海道の牛では，またちがって味もちがうのかなと思いました。また牛の体調にもこだわっているのかなと思いました。子牛を育てるにはどれくらい日にちがかかるのか。牛のホルスタイン以外にも別でまた牛が育てられているのかなと思いました。育てる人もどんな気持ちで育てているのかやいろいろ知りたいと思いました。（寛太）

２段階〔酪農家と牛乳メーカー〕であることを知った。実践の最後で晃成が書いているが、彼はこの最初の予想の時点で「牛乳は牛の乳をそのままパックにつめている」と思っていた。しかし学級全体やグループで予想を出し合う中で、お互いの知らないことが徐々に修正され、予想が洗練されていく。晃成の考えもその中で修正され、学習を終えた時点で自分が学んだことを振り返り、自分が知らなかったことと知ったことの違いを改めて確認して、学習の最後にこのことを書いてきた。

小学校の社会科などの学習では、学習問題を立て、予想し、調べ、まとめるという基本的な流れがある。しかしこの過程を丁寧にしないで形式的に進めると、「問い」も調べる意欲も子どもたちにとって関心の薄いものになる。予想に対する絞込みは、子どもたち同士でわかっていることをある程度、そろえる働きがあるだけでなく、既知と未知の確認がさらに「問い」に向けられ、「問い」そのものへの関心を高めていき、その後の「調べ学習」につながっていく。（通信 No.1 ～ 2）

一人の調べるエネルギーをできるだけ広げ、友達と共有する

予想を絞り込んだ子どもたちは動き始める。最初に動き出すのは少数だが、その子どもたちの調べるエネルギーは大きい。私はいつも最初に動き出す子どもたちを大きく取り上げて、他の子どもたちに伝えるようにした。それは調べた内容の共有に止まらず、調べる意欲の共有にもつながるからである。

正一は図書館へ行き、畜産・酪農関係の本で調べたことをまとめた。その中で作業の機械化や人工授精など、後の授業で酪農家の仕事として取り上げられるものがこの時点で示された。みどりは、友達と一緒に父親の知り合いの酪農

社会科・総合学習通信　「種子島の酪農」　2013年6月7日（金）No.3

学習問題１：酪農家はどのような仕事をして牛乳を生産しているか？

調べ学習が始まった！

4日(火)は調べ学習をしてきた10人の発表で始まりました。みんなよくがんばりました。

名　前	調べた内容
彩夏	ホルスタイン・酪農家が困っていること
帆夏	牛の体と乳量
百合	酪農家の仕事・牛乳工場
恵理子	酪農家の仕事・エサ
正一	酪農家の仕事・機械化
里佳子	酪農家の仕事・牛の健康管理
和代	酪農家の仕事
歩美・明菜 ゆきな	日高牧場

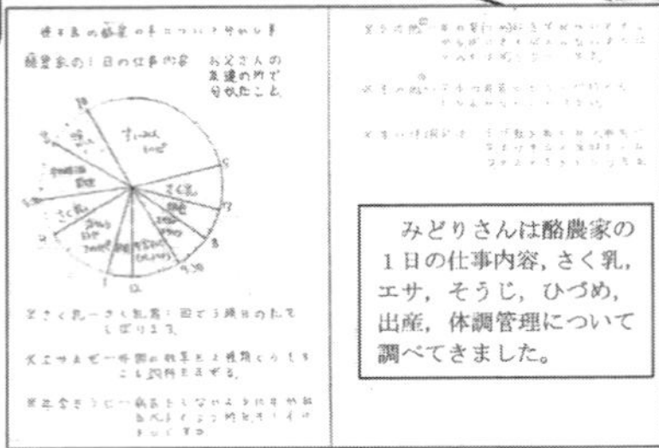

みどりさんは酪農家の１日の仕事内容，さく乳，エサ，そうじ，ひづめ，出産，体調管理について調べてきました。

(先生から)翔馬さんは，インタビューのようにまとめてきました。話を聞いているみたいで分かりやすかったですね。

酪農家は牛乳製品のために牧場で乳牛を飼育するのが仕事です。家族経営が多かったのですが，今では企業による経営も増えてきています。大量の飼料が必要になるので，放牧や飼料作物の栽培もします。また１頭１頭牛の大きさがちがうので，管理するのが大変です。特にはん殖し，育てるためには，乳牛を精神的に安定させなくてはなりません。さく乳（乳をしぼる作業）や牛を飼っている場所のそうじは，肉体的にきつい仕事でしたが，今では機械化が進み楽になりました。種付けも苦労が多い仕事でしたが，今では人工授精がほとんどです。この仕事につくには，農業高校など畜産関係の勉強をすると有利です。（正一）

【　歩美さんの日記　】

お父さんに「種子島の酪農について調べている。」と言ったら，「電話をしたらいいよ。」と言われたので，お母さんと愛美さんとゆりなさんと行きました。そこは伊原の近くです。すごく広い所でした。車からおりると牛がたくさんいました。全部で100頭くらいいました。いろいろな機械がありました。乳をしぼる機械や乳を入れるタンクなどがありました。手作業ではなく，ほとんどが機械でした。とてもいそがしそうでした。朝も早く起きて，夕方もするそうです。牛の種類や大きさによって，育て方もちがいます。飼料を買うのにもいろいろなことにお金がかかります。（歩美）

困っていることは，お茶やジュースにおされて牛乳の消費が落ちこんでいることです。（彩夏）

(先生から)これらの調べ学習で，酪農家の仕事が分かってきましたね。この後，みんなでパソコンを使って「酪農家の仕事」を調べました。取り出したいくつかの資料から「学習問題１」の答えを一人一人考えてまとめようとしましたが，これが難しかったようですね。やはり友達の資料が使いやすいですね。先生はこの調べ学習から酪農家について３つのことを確かめたいと思います。何のことか分かりますか？

機械化	経費	消費の減少

家に聞き取り調査をして、「酪農家の１日の仕事」をまとめてきた。これによって酪農家の仕事を「１日」という子どもたちにとって分かりやすい単位で示すことができた。歩美たちは近くの牧場に聞き取り調査に行き、酪農という仕事の規模、機械化、飼料など重要な仕事についてまとめてきた。またこの実践をけん引していくことになる彩夏は、この時点で「酪農家が困っていること」として「お茶やジュースにおされて牛乳の消費が落ち込んでいること」を発表した。この「牛乳の消費の落ち込み」の問題は、

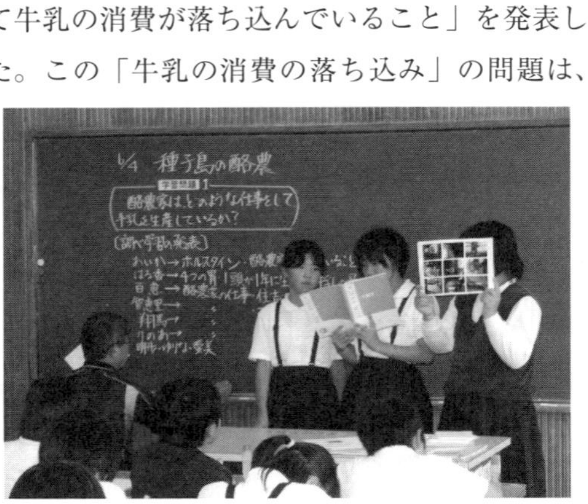

その後の学習に常に登場して子どもたちの認識に影響を与えた。

子どもが調べた具体的事実から教育内容としての一般性を探り出す〜教師の仕事・教師の社会認識が先行していることの重要性〜

少数の子どもたちが調べてきた内容は、具体的で、いわば特殊な事例であることが多い。しかし、それら具体的で特殊な事実の中に一般性を示すものは必ず存在していて、それらについて授業を通して子どもたちにとって自然な流れの中で一般性を示すことが、教師の仕事の専門性として重要になってくる。このことができるためには、教師自身の社会認識が先行していることが重要になる。この「種子島の酪農」という実践であれば、酪農そのものについての理解や地域の酪農についての理解が教材研究を通して先行していることであり、教師自身の社会認

社会科・総合学習通信　「種子島の酪農」　2013年6月11日（火）No.4

学習問題1：酪農家はどのような仕事をして牛乳を生産しているか？

（先生から）「酪農家の仕事」についてみんなが調べてきたノートをもとにまとめました！

酪農家は母牛の体調を整え，助ける人。（若桜）

酪農家の１日の仕事

牛は生活リズムのある動物。生活リズムに合わせて生活しないといけない。（孝之）

5：00～8：00
・フンや尿のそうじ
・エサやり
・さく乳
・（朝食）
・乳の量を量る
・牛乳の検査

8：00～17：00
・牛の健康チェック
・フン尿の処理
・（昼食）
・たい肥を作る
・牛舎周辺の手入れ
・牧草地の手入れ

17：00～19：30
・牛舎のそうじ
・エサやり
・さく乳

病気にならないためにベットをきれいにする。（恵理子）

・仕事が終わってから夕食をとる。

乳がよく出るようにエサをやりすぎてもだめ。えさのやり方。（歩美）

・1日の最初は牛たちのフンや尿のそうじから始まります。牛舎を清けつにしておくことは牛たちのためにも，しぼる牛乳のためにもとても大切なことです。そうじが終わると牛たちにエサを与えます。エサを配るのと同時にさく乳の準備に入り，ミルカーを使って順番にしぼっていきます。（正一）

・牛は干し草，わら，サイレージなどの（粗飼料）とトウモロコシ，大豆，麦などでつくられた（濃厚飼料）を食べている。（彰）／1日で青草50～60 kg。（亜紀）
・さく乳の後に薬をつける。（孝之）
・外国の牧草を２種類とトウモロコシ飼料をまぜる。（恵理子）
・エサは外国から取り入れ，オオギ(さとうきび)の葉などもまぜてエサを作る。（明菜）

決められた日に集めた牛乳をタンクローリー車にわたす。この時，毎回検査〔におい・色・重さ・アルコール検査〕をする。とくに「抗生物質」はだめ。（歩美）

牧草などの飼料作物を発酵させた栄養のあるエサ

酪農家の工夫

・母牛を太らせ過ぎると，お産の時に病気になりやすくなる。そうならなにためには母牛の体調を整え，いろいろなことを乗り切る助けをしてやること。（勇介）
・母さん牛は子牛を産んでから40～60日後にはまた次の子を産むための種付けをします。
・お産はいつ産まれるかわからないので24時間見守らなければなりません。（隆一・幸太郎）
・産まれる牛は精子で変わる。（勇介）

牛の成長

・産まれてから14か月で大人の牛に成長。赤ちゃんの産める体になる。（孝之）
・オスは大きくなっても乳は出ないので，２週間ほどで肉牛として育てられます。メスは２リットルずつほ乳びんで牛乳を飲ませてもらい，だいたい生後40日～60日で，干し草や成長期用のエサで育て，生後15か月ころに人工授精で子どもをつくり，それから9か月後の生後24か月で最初の子を産む。（勇樹）

ホルスタインの一生

オス～肉牛として育てられる→大きくなったら肉となりお店で売られる。
※ホルスタインに和牛はメスでも肉牛として育てられる。

メス～24ヶ月たつと子供を産めるようになる。
↓
こいお乳を出す(初乳)
1週間すぎると牛乳になり出荷が始まる。
↓
40～60日後には次の子を産む準びができる。
↓
お乳をしぼるのをやめる(かん乳)

・1年に1頭ずつ子牛を産む
・300日間お乳を出す
}くり返す

[illegible]た牛は使えなくなり処分される

（先生から）「処分される」とは？

識があるからこそ、子どもたちが調べてきた具体的で、特殊な事実の中から教育内容としての一般性を探り出して授業に位置づけることができる。

ここでは里佳子たちの調べた結果を中心にしながら、他の子どもたちの調べた結果も取り入れ、酪農家が抱える課題として、「機械化」、「生産にかかるお金（経費）」、「消費の減少」を授業の中でまとめた。（通信 No.3）

このことが地域の、そして日本の酪農を理解する上で、重要な柱になるからである。

「通信」を読んだ子どもたちはさらに調べ始める。子どもたちが調べてくる内容は量的にばらつきがある。そうした時に学習問題に合わせて、子どもたちがそれぞれ調べてきたものをつき合わせてまとめる。それが「社会科・総合学習通信 No.4」になる。ここでは「通信」は情報の共有としての「資料」の役割を果すことになる。「通信」を授業で確認することで、学習問題1「酪農家はどのような仕事をして牛乳を生産しているか？」は、ほぼ解決することができた。

新たな重要な「問い」との出会い～「最後は肉になる」ことをめぐる子どもたちの考え～

学習問題1の「まとめ」ができる中で新たに課題になったことは、みどりが調べてきた「ホルスタインの一生」に記された「年をとってきた牛は使えなくなり、処分される」という言葉だった。「通信 No.5」に示されているように、酪農家での牛乳の生産と先の３つの課題（「機械化」、「生産にかかるお金（経費）」、「消費の減少」）がまとめられた。そして子どもたちもうすうす気づいてはいた「最後は肉になる」ということについて、みんなで考えることになった。（通信 No.5 ～ 6）

「こわい」、「かわいそう」という意見が多い中、

社会科・総合学習通信　「種子島の酪農」　2013年6月14日（金）No.5

学習問題1：酪農家はどのような仕事をして牛乳を生産しているか？

11日(火)は「酪農家の仕事」をまとめました。みんなそれぞれ自分なりのこだわりをもって考えることができました。〔5時間目：授業・6時間目：調べ学習〕

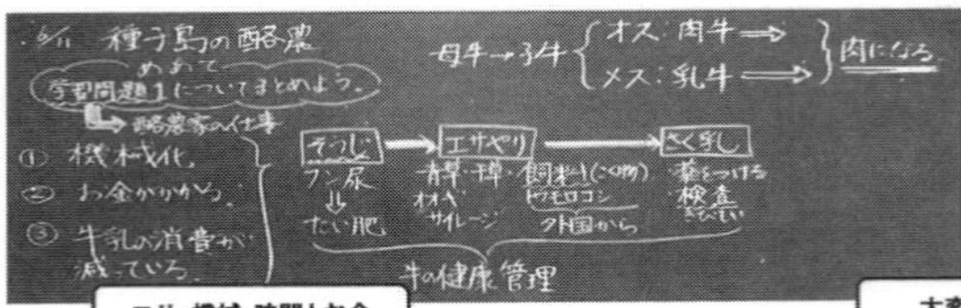

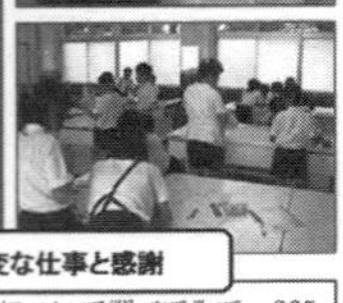

生活リズムと検査

・酪農家は「生命に関わる仕事」なので，356日(1年)の間，同じ生活リズムを保っているのだと思いました。（光輝）
・牛は生活リズムがある動物で生活リズムに合わせて生活しないといけないし，牛乳の検査は実にきびしい。（陸）
・私がすごいなあと思ったのは，決められた日に集めた牛乳をタンクローリー車に渡した後，毎回検査（におい・色・重さ・アルコール検査）をして，特に「抗生物質」はだめというところです。私は抗生物質はどうにかすればだいじょうぶだと思っていたけど，「だめ」ということを知ってびっくりしました。（優樹菜）

・酪農家の仕事で思ったことは衛生管理に気をつけていることです。田村牧場のおばさんは「みんなが飲むから。」と言っていたけどすごかったからです。におい，色，重さとたくさんの検査をしていることが分かりました。毎日2回も検査しているので，すごいと思います。わたしは「だからおいしいんだ。」と思いました。とってもいい牛乳になっていることが分かり安心しました。（歩美）

・店で売られている牛乳はジュースやお茶もあるので困っているということでした。私もジュースやお茶を買っていて牛乳をあまり買っていないので，これからは牛乳をたくさん飲みたいと思います。（里香）

エサ・機械・時間とお金

・牛のエサを外国から輸入しているものもあれば，自分たちで作っているものもあるんだなと思いました。ぼくは自分たちで作ったエサしか与えていないと思っていました。外国からだと輸入費などお金がたくさんかかるから「お金の問題があるんじゃね～。」と思いました。（孝之）
・最近では機械化が進んでいるので，たくさんのお金がかかることも分かりました。（健吾）
・ぼくは「酪農家はお金がかかるのによくできるな。」と思いました。なぜかというとお金がいっぱいかかると，いっぱい働かないといけないからです。（隆一）

・私が一番すごいなと思ったことは，牛にあげるエサだけでもお金はたくさんかかると思います。その理由は外国から牧草を2種類も取り入れているからです。牛乳を作るまででもすごいたくさんの時間がかかるのにエサだけでもすごい時間がかかることにおどろきました。（明菜）

大変な仕事と感謝

・私は酪農家のことについて調べてみて，365日休むことがないとても大変な仕事をしていて，すごいなあと思いました。早い朝から，そうじやエサまぜ，エサやり，さく乳，牛の体調管理などとても大変な仕事をしている。私なら土日に仕事をするとつかれてたおれていると思います。私は大変な仕事をしている酪農家は，私たちのためにがんばっているんだなあと思うと，とても感謝しています。（恵理子）

最後には肉になる

・私が改めて酪農のことを勉強して思ったことは，1つ目はオスとメスも最後にはどちらも肉になってしまうのは，かわいそうだと思いました。2つ目は，人間では考えられないことを牛はしていて，すごいと思いました。これからももっと酪農のことについて調べたいと思います。（和代）

朝雄は「『ぼくたちはそうやっていろんな生き物の命をもらっているんだな』と思いました。これから牛乳を買ったら、残さず飲みたいと思います」とまとめた。こうした考えは他の子どもたちも理解できるし、そうした話にこれまでの生活の中でふれられてきたこともあり、子どもたちもこの朝雄の言葉で、「最後は肉になる」という事実を納得しようとした。ただこの時点で、この後、この問題にこだわることになる百合は、「最後は肉になる」ということには全くふれず、「酪農家のがんばりは『牛の健康チェック』」としてまとめている。（通信No.6）

「ホルスタインの一生」（みどり）

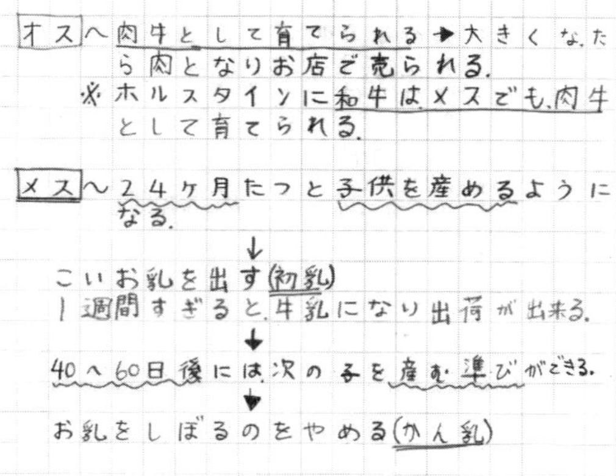

次の授業では、学習問題1のまとめ（酪農家の牛乳生産）と「最後は肉になる」ことについて考えた。百合は朝雄も含めた他の子どもたちの理解に納得がいかず、次のようにまとめた。

> 私はみんなの意見を聞き、とても疑問に思うことがありました。それは「最後、使えなくなったら無理やり殺す」と言っているところです。牛は、最後には確かに殺されるかもしれないけれど、それまで必要とされていないことのように聞こえてきます。つまり、みんなは「牛は大切に思われ

社会科・総合学習通信　「種子島の酪農」　2013年6月18日（火）No.6

学習問題１：酪農家はどのような仕事をして牛乳を生産しているか？

11日(火)は「酪農家の仕事」をまとめました。みんなそれぞれ自分なりのこだわりをもって考えることができました。〔5時間目：授業・6時間目：調べ学習〕

最後は肉になる

・ホルスタインのメスは24か月（2年）たつと子どもを産むことができる。そして40日～60日後に次の子を産む準備をして，1年に1頭ずつ子牛を産む。300日間お乳を出す。年をとってきた牛は使えないので処分される。オスは肉牛として育てられる。大きくなったら，お店で売られる。ホルスタインから産まれた和牛はメスでも肉牛として育てられる。（雄一）

・メスは牛乳が出なくなったら，牛が殺される所に行って肉になることを初めて知りました。長生きをするのはメスです。ぼくが牛になっていたらメスがいいです。だけど最後は殺されるので，人間の方がいいと思いました。（陸）

紙芝居「酪農家の仕事」百合さんと里佳子さんが作成中！

・酪農家の人たちの仕事は，フンや尿のそうじ，エサやり，さく乳，乳の量の量り，検査，牛の健康チェック，フン尿の処理，たい肥作り，牛舎周辺の手入れ，牧草地の手入れ，牛舎のそうじ，お産中は見守るという仕事です。この中で私が大変だろうなと思うことは，フンや尿そうじ（牛舎のそうじ），お産中の牛を見守るという２つです。フンや尿そうじは，においがきついと思うからです。お産中の牛を見守ることはねむたいだろうし，体力的にきついだろうなと思います。私だったらできないと思います。

かわいそうだと思ったことは，年をとって乳を出さなくなった牛は，殺されて肉として店に売られるということです。私たちがふだん食べているのが，そんなんだろうと思うと，こわくてかわいそうだなと思いました。（彩夏）

・ぼくはかわいそうだなと思うこともありました。オスもメスも最後は，殺されて肉になるというところです。「ぼくたちはそうやっていろんな生き物の命をもらっているんだな。」と思いました。これから牛乳を買ったら，残さず飲みたいと思います。（朝雄）

さく乳のための出産

・さく乳の時のためにも，牛が人工授精で，ずっと牛乳がしぼれる状態にするなんて，「すごい考えだな。」と思った。（高志）

（先生から）このことに気付いた高志さんはたいしたものです。しかし晃成さんは，疑問を出しています。

・ぼくはメスの牛がかわいそうだと思いました。理由は何回も子どもを産んで，産みたくないはずなのに無理やり産ませているからです。（晃成）

酪農家のがんばりは「牛の健康チェック」！

・酪農家さんのがんばっているところは，健康チェックです。毎日欠かさずに薬つけやきびしい検査をしているのです。さらに生活面でも気をつかっています。毎朝，牛舎をきれいにそうじしたり，食事にも気をつかったりしています。例えばサイレージです。牛の食べ物は草が中心です。でも栄養分が足りません。そのためにたくさんの食べ物などを発こうさせて作ったサイレージを食べさせるのです。そしてさく乳をする時も，こだわりがあり，ばい菌をとるための抗生物質が乳に出てしまうので，その時はさく乳をやめます。「みんなにおいしく飲んでほしい。」という心が伝わります。これからも牛には元気でいてほしいです。（百合）

（先生から）「最後は肉になる」･･･なんとなく分かっていたことだったけど、はっきりするとショックに感じる人もいたと思います。ただ肉にするのは酪農家の仕事ではありません。先生は酪農のことを考えていく上で、みんなも書いたこの問題は大事なことだと思います。これを直接のテーマにはしませんが、考えておきましょう。

ていない」と考えているのではないでしょうか。それは全くちがいます。酪農家さんが、がんばって牛の世話をすることから、まず「牛は必要だ」ということが伝わっているのではないのでしょうか。おいしい肉を作るために、そしておいしい牛乳を作るために、一生けん命がんばっているのです。だから「無理やり殺す」と意味がちがうのではないでしょうか。私はみんなの意見に反対です。（百合）

百合は、朝雄が「ぼくたちはそうやっていろんな生き物の命をもらっているんだな」と書いた中に抜け落ちている酪農家の牛乳生産への努力を「牛の世話」として位置付け直そうとしていた。そこに酪農家の仕事の価値を見出していた。このことは、授業を通して他の子どもたちも分かっていて、明菜は「『私たちがおいしいお肉を食べられるのは、ここまで育ててくれた酪農家の人たちのおかげ』というのを百合さんは書きたかったのかなと思いました」とまとめた。（通信No.7）

できる限り調べて自分たちなりの考え方をもった上で、最後の「調べ学習」として「答え」と出会う

小学校の社会科では調べる過程で専門家から話を聞くことがある。そうした時に気をつけていたことは、「問い」に対して、子どもたちが自分たちなりに調べて、ある程度の「答え」や「考え方」をもった上で、その「まとめ」として専門家の方の話を伺うということだ。そうしないと「答え」の丸投げを「調べ学習」として示すことになり、また「答え」は一つしかない状況をつくるだけでなく、子どもたち自身が社会認識をくぐる回数が少なくなり、子どもたちなりの社会認識が広がりや深まりに欠けることにな

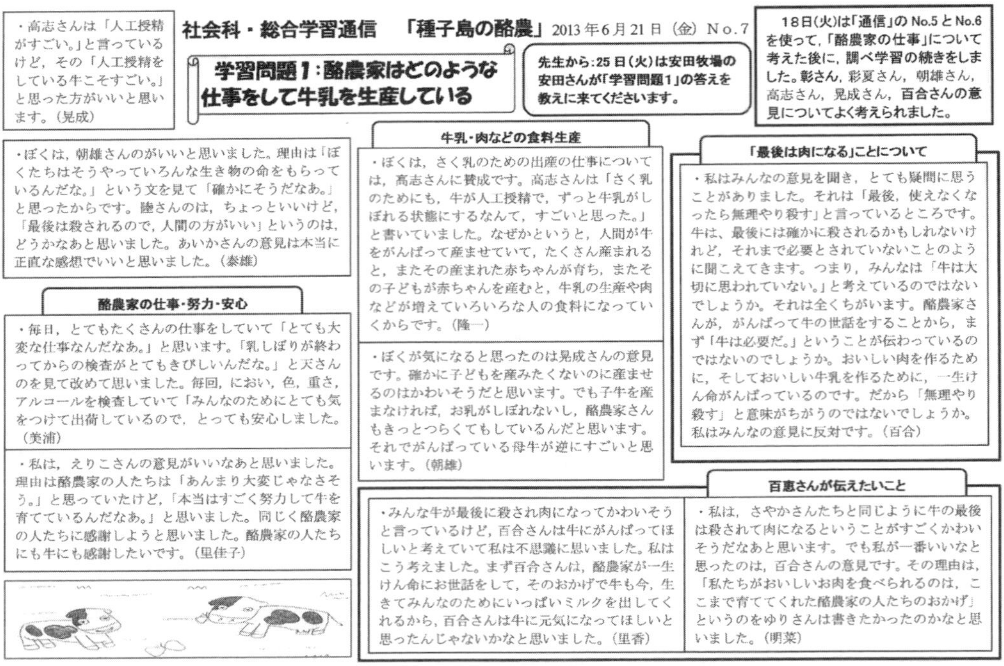

社会科・総合学習通信　「種子島の酪農」2013年6月21日（金）No.7

・高志さんは「人工授精がすごい。」と言っているけど，その「人工授精をしている牛こそすごい。」と思った方がいいと思います。（晃成）

学習問題1：酪農家はどのような仕事をして牛乳を生産している

先生から：25日（火）は安田牧場の安田さんが「学習問題1」の答えを教えに来てくださいます。

18日(火)は「通信」のNo.5とNo.6を使って，「酪農家の仕事」について考えた後に，調べ学習の続きをしました。彰さん，彩夏さん，朝雄さん，高志さん，晃成さん，**百合さんの意見についてよく考えられました。**

・ぼくは，朝雄さんのがいいと思いました。理由は「ぼくたちはそうやっていろんな生き物の命をもらっているんだな。」という文を見て「確かにそうだなあ。」と思ったからです。睦さんのは，ちょっといいけど，「最後は殺されるので，人間の方がいい」というのは，どうかなあと思いました。あいかさんの意見は本当に正直な感想でいいと思いました。（泰雄）

酪農家の仕事・努力・安心

・毎日，とてもたくさんの仕事をしていて「とても大変な仕事なんだなあ。」と思います。「乳しぼりが終わってからの検査がとてもきびしいんだな。」と天さんのを見て改めて思いました。毎回，におい，色，重さ，アルコールを検査していて「みんなのためにとても気をつけて出荷しているので，とっても安心しました。（美浦）

・私は，えりこさんの意見がいいなあと思いました。理由は酪農家の人たちは「あんまり大変じゃなさそう。」と思っていたけど，「本当はすごく努力して牛を育てているんだなあ。」と思いました。同じく酪農家の人たちに感謝しようと思いました。酪農家の人たちにも牛にも感謝したいです。（里佳子）

牛乳・肉などの食料生産

・ぼくは，さく乳のための出産の仕事については，高志さんに賛成です。高志さんは「さく乳のためにも，牛が人工授精で，ずっと牛乳がしぼれる状態にするなんて，すごいと思った。」と書いていました。なぜかというと，人間が牛をがんばって産ませていて，たくさん産まれると，またその産まれた赤ちゃんが育ち，またその子どもが赤ちゃんを産むと，牛乳の生産や肉などが増えていろいろな人の食料になっていくからです。（隆一）

・ぼくが気になると思ったのは晃成さんの意見です。確かに子どもを産みたくないのに産ませるのはかわいそうだと思います。でも子牛を産まなければ，お乳がしぼれないし，酪農家さんもきっとつらくてもしているんだと思います。それでがんばっている母牛が逆にすごいと思います。（朝雄）

「最後は肉になる」ことについて

・私はみんなの意見を聞き，とても疑問に思うことがありました。それは「最後，使えなくなったら無理やり殺す」と言っているところです。牛は、最後には確かに殺されるかもしれないけれど，それまで必要とされていないことのように聞こえてきます。つまり，みんなは「牛は大切に思われていない。」と考えているのではないでしょうか。それは全くちがいます。酪農家さんが，がんばって牛の世話をすることから，まず「牛は必要だ。」ということが伝わっているのではないのでしょうか。おいしい肉を作るために，そしておいしい牛乳を作るために，一生けん命がんばっているのです。だから「無理やり殺す」と意味がちがうのではないでしょうか。私はみんなの意見に反対です。（百合）

百恵さんが伝えたいこと

・みんな牛が最後に殺され肉になってかわいそうと言っているけど，百合さんは牛にがんばってほしいと考えていて私は不思議に思いました。私はこう考えました。まず百合さんは，酪農家が一生けん命にお世話をして，そのおかげで牛も今，生きてみんなのためにいっぱいミルクを出してくれるから，百合さんは牛に元気になってほしいと思ったんじゃないかなと思いました。（里香）

・私は，さやかさんたちと同じように牛の最後は殺されて肉になるということがすごくかわいそうだなあと思います。でも私が一番いいなと思ったのは，百合さんの意見です。その理由は，「私たちがおいしいお肉を食べられるのは，ここまで育ててくれた酪農家の人たちのおかげ」というのをゆりさんは書きたかったのかなと思いました。（明菜）

るからである。

こうしたことを含みながら、学習問題１の答えを酪農家の安田さんに確かめることになった。（通信 No.8 ～ 9）

私は授業で専門家の方から話を伺う時に、話をされる方に許可を取った上で、講話の間、講話の内容を板書するようにしている。そうすることで、話し言葉で消えていく事実や理解を書き残すことになり、講話が終わった時点で講話の内容が構造的に黒板に残っていることになり、講話の後の質問や授業を展開する上で役立てることができる。

安田さんの話によって、それまで自分たちで調べてきたことを酪農家の言葉を通してより具体的に確認することができた。そして、やはり「最後は肉になる」ことについて、恵理子と彩夏は次のようにまとめている。

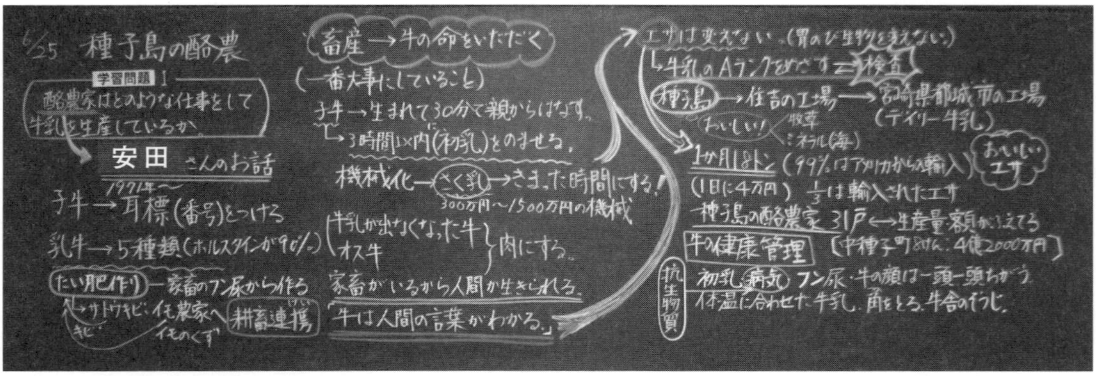

酪農家　安田さんの講話の板書

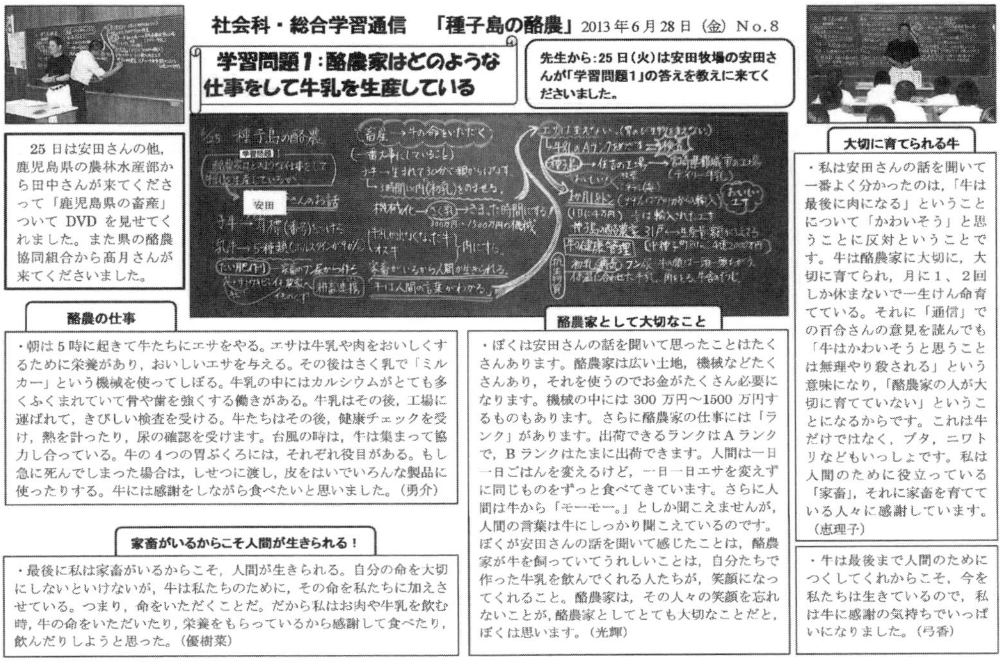

社会科・総合学習通信　「種子島の酪農」2013年6月28日（金）No.8

学習問題１：酪農家はどのような仕事をして牛乳を生産している

先生から：25日（火）は安田牧場の安田さんが「学習問題１」の答えを教えに来てくださいました。

25日は安田さんの他，鹿児島県の農林水産部から田中さんが来てくださって「鹿児島県の畜産」ついてDVDを見せてくれました。また県の酪農協同組合から高月さんが来てくださいました。

酪農の仕事

・朝は５時に起きて牛たちにエサをやる。エサは牛乳や肉をおいしくするために栄養があり，おいしいエサを与える。その後はさく乳で「ミルカー」という機械を使ってしぼる。牛乳の中にはカルシウムがとても多くふくまれていて骨や歯を強くする働きがある。牛乳はその後，工場に運ばれて，きびしい検査を受ける。牛たちはその後，健康チェックを受け，熱を計ったり，尿の確認を受けます。台風の時は，牛は集まって協力し合っている。牛の４つの胃ぶくろには，それぞれ役目がある。もし急に死んでしまった場合は，しせつに渡し，皮をはいでいろんな製品に使ったりする。牛には感謝をしながら食べたいと思いました。（勇介）

家畜がいるからこそ人間が生きられる！

・最後に私は家畜がいるからこそ，人間が生きられる。自分の命を大切にしないといけないが，牛は私たちのために，その命を私たちに加えさせている。つまり，命をいただくことだ。だから私はお肉や牛乳を飲む時，牛の命をいただいたり，栄養をもらっているから感謝して食べたり，飲んだりしようと思った。（優樹菜）

酪農家として大切なこと

・ぼくは安田さんの話を聞いて思ったことはたくさんあります。酪農家は広い土地，機械などたくさんあり，それを使うのでお金がたくさん必要になります。機械の中には300万円～1500万円するものもあります。さらに酪農家の仕事には「ランク」があります。出荷できるランクはAランクで，Bランクはたまに出荷できます。人間は一日一日ごはんを変えるけど，一日一日エサを変えずに同じものをずっと食べてきています。さらに人間は牛から「モーモー。」としか聞こえませんが，人間の言葉は牛にしっかり聞こえているのです。ぼくが安田さんの話を聞いて感じたことは，酪農家が牛を飼っていてうれしいことは，自分たちで作った牛乳を飲んでくれる人たちが，笑顔になってくれること。酪農家は，その人々の笑顔を忘れないことが，酪農家としてとても大切なことだと，ぼくは思います。（光輝）

大切に育てられる牛

・私は安田さんの話を聞いて一番よく分かったのは，「牛は最後に肉になる」ということについて「かわいそう」と思うことに反対ということです。牛は酪農家に大切に，大切に育てられ，月に１、２回しか休まないで一生けん命育てている。それに「通信」での百合さんの意見を読んでも「牛はかわいそうと思うことは無理やり殺される」という意味になり，「酪農家の人が大切に育てていない」ということになるからです。これは牛だけではなく，ブタ，ニワトリなどもいっしょです。私は人間のために役立っている「家畜」，それに家畜を育てている人々に感謝しています。（恵理子）

・牛は最後まで人間のためにつくしてくれからこそ，今を私たちは生きているので，私は牛に感謝の気持ちでいっぱいになりました。（弓香）

私は安田さんの話を聞いて一番よく分かったのは、「牛は最後に肉になる」ということについて「かわいそう」と思うことに反対ということです。牛は酪農家に大切に、大切に育てられ、月に１、２回しか休まないで一生けん命育てている。それに「通信」での百合さんの意見を読んでも「牛はかわいそうと思うことは無理やり殺される」という意味になり、「酪農家の人が大切に育てていない」ということになるからです。これは牛だけではなく、ブタ、ニワトリなどもいっしょです。私は人間のために役立っている「家畜」、それに家畜を育てている人々に感謝しています。（恵理子）

家畜がいるから人間は生きられるということと、畜産とは牛の命をいただくということです。私は安田さんの話を聞くまで、牛は最後、殺されてかわいそうだと思ったけど、牛は死んでしまっても必ず人間の役に立つということを聞いて意見が変わりました。死んでしまっても牛の皮などで、くつ、ストラップ、服などが作られてすごいと思いました。そんな牛からしぼって作られた牛乳、チーズ、バターなどを食べる時は感謝の気持ちをこめて食べたいです。（彩夏）

学習問題１の解決を通して酪農家の牛乳生産について具体的に理解した子どもたちは、調べ学習や個別の体験学習をまとめてきた。百合も「最後には肉になる」ことについて、「酪農家の牛への愛」という言葉を使って次のようにまとめることができた。（通信No.10）

前回の総合で安田さんが野間小学校に鹿児島の人も連れて授業をしに来てくれました。そこで私の「答え」が見つかりました。それは話の最後に出てきました。私は

社会科・総合学習通信　「種子島の酪農」　2013年6月28日（金）No.9

酪農家，安田さんの話を聞いて考えたこと。

学習問題１：酪農家はどのような仕事をして牛乳を生産しているか？

酪農家の仕事は奥深い･･･。

・話を聞いて，ぼくがびっくりしたことは酪農家の仕事は奥深いことです。インターネットで調べたのがくわしく書いていると思っていたら，全然あさかったので，思っていたのとちがうのが申し訳ないと思いました。（武維）

・お話を聞いて分かったことは，まず日本で飼われている酪農の牛の90％がホルスタインで乳用牛は世界で５種類。その中でホルスタインが一番飼われています。産まれた子牛は３時間以内に親の最初の乳を飲ませないと成長しないで最終的には死んでしまうそうです。あと30分で産まれたばかりの子牛と親の牛をはなす。牛は50～60日たつと角が大きくなるので，ますいをかけて角を切るそうです。牛はそうじをちゃんとしないと病気になってしまいますホルスタインの世話はこんなに大変なんだなと分かりました。（彰）

・いろいろなことを思いました。「みんなは殺されるからかわいそう」と言っていたけど，私は「しょうがないことなんだ」と思いました。確かに殺されるのはかわいそうだけど，牛が殺されなくて肉がなかったら，私たちはどうやって生きるんだろうと思ったからです。骨などがよくできなかったら，１日元気に過ごせないし，疲れがたまりやすくなります。牛たちは私たちのために殺されてしまったんだと思うと，肉や牛乳は残さず食べたり，飲んだりしなきゃと思いました。（里佳子）

牛は人間の言葉が分かる！

・「牛は人間の言葉が分かる」と言っていたので，これからは「くさい」，「うるさい」とか言わないで，なでたり，牛の世話の手伝いをしたいです。牛の世話は大人になるまでに一度は体験したいです。これからは安田さんに教えてもらったことを勉強に生かしていきたいと思います。（和代）

牛が好きだから

・私が分かったことは「牛が好きだから」という安田さんの気持ちです。牛には気持ちが分かるというのがあることも初めて知りました。私の家の牛も肉用だけど，分かると思うと少し不安になりました。「ちょっとにおいがくさい」と言ったり，「ハエがいる」と言ったりしたからです。大変な仕事でも「牛が好き」というので乗り越えたり，苦なんにも戦い，すごいと思いました。毎月29日，２月９日（肉の日）は，このことを思い出し，肉や牛乳のことについて考えたいと思います。（歩美）

・安田さんは牛が好きだから，牛のためにと，牛のことが大好きだから一生けん命に仕事ができるのかなと思いました。酪農家はみんなにおいしい牛乳を飲んでほしいというのが，よく分かりました。（寛太）

Ａランクをめざす！

・安田さんの話の中で初めて知ったことは，牛のエサは変えないということです。それは「牛乳のＡランクをめざす」ということです。そのためきびしい検査があります。ここで私が思ったことは，牛乳のＡランクをめざすということは，学校のテストを合格しないといけないというのと同じだと思います。学校のテストでさえ難しいのだから，Ａランクをめざすということは倍以上難しいなと私は思いました。今日は忙しいのにわざわざ来てくださってありがとうと思いました。（帆夏）

人間のために

・１年間に牛は60～80万円もかせぎます。すごい金額だと思います。私はずっと，牛は最後に殺されるからかわいそうだなあと思いました。でも家畜はそういうものなんだなあと思いました。そしてなくなってからも人間のためにいろいろなことをしてくれるのでえらいなあと思いました。（亜紀）

感謝の気持ちをこめて食べたい

・今日，安田さんからいろいろ教えてもらいました。教えてもらって分かったことは，子牛は産まれてすぐ母牛とはなされるということと，産まれてきて３時間以内に初乳を飲ませなければ死んでしまうことと，胃のび生物を変えないためにエサは同じにするということと，種子島の牛乳はミネラル豊富だからとてもおいしいということと，家畜がいるから人間は生きられるということと，畜産とは牛の命をいただくということです。私は安田さんの話を聞くまで，牛は最後，殺されてかわいそうだと思ったけど，牛は死んでしまっても必ず人間の役に立つということを聞いて意見が変わりました。死んでしまっても牛の皮などで，くつ，ストラップ，服などが作られてすごいと思いました。そんな牛からしぼって作られた牛乳，チーズ，バターなどを食べる時は感謝の気持ちをこめて食べたいです。（彩夏）

社会科・総合学習通信　「種子島の酪農」　2013年7月2日（火）No.10

〔先生から〕学習問題１の解決が進む中で，調べ学習も進んできました。４人の調べ学習を紹介します。

【酪農家の仕事】（孝之）

【牛乳大変身】（広之）

【　『安田牧場に行って』（帆夏）　】

私はたまに安田牧場にお手伝いに行っています。行ってまず一番最初はエサやりです。牛のエサは２種類あります。１つ目はほし草とわら，サイレージ（刈り取った草を密封し乳酸発酵させたもの）などの粗飼料です。粗飼料を何回も与えます。牛はエサが来ると場所のけんかを始めます。５時になるとさく乳が始まります。さく乳をする時に使うエサは，トウモロコシ，大豆，麦，綿の実，穀類（小麦，米など）の糖などを主な原料にして作られた濃厚飼料というものです。さく乳をする時，牛の方に行くととても危険なので，前の方で濃厚飼料を与えます。私はこんなにたくさんの仕事を毎日するって大変だなと思いました。

【　『安田さんの話を聞いて』（百合）　】

前回の総合で安田さんが野間小学校に鹿児島の人も連れて授業をしに来てくれました。そこで私の「答え」が見つかりました。それは話の最後に出てきました。私は黒板の字を写すのに必死でしたが，その話を聞いたとたん，そっちにもっていかれました。私は前，「殺されるのは大切に思われていないからじゃない。」と強く書いていました。なぜそう思ったかというと，「健康チェック」を一番がんばっていたからです。私は健康チェックをして大切に牛を育てているのを知っていました。なので絶対に(変な言い方だけど)「愛」があってそういうことをしているのだと思っていました。そして安田さんの「牛への愛」はとても大きなものでした。健康でいかにおいしい牛乳，そして肉をつくり，みんなに食べてもらうには「愛」が必要です。私たちのためにいつもがんばっているのは安田さんたち酪農家です。酪農家さんがいないと安全な牛乳も飲めなくなるし，おいしい肉も食べられなくなります。安田さんの「牛への愛」は，私たちへ届くのです。私は酪農家さんの「愛」をむだにしないようにちゃんと牛乳や肉を残さず食べようと思いました。たくさん知ったこともあってとてもいい経験になりました。

学習問題２：牛乳はどのように生産されているのか？

学習問題２を考えましょう。

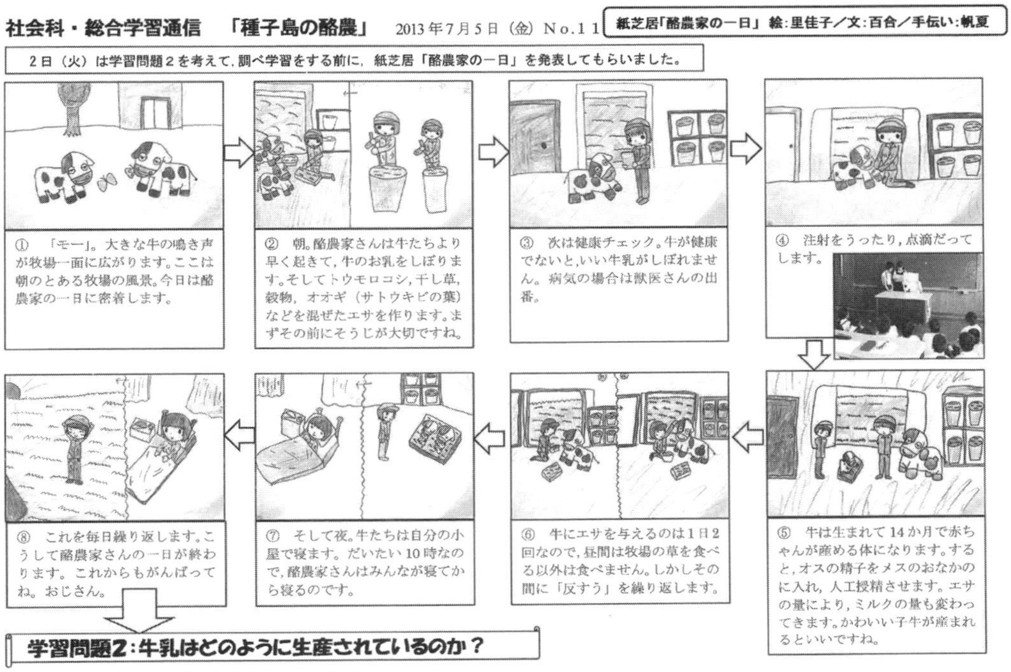

社会科・総合学習通信 「種子島の酪農」 2013年7月5日（金）No.11

紙芝居「酪農家の一日」 絵：里佳子／文：百合／手伝い：帆夏

２日（火）は学習問題２を考えて，調べ学習をする前に，紙芝居「酪農家の一日」を発表してもらいました。

① 「モー」。大きな牛の鳴き声が牧場一面に広がります。ここは朝のとある牧場の風景。今日は酪農家の一日に密着します。

② 朝。酪農家さんは牛たちより早く起きて，牛のお乳をしぼります。そしてトウモロコシ，干し草，穀物，オオギ（サトウキビの葉）などを混ぜたエサを作ります。まずその前にそうじが大切ですね。

③ 次は健康チェック。牛が健康でないと，いい牛乳がしぼれません。病気の場合は獣医さんの出番。

④ 注射をうったり，点滴だってします。

⑤ 牛は生まれて14か月で赤ちゃんが産める体になります。すると，オスの精子をメスのおなかのに入れ，人工授精させます。エサの量により，ミルクの量も変わってきます。かわいい子牛が産まれるといいですね。

⑥ 牛にエサを与えるのは１日２回なので，昼間は牧場の草を食べる以外は食べません。しかしその間に「反すう」を繰り返します。

⑦ そして夜。牛たちは自分の小屋で寝ます。だいたい10時なので，酪農家さんはみんなが寝てから寝るのです。

⑧ これを毎日繰り返します。こうして酪農家さんの一日が終わります。これからもがんばってね。おじさん。

学習問題２：牛乳はどのように生産されているのか？

黒板の字を写すのに必死でしたが、その話を聞いたとたん、そっちにもっていかれました。私は前、「殺されるのは大切に思われていないからじゃない」と強く書いていました。なぜそう思ったかというと、「健康チェック」を一番がんばっていたからです。私は健康チェックをして大切に牛を育てているのを知っていました。なので絶対に（変な言い方だけど）「愛」があってそういうことをしているのだと思っていました。そして安田さんの「牛への愛」はとても大きなものでした。健康でいかにおいしい牛乳、そして肉をつくり、みんなに食べてもらうには「愛」が必要です。私たちのためにいつもがんばっているのは安田さんたち酪農家です。酪農家さんがいないと安全な牛乳も飲めなくなるし、おいしい肉も食べられなくなります。安田さんの「牛への愛」は、私たちへ届くのです。私は酪農家さんの「愛」をむだにしないようにちゃんと牛乳や肉を残さず食べようと思いました。たくさん知ったこともあってとてもいい経験になりました。（百合）

百合が表現した「牛への愛」は、その後も子どもたちの考える手がかりとなり、この実践の最後で、帆夏が酪農家の安全でおいしい牛乳を生産したいという「人々への愛」という言葉を加えてまとめている。

学習問題２「牛乳はどのように生産されているのか？」～安全・安心のための厳しい検査～

この実践をけん引した百合はこの間も、里佳子と協力して「紙芝居『酪農家の一日』」の製作を進めていた。絵を里佳子が担当し、文章を百合、紙芝居発表の読み手の手伝いに帆夏が加わり、見事な紙芝居を仕上げた。（通信No.11）

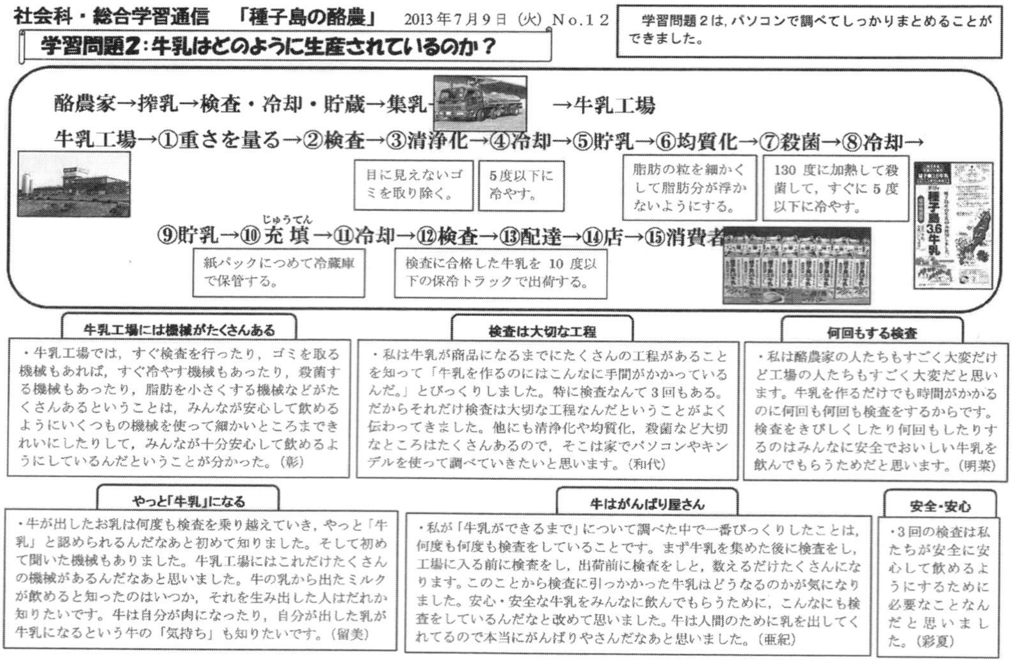

社会科・総合学習通信　「種子島の酪農」　2013年7月9日（火）No.12

学習問題2は，パソコンで調べてしっかりまとめることができました。

学習問題2：牛乳はどのように生産されているのか？

酪農家→搾乳→検査・冷却・貯蔵→集乳→牛乳工場

牛乳工場→①重さを量る→②検査→③清浄化→④冷却→⑤貯乳→⑥均質化→⑦殺菌→⑧冷却→

目に見えないゴミを取り除く。

5度以下に冷やす。

脂肪の粒を細かくして脂肪分が浮かないようにする。

130度に加熱して殺菌して，すぐに5度以下に冷やす。

⑨貯乳→⑩充填（じゅうてん）→⑪冷却→⑫検査→⑬配達→⑭店→⑮消費者

紙パックにつめて冷蔵庫で保管する。

検査に合格した牛乳を10度以下の保冷トラックで出荷する。

牛乳工場には機械がたくさんある

・牛乳工場では，すぐ検査を行ったり，ゴミを取る機械もあれば，すぐ冷やす機械もあったり，殺菌する機械もあったり，脂肪を小さくする機械などがたくさんあるということは，みんなが安心して飲めるようにいくつもの機械を使って細かいところまできれいにしたりして，みんなが十分安心して飲めるようにしているんだということが分かった。（彰）

検査は大切な工程

・私は牛乳が商品になるまでにたくさんの工程があることを知って「牛乳を作るのにはこんなに手間がかかっているんだ。」とびっくりしました。特に検査なんて3回もある。だからそれだけ検査は大切な工程なんだということがよく伝わってきました。他にも清浄化や均質化，殺菌など大切なところはたくさんあるので，そこは家でパソコンやキンデルを使って調べていきたいと思います。（和代）

何回もする検査

・私は酪農家の人たちもすごく大変だけど工場の人たちもすごく大変だと思います。牛乳を作るだけでも時間がかかるのに何回も何回も検査をするからです。検査をきびしくしたり何回もしたりするのはみんなに安全でおいしい牛乳を飲んでもらうためだと思います。（明菜）

やっと「牛乳」になる

・牛が出したお乳は何度も検査を乗り越えていき，やっと「牛乳」と認められるんだなあと初めて知りました。そして初めて聞いた機械もありました。牛乳工場にはこれだけたくさんの機械があるんだなあと思いました。牛の乳から出たミルクが飲めると知ったのはいつか，それを生み出した人はだれか知りたいです。牛は自分が肉になったり，自分が出した乳が牛乳になるという牛の「気持ち」も知りたいです。（留美）

牛はがんばり屋さん

・私が「牛乳ができるまで」について調べた中で一番びっくりしたことは，何度も何度も検査をしていることです。まず牛乳を集めた後に検査をし，工場に入る前に検査をし，出荷前に検査をしと，数えるだけたくさんになります。このことから検査に引っかかった牛乳はどうなるのかが気になりました。安心・安全な牛乳をみんなに飲んでもらうために，こんなにも検査をしているんだなと改めて思いました。牛は人間のために乳を出してくれてるので本当にがんばりやさんだなあと思いました。（亜紀）

安全・安心

・3回の検査は私たちが安全に安心して飲めるようにするために必要なことなんだと思いました。（彩夏）

　そして、酪農家が苦労して生産した牛乳が製品の牛乳になるための生産過程を探る、学習問題2「牛乳はどのように生産されているのか？」について調べることになった。これはパソコンを使って資料を集めてまとめる調べ学習だったので、早く済ませることができた。（通信No.12）

　この調べ学習では、「検査」が重要な確認事項となった。

> 　私は酪農家の人たちもすごく大変だけど工場の人たちもすごく大変だと思います。牛乳を作るだけでも時間がかかるのに何回も何回も検査をするからです。検査をきびしくしたり何回もしたりするのはみんなに安全でおいしい牛乳を飲んでもらうためだと思います。（明菜）

学習問題３「乳牛や乳量が増えているのに酪農家が減っているのはなぜか？」～事実に基いて考える～

　学習問題３は４つのグラフからこの問題を設定した。（通信No.13）

　難しい問題にもかかわらず、子どもたちはよく考えた。子どもたちは、これまでの調べ学習で酪農家が抱える課題としてきた「高齢化と後継ぎの不足」、「お金（経費）の問題」、「牛乳の消費の減少」、「厳しい検査」の４つの視点から、自分が考える「一番の理由」をまとめた。

> 「高齢化と後継ぎの不足」
>
> 　ぼくは一番の理由は高齢化だと思います。高齢化で働く人が減って、やめる時に牛を他の農家に売って１戸当たりの牛の頭

社会科・総合学習通信　「種子島の酪農」 2013年7月12日（金）No.１３

９日(火)は乳牛も乳量も増えている中で酪農家が減っている理由を考えました。

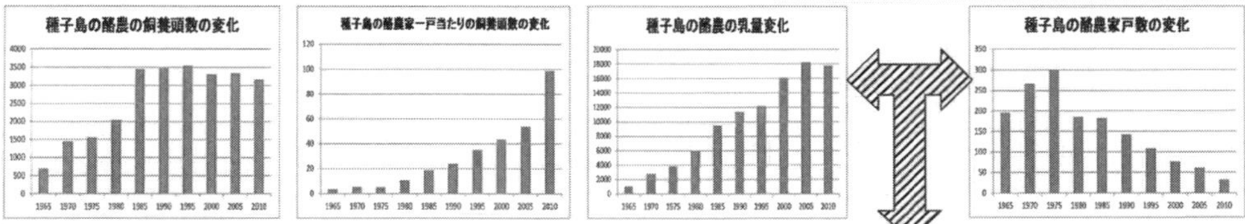

難しい問題でしたが，よく考えました。

学習問題３：乳牛や乳量が増えているのに酪農家が減っているのはなぜか？

高れい化と後つぎの不足

・ぼくは一番の理由は高れい化だと思います。高れい化で働く人が減って，やめる時に牛を他の農家に売って１戸当たりの牛の頭数が増え，さらに人工授精で牛の頭数が増えます。

牛乳の生産量は増えるが，お茶やジュースにおされて牛乳の消費が落ち，そしてお金がなくなり，牛のエサが買えなくなります。このような苦労がありながら酪農家はがんばっているんだなと思いました。高れい化はしかたがないけど，後つぎはもっとたくさん増えてほしいと思いました。（勇介）

お金（費用）の問題

・私はお金がかかるからやめていくんだと思いました。その理由は機械を買ったり，牛に食べさせるエサを買ったり，人をやとったりするからです。機械がないと大変だし，牛にちゃんとエサを食べさせないといいお乳を出さないし，人をやとわないと高れい者だったら特にたいへんだからと思いました。

特に機械はすごくお金がかかると思います。その理由はさく乳などは人がすると，すごく時間がかかるから，さく乳の機械を買ったり，牛のエサをとったりする時もいろんな機械を使うと思うからです。特に大型の機械はお金が高いと思うから，買うとお金がなくなってしまって，やめる原因になると思うからです。（彩夏）

牛乳の消費の減少

・一番の理由は消費が減って続けられなくなり，まだ続けている人に牛を売っているので酪農家が減っていて牛の頭数が増えている。そのためエサ代もかかる。でも牛乳の生産は最初は牛が多すぎていい育て方ができず，検査に失敗したけど，やっているうちに慣れてきて検査に合格した農家が多くなり，生産は増えた。

私がそう思った理由は消費がだんだん減ると，お金もなくなり，続けられなくなるから続けられている人に牛を売ったと思います。エサ代もかかるけど，牛乳の生産が合格するようになってきて，お金をもらえるようになり，続けている人もやっていけるようになったと思います。（恵理子）

きびしい検査

・ぼくは酪農家戸数が減ってきている一番の理由は「きびしい検査」だと思います。理由は，いろんな人が飲むものなので，食中毒など危険な病気にかかって生産量が落ちてしまうと大変なので，とてもきびしい検査を受け，合格する農家は少ないと思ったからです。

また不合格をたくさん受けてしまい，とうとうあきらめてしまう農家がたくさんいると思いました。まだ使える牛は処分するともったいないので，まだやれる人に売って，牛の数が多くなったと思いました。（史也）

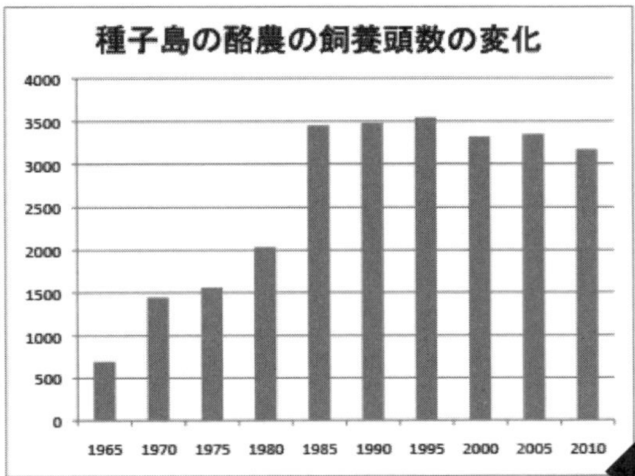

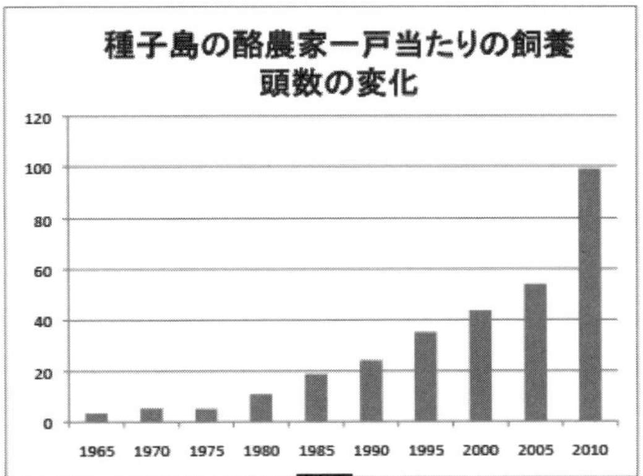

種子島の酪農家一戸当たりの飼養頭数の変化

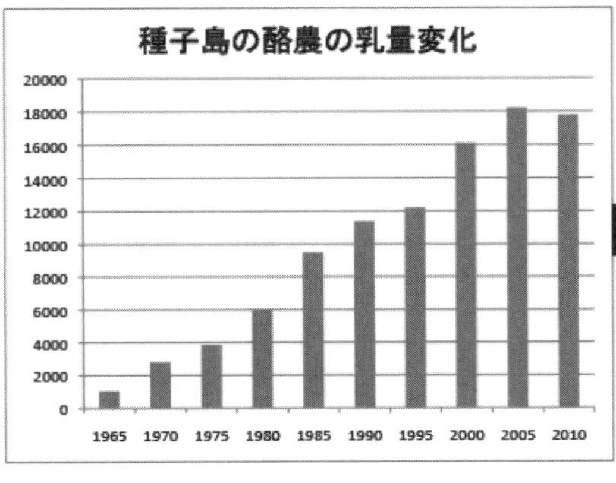

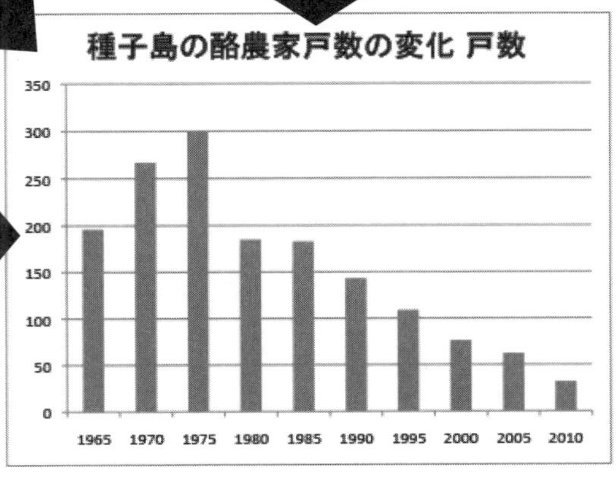

社会科・総合学習通信　「種子島の酪農」 2013年7月12日（金）No.14

高れい化と後つぎの不足

・私は後つぎだと思います。高れい化が進んでいます。だから365日するのがきつくなり，検査に合格せず，お金が少なくなり，エサ，牛や機械などを買えなくなったと私は思います。検査もきつくなり，機械，えさのお金も高くなっていると思います。（歩美）

・私が思う一番の理由は酪農家の高れい化が進んでいるからだと思います。高れい化が進むと後つぎも不足して，牛を誰かに渡さないといけないからです。高れい化が進んでいる中でも乳牛を育てているのはすごいなあと思います。検査もきびしいしお金もかかるからです。お金がかかる中で一生けん命牛乳を出しているのに牛乳の消費が落ちているのはかわいそうだと思います。こんな中で酪農家さんはがんばっている。（亜紀）

お金（費用）の問題

・ぼくが思った一番の理由は「お金」です。なぜそう考えたかというと，機械やエサは牛乳を買ってくれた人のおかげで買えますが，消費が落ちることで，だんだんお金が足りなくなって買えなくなっていき，それが続くと生活も自分も苦しくなっていき，やめるんだと思いました。（寛太）

・私はお金がかかるからどんどん酪農家が減ってきて牛が増えてるんだと思いました。まず酪農家はいろんな機械を買わないといけません。そして牛のエサ代もかかります。それで酪農家がどんどん減っていき，牛が多くなるだけです。私は牛がかわいそうだと思いました。酪農家が牛を飼うのをやめると後をつぐ人もいないので酪農家になるなら，私はしっかりした人になってもらいたいです。（里香）

牛乳の消費の減少

・一番の理由は「牛乳の消費」です。理由は牛のエサ代や機械代を支える牛乳の消費がお茶やジュースにおされて，あまり売れてないからやることができなくて，やめないといけない状態になったからです。（祐司）

・学習問題３の一番の理由は「牛乳の消費が落ちたこと」だと思います。なぜかというと，生産量は1975年までに上がっていたけど，1975年を過ぎてからジュースやお茶の消費におされて，牛乳の消費が落ちて，酪農家さんへの収入が減り，エサ代に使うお金がなくなる心配があるので，だんだん酪農家さんが減っていったのではないかと考えました。（弓香）

きびしい検査

・私は検査がきびしくなったから酪農家が減ってきていると思います。理由はどんどん酪農家が減ってきて他の人に牛を売って，牛を買った人は仕事が忙しくなってきたからだと思います。私も朝雄さんと同じように昔の検査はそこまできびしくなかったと思います。でもだんだん検査がきびしくなってきて，検査もいっぱいするようになって，その検査でだめになったりして，酪農家の人が少なくなってきて，ひとつの農家でたくさん牛を飼うようになったのだと思います。（明菜）

朝雄さんのまとめ

・高れい化が進んでいったり，お金が少なくなったりして，機械を買うお金がなくなってしまった。さらに若い後つぎがいなくなったので，酪農家が減っていった。そして牛を買った酪農家の人がどんどんはん殖させて飼育頭数が増え，たくさん牛乳をしぼった酪農家さんがたくさん検査に回して，その中には合格する牛乳もたくさんあっただろうから，とても乳量が増えてきたというのが，ぼくの考えです。（朝雄）

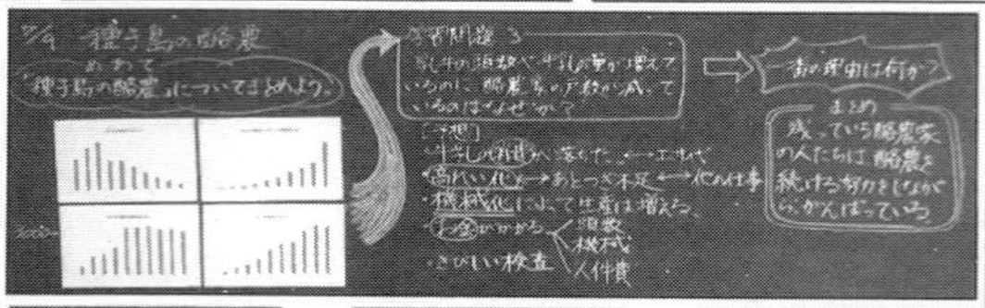

高志さんのまとめ

・牛乳の生産が増えて1980～1985年ごろに人工授精と機械化が進んだ。しかしエサ代が高くかかり，機械も高い。しかも消費が減り収入が減った。さらに生き物相手の仕事。高れい化が進み，牛の生活リズムについていけなくなった。収入が減り，苦労する仕事なので他の仕事に移った。やめる時に他の酪農家に牛を売って，一戸当たりの飼育頭数が増えてきた。（高志）

数が増え、さらに人工授精で牛の頭数が増えます。牛乳の生産量は増えるが、お茶やジュースにおされて牛乳の消費が落ち、そしてお金がなくなり、牛のエサが買えなくなります。このような苦労がありながら酪農家はがんばっているんだなと思いました。高齢化はしかたがないけど、後継ぎはもっとたくさん増えてほしいと思いました。（勇介）

「お金（経費）の問題」

　私はお金がかかるからやめていくんだと思いました。その理由は機械を買ったり、牛に食べさせるエサを買ったり、人をやとったりするからです。機械がないと大変だし、牛にちゃんとエサを食べさせないといいお乳を出さないし、人をやとわないと高れい者だったら特にたいへんだからと思いました。特に機械はすごくお金がかかると思います。その理由はさく乳などは人がすると、すごく時間がかかるから、さく乳の機械を買ったり、牛のエサをとったりする時もいろんな機械を使うと思うからです。特に大型の機械はお金が高いと思うから、買うとお金がなくなってしまって、やめる原因になると思うからです。（彩夏）

「牛乳の消費の減少」

　学習問題３の一番の理由は「牛乳の消費が落ちたこと」だと思います。なぜかというと、生産量は1975年までに上がっていたけど、1975年を過ぎてからジュースやお茶の消費におされて、牛乳の消費が落ちて、酪農家さんへの収入が減り、エサ代に使うお金がなくなる心配があるので、だんだん酪農家さんが減っていったのではないかと考えました。（弓香）

「厳しい検査」
　私は検査がきびしくなったから酪農家が減ってきていると思います。理由はどんどん酪農家が減ってきて他の人に牛を売って、牛を買った人は仕事が忙しくなってきたからだと思います。私も朝雄さんと同じように昔の検査はそこまできびしくなかったと思います。でもだんだん検査がきびしくなってきて、検査もいっぱいするようになって、その検査でだめになったりして、酪農家の人が少なくなってきて、ひとつの農家でたくさん牛を飼うようになったのだと思います。（明菜）

　こうした中で、朝雄と高志は４つのグラフを関連付けて、「種子島の酪農」の現状の分析を試みていた（通信 No.14）。朝雄は乳量が増えた要因を、高志は酪農家一戸当たりの飼養頭数が増えた要因を、離農による牛の売却と繁殖技術の向上から説明している。

　高齢化が進んでいったり、お金が少なくなったりして、機械を買うお金がなくなってしまった。さらに若い後継ぎがいなくなったので、酪農家が減っていった。そして牛を買った酪農家の人がどんどんはん殖させて飼育頭数が増え、たくさん牛乳をしぼった酪農家さんがたくさん検査に回して、その中には合格する牛乳もたくさんあっただろうから、とても乳量が増えてきたというのが、ぼくの考えです。（朝雄）

　牛乳の生産が増えて 1980 ～ 1985 年ごろに人工授精と機械化が進んだ。しかしエサ代が高くかかり、機械も高い。しかも消費が減り収入が減った。さらに生き物相手の仕事。高齢化が進み、牛の生活リズムについていけなくなった。収入が減り、苦労する仕事なので他の仕事に移った。やめる時に他の酪農家に牛を売って、一戸当たりの飼育頭数が増えてきた。（高志）

　勇介は、高齢化を学習問題３「乳牛や乳量が増えているのに酪農家が減っているのはなぜか？」の重要な原因と考えた。彼は高齢化と後継者不足によって離農した農家の牛を他の酪農家が買い入れることで、「酪農家１戸当たりの飼養頭数」が増えることを説明し、そこに人工授精の技術の向上による飼養頭数の増加によって牛乳の生産量が増えることを説明した。しかし頭数が増えることによるエサ代、労働の増加を指摘して、高齢化する中で対応が難しいことを伝えた。そして止められない「高齢化」より「後継者不足」を解決すべき課題としている。

　彩夏は、機械代、エサ代、人件費などの経営にかかる経費を問題にして、そこに高齢化が加わることの厳しさを説明している。彼女の中では機械化と高齢化はセットでとらえられていて、高齢化が進む中での高額な機械代の負担を問題にしている。

　弓香は、学習問題３の一番の理由を「牛乳の消費が落ちたこと」としている。彼女は 1975 年以降の酪農家の減少を清涼飲料水等の普及による牛乳の消費の減少と予想して説明している。それに伴う収入の減少が経営の困難に結びついていると考えている。

　明菜は、検査の厳格化を「一番の理由」にしている。原料から製品まで牛乳の検査は何重にも行われ、その結果、安全で安心できる牛乳が生産されているが、それを保障する検査のための乳牛の健康管理や設備投資が酪農家に求められている。こうした検査に対応しきれない酪農

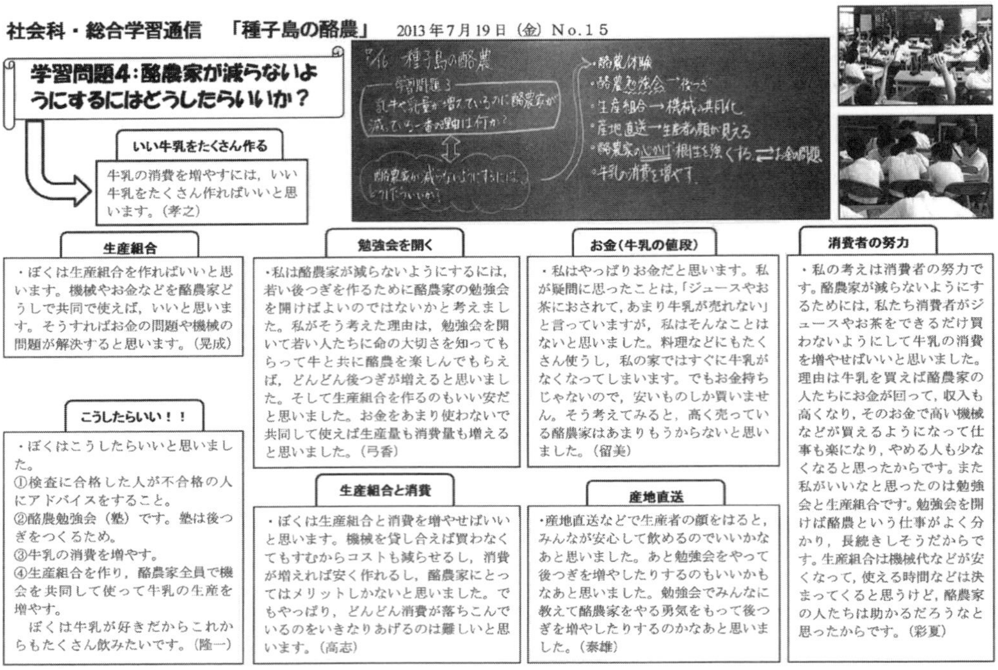

社会科・総合学習通信　「種子島の酪農」　2013年7月19日（金）No.15

学習問題4：酪農家が減らないようにするにはどうしたらいいか？

いい牛乳をたくさん作る

牛乳の消費を増やすには，いい牛乳をたくさん作ればいいと思います。（孝之）

生産組合

・ぼくは生産組合を作ればいいと思います。機械やお金などを酪農家どうしで共同で使えば，いいと思います。そうすればお金の問題や機械の問題が解決すると思います。（晃成）

勉強会を開く

・私は酪農家が減らないようにするには，若い後つぎを作るために酪農家の勉強会を開けばよいのではないかと考えました。私がそう考えた理由は，勉強会を開いて若い人たちに命の大切さを知ってもらって牛と共に酪農を楽しんでもらえば，どんどん後つぎが増えると思いました。そして生産組合を作るのもいい安だと思いました。お金をあまり使わないで共同して使えば生産量も消費量も増えると思いました。（弓香）

お金（牛乳の値段）

・私はやっぱりお金だと思います。私が疑問に思ったことは，「ジュースやお茶におされて，あまり牛乳が売れない」と言っていますが，私はそんなことはないと思いました。料理などにもたくさん使うし，私の家ではすぐに牛乳がなくなってしまいます。でもお金持ちじゃないので，安いものしか買いません。そう考えてみると，高く売っている酪農家はあまりもうからないと思いました。（留美）

消費者の努力

・私の考えは消費者の努力です。酪農家が減らないようにするためには，私たち消費者がジュースやお茶をできるだけ買わないようにして牛乳の消費を増やせばいいと思いました。理由は牛乳を買えば酪農家の人たちにお金が回って，収入も高くなり，そのお金で高い機械などが買えるようになって仕事も楽になり，やめる人も少なくなると思ったからです。また私がいいなと思ったのは勉強会と生産組合です。勉強会を開けば酪農という仕事がよく分かり，長続きしそうだからです。生産組合は機械代などが安くなって，使える時間などは決まってくると思うけど，酪農家の人たちは助かるだろうなと思ったからです。（彩夏）

こうしたらいい！！

・ぼくはこうしたらいいと思いました。
①検査に合格した人が不合格の人にアドバイスをすること。
②酪農勉強会（塾）です。塾は後つぎをつくるため。
③牛乳の消費を増やす。
④生産組合を作り，酪農家全員で機会を共同して使って牛乳の生産を増やす。
　ぼくは牛乳が好きだからこれからもたくさん飲みたいです。（隆一）

生産組合と消費

・ぼくは生産組合と消費を増やせばいいと思います。機械を貸し合えば買わなくてもすむからコストも減らせるし，消費が増えれば安く作れるし，酪農家にとってはメリットしかないと思いました。でもやっぱり，どんどん消費が落ちこんでいるのをいきなりあげるのは難しいと思います。（高志）

産地直送

・産地直送などで生産者の顔をはると，みんなが安心して飲めるのでいいかなあと思いました。あと勉強会をやって後つぎを増やしたりするのもいいかもなあと思いました。勉強会でみんなに教えて酪農家をやる勇気をもって後つぎを増やしたりするのかなあと思いました。（泰雄）

家の離農と飼養頭数の変化を結び付けて説明している。

学習問題4「酪農家が減らないようにするためには、どうすればよいか？」～学習したこと・生活の経験を生かして考える～

子どもたちは社会科の農業学習で学習した視点を取り入れて、まず「生産組合」、「勉強会」、「産地直送」を挙げた。彩夏それらを「消費者の努力」として次のようにまとめた。（通信 No.15）

私の考えは消費者の努力です。酪農家が減らないようにするためには、私たち消費者がジュースやお茶をできるだけ買わないようにして牛乳の消費を増やせばいいと思いました。理由は牛乳を買えば酪農家の人たちにお金が回って、収入も高くなり、そのお金で高い機械などが買えるようになって仕事も楽になり、やめる人も少なくなると思ったからです。また私がいいなと思ったのは勉強会と生産組合です。勉強会を開けば酪農という仕事がよく分かり、長続きしそうだからです。生産組合は機械代などが安くなって、使える時間などは決まってくると思うけど、酪農家の人たちは助かるだろうなと思ったからです。（彩夏）

学習問題4は難しい問題であるが、社会科で学習した他の農業での事実を基に、酪農にあてはめて考えようとした。その中で、高志は消費を増やすことを指摘しながらも「でもやっぱり、どんどん消費が落ちこんでいるのをいきなりあげるのは難しいと思います」とまとめている。牛乳の消費拡大をまず始めることが重要で、高志はその難しさを想像していた。

留美の考えは「お金（牛乳の値段）」の問題であった。重要な提起であったが、授業では取り上げることができなかった。

> 私はやっぱりお金だと思います。私が疑問に思ったことは、「ジュースやお茶におされて、あまり牛乳が売れない」と言っていますが、私はそんなことはないと思いました。料理などにもたくさん使うし、私の家ではすぐに牛乳がなくなってしまいます。でもお金持ちじゃないので、安いものしか買いません。そう考えてみると、高く売っている酪農家はあまりもうからないと思いました。（留美）

この町のスーパーでは、「種子島 3.6 牛乳」を通常価格 248 円で販売している。一方、近年進出してきたディスカウントチェーン店では、同じ乳脂肪 3.6 の牛乳を 168 円で販売している。価格差は 80 円。留美はそれを指摘していた。

生乳のブランド化と地域の酪農

「生乳のブランド化」については、「社団法人中央酪農会議」の酪農基本問題委員会がまとめた「わが国酪農の中長期的課題と生産者組織の役割 －酪農経営のさらなる発展的展開のために－《要約版》」（平成 22 年 3 月 31 日）にも、「生産者の要求」や「消費者の期待」として取り上げられている。「生乳のブランド化」は、「地産地消や農業経営の多角化を背景に、個別の地域や酪農経営の特徴を反映した」ものになっており、現在、あらゆる食料品でそうした傾向がみられるようになってきた。

「種子島の酪農」で取り上げた「種子島 3.6 牛乳」もそうした「生乳のブランド化」のひとつである。商品の差別化を図り、付加価値を高めようとする動きはあらゆる分野で見られるが、牛乳の場合、腐敗しやすいという保管の難しさもあり、「ご当地牛乳」で終わっていることが多い。ここには生乳輸送の課題もあわせて考える必要があるが、牛乳の消費拡大とその方策のひとつである「生乳のブランド化」には、牛乳の流通を効率化、弾力化してくことが求められる。

究極的にはコーヒー豆のような産地の意識を消費者にもってもらうことが必要で、産地の特徴を理解して特徴に応じて消費を拡大していく。そのための宣伝を含めた情報発信や販売戦略等の見直しなど課題は多いが、例えば牛乳を生産する各地域で「税込 100 円ご当地牛乳」を近隣地域へ互いに少数販売することを積み重ね、産地間の味の違いを意識してもらい、消費に反映することも考えられる。

現在の状況は、留美がまとめているように牛乳の生産と流通を確保し、競争に勝ち残った企業が安価な牛乳を販売して、地元産の牛乳の消費を減らし、地元の生乳の生産に携わる酪農家を圧迫してくる可能性もある。牛乳の消費拡大の一方で、「牛乳が酪農家を追い込む」状況を作り出してはならない。

学習問題解決のための体験活動～社会認識の深化のために～

ここまでの学習を終えて、最後に２つの体験

社会科・総合学習通信　「種子島の酪農」　2013年7月19日（金）No.16　17日（水）は安田牧場へ行って酪農体験学習をしてきました。

酪農体験学習（安田牧場）〔7月17日（水）〕

ブラッシング

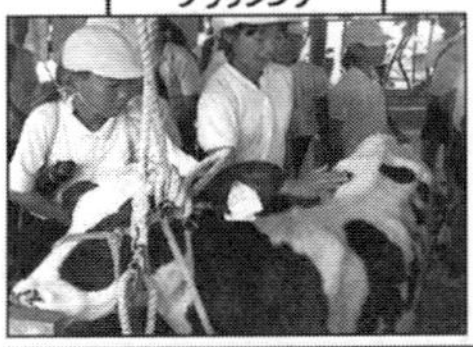

子牛にミルクを与える

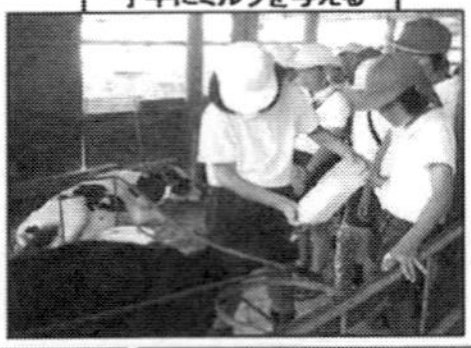

心音を聞く

F1に耳標をつける

・牛をさわってみると，あたたかくて，ふわふわして気持ちよかったけど，手を見ると毛がついていてびっくりしました。（泰雄）
・牛をさわった時は，牛をおどかさないように落ち着いてさわりました。牛は何一つおどろきませんでした。いろんなエサやいろんな役割を教えてもらいました。酪農家は大切に牛を育てているんだなあと思いました。（里佳子）

・F1 はミルクをすう力が強くてすいこまれそうでした。ミルクを飲んでも飲足らず，人の手をなめます。手をなめられた感しょくは舌がザラザラしていて気持ちよかったです。ホルスタインのふんはドロドロしていて，どうしたら肥料になるか不思議です。（郁美）

・体験活動では牛の心臓の音を聞かせてもらいました。人間の心臓の音と全然ちがい，とてもびっくりしました。また心臓の音を聞くと，命の大切さがじわ～っと心にしみました。一しゅん，かわいそうに思ったけど，「一生人間の役に立ってくれているから私も何かできることはないかな。」と思いました。（弓香）

・私は牛ってすごいなあと思いました。それはいくら産まれて 1 週間でも，トレーサビリティのようなものを耳につける道具を見るだけで，逃げるからすごいなあと思いました。（帆夏）

・安田牧場で私が知ったこと。①牛の歯は下しかない。②黒牛にミルクを飲ませる。③心音の流れ。④牛のまつ毛は長い。⑤牛や小屋にはたくさんハエがついていた。⑥黄色い札を耳につける。⑦牛は産まれて 40 日ぐらい経つと角を焼かれる。今日知ったことがたくさんありました。1つめは子牛のきゅう引力の強さです。牛の一生けん命な姿に心打たれました。それと心音の流れは,牛特有でした。体中に血が行き渡る「ザーズッ」という音，血を送るために脈打つこと，どれもすべて牛だけの特長でした。3 つめは長いまつ毛です。まばたきをするたびに「シパシパ」と音がするようでした。さらにおどろきだったのは，耳に穴をあけることです。一しゅん牛があばれたのでかわいそうだなと思いましたが，人間といっしょですぐに終わるとまたおとなしくなりました。最後に角が焼かれることです。角を焼いたらとても痛いはずです。私はえらい動物だから「牛」と呼べないような気もしてきました。
　私は今回の活動を通して改めて酪農家の大変さを知りました。けれど「かわいそう」とは思いません。むしろ幸せそうに思えました。「なぜそう思うのか？」と聞かれると，あまり答えにくいけれど，今までの考え方がだいぶ変わったと思います。それと牛のえらさを知りました。今日，大きな自然にふれてみて，牛の心臓の音を聞いてみて，とても牛が好きになりました。牛は私たちみんなが見に来ても素直にうんこをしたり，尿をしたりして，私は牛みたいに素直でやさしい，一生けん命に生きる人間になりたいと思いました。牛の様子を見て，そして一生けん命に生きる姿を見て，「牛さん，いつも私たちに牛乳を飲ませてくれてありがとう。牛肉を食べさせてくれてありがとう。そして今日，私たちをやさしくむかえてくれて本当にありがとう。これからも私たちの生活の中で必要な存在でいてね。」と心から思いました。これからはもっともっと酪農家さんにこの感動を与えてあげたいなあと思いました。（百合）

活動に取り組むことにした。子どもたちはこの体験活動を通して、学習してきたことを各自が位置付け直すことになる。そのことが子どもの社会認識をさらに深めることにつながる。

体験活動 1「乳牛とふれあおう」（2 時間）〔7 月 17 日（水）〕

心音を聞いた弓香は、次のようにまとめた。（通信 No.16）

> 体験活動では牛の心臓の音を聞かせてもらいました。人間の心臓の音と全然ちがい、とてもびっくりしました。また心臓の音を聞くと、命の大切さがじわ～っと心にしみました。一しゅん、かわいそうに思ったけど、「一生人間の役に立ってくれているから私も何かできることはないかな」と思いました。（弓香）

百合は次のようにまとめをしめくくった。

> 私は牛みたいに素直でやさしい、一生けん命に生きる人間になりたいと思いました。牛の様子を見て、そして一生けん命に生きる姿を見て、「牛さん、いつも私たちに牛乳を飲ませてくれてありがとう。牛肉を食べさせてくれてありがとう。そして今日、私たちをやさしくむかえてくれて本当にありがとう。これからも私たちの生活の中で必要な存在でいてね」と心から思いました。これからはもっともっと酪農家さんにこの感動を与えてあげたいなあと思いました。（百合）

体験学習 2「種子島牛乳」を使って、「種子島バター」を作ろう（1 時間）〔7 月 18 日（木）〕

子どもたちは、7 分間のシャッフルにも耐え

社会科・総合学習通信　「種子島の酪農」　2013年7月19日（金）No.１７

酪農体験学習（安田牧場）〔7月17日（水）〕

・牧場に着いて最初に見せてもらったことは，サイレージができるまでのことでした。最初にかれている草を機械で集めて，次に別の機械で，丸まった草を機械に乗せて，そしたら丸まった草が少しずつ回って 50ｃｍぐらいの白いラップでどんどんまかれていきます。そして全体をまいてもまだ止まらず,少したってから止まりました。時間をかけてサイレージの１つができてすごく感動しました。（寛太）

・安田さんの話を聞いて思ったことはたくさんあります。まずは４台の機械のことです。４台の機械の名前はラッピングマシーン，モア，テッター，ロールバーラーの４種類です。モアは草をたおす機械でテッターは草を混ぜる機械です。乾燥させながらよせます。ロールベーラーは草を丸める機械です。ラッピングマシーンはロールベーラーで丸めた草をラップでまきます。あとすごいことは安平さんのことです。安田さんは捨てられた機械を使えるようにするのがとてもすごいです。「もし４台の機械を買ったら，家１けんや２けんのお金が必要」と言ってました。（光輝）

・サイレージの草だけを混ぜるんじゃなくて外国の草も混ぜて食べさせているのは分かっていました。外国から送ってきた草はいいにおいだったので食べてみるとあまりおいしくありませんでした。他にもエサをかき混ぜる機械やその他いろいろありました。大きなせん風機はうるさかったけれど，あれでハエなどを飛ばしていて，うるさいけど大切な機械なんだなあと思いました。（彰）

・私が今日，安田牧場に行って初めて知ったことは，牛はサイレージというエサを食べるけど，その他にもあるということです。それはイタリアン，アルファベール，ビート，ビタミン剤です。アルファベールは緑で，イタリアンは普通の干し草みたいな物でした。でもにおいはアルファベールの方が強かったです。（帆夏）

・エサは99%がアメリカからの輸入で，エサの中にはビート（砂糖大根）のしぼりかすが含まれていることでした。ぼくは酪農家の仕事を改めて知って大変だと思いました。（勇介）

・ぼくは初めて安田牧場に行きました。牧場に着いて歩いていたら，ちょっとくさくて言葉に出そうになったけど，「牛は人の言葉が分かる」ということを思い出してがまんしました。でもちょっと慣れてくると平気になりました。ホルスタインが産んだ黒牛がいました。まだ子どもでした。黒牛を「F1」と言うそうです。ぼくは「かっこいい名前だなあ。」と思いました。F1 が指をなめてきました。最初はこわかったけど，気持ちよかったです。なかなかできない体験だったのでとてもよかったです。（竜司）

・安田さん，奥さん，孝之さんのお母さんの３人で酪農をがんばってほしいです。（亮介）

・私が安田牧場で安田さんに聞いて初めて知ったことは，牛はエサを食べた後にちゃんと寝かせないと夕方の乳が出ないということです。それと私が「すごいな。」と思ったことが一つあります。ふつう機械を買うとすごくお金がかかるけど，安田さんは人がもう使わなくなった物を少し取りかえたりして，また使うということにびっくりしました。私はお金をいっぱい使わないように自分で工夫してするなんてすごいなと思った。それとエサを作るだけでもたくさんの機械をつかうのだなと思った。そして牛が食べた物を一回出して，もう一回食べるところを見ることができたのでよかったです。（明菜）

ておいしいバターを作って、地元の菓子店が作る食パンにぬって食べた。

私は今日が楽しみでたまりませんでした。だって「バター作り」をするんですから！予想ではふるのは５分くらいかなと思っていたけど、実際は７分でした。「ものすごくつかれたら、ちょっと休む」を続けました。ちゃんとバターになっていたので、すごいと思いました。パンにたっぷりぬってひと口食べてみると、牛乳の味が口いっぱいに広がっておいしかったです。自分で作ったバターを自分で食べたのは初めてだったので、すごくうれしかったです。安田さんが「家でも作ってみてくださいね」と言っていたので「いつか作ってみたいなあ」と思いました。すごくたのしい経験になりました。（里佳子）

この活動では、最初に県の酪農協会の高月さんから、子どもたちが考えた学習問題３「乳牛や乳量が増えているのに酪農家が減っているのはなぜか？」についての「答え」を示してもらった。

「答え」には、「酪農家戸数が減っている原因」として「牛乳の消費量減少による影響」と「牛乳の生産コスト（牛乳を生産するために必要なお金）の増加」が示され、これらに高齢化と後継者不足が関わっていることが説明された。またそうした中で「消費量が減ったり、コストがかかって収入が減るということに対し、頭数や生産量を増やすことにより酪農家を何とか支えているのが現状」と説明された。

これは子どもたち全員が聞いた話であったが、このことについてまとめたのは数名だった。

弓香と百合のまとめを紹介する。（通信No.18）

社会科・総合学習通信　「種子島の酪農」 2013年7月23日（火）No.18

バター作り体験学習〔7月18(木)〕

18日（木）は，県の酪農協会の本田さん，高月さん，熊毛支庁の川本さん，そして安田さんを迎えて野間小学校の「緑の教室」でバター作り体験活動をしました。

【材料】・食塩
・乳脂肪4.8%の生クリーム
・種子島牛乳（乳脂肪3.6%）
・シャッフルする容器
・高村菓子店の食パン

【作り方】
①生クリーム2に対して牛乳1の割合で容器に入れ，塩を少し加えて，7分間シャッフルする。

【7分間シャッフル】
笑ってシャッフルできていたのは最初の数分間だけでした。

最初に県酪の高月さんから学習問題3「乳牛や乳量が増えているのに酪農家が減っているのはなぜか？」の答えを教えてもらいました。

・5時間目にバター作りがありました。わざわざ西之表の方から3名と安田さんが来てくれました。最初に学習問題3の答えを高月さんが教えてくれました。みんなの予想は合っていたけど，一番大切なのは，私たちみんなが牛乳をたくさん飲んで酪農家を減らさないようにすることだということを学びました。（弓香））

・バター作りの前にこの前の総合の答えが出ました。この前の出た意見は，ほとんどいい線をいっていました。今，ぼくにできるのは牛乳をたくさん買って飲むことなので，飲みたいです。（朝雄）

・今日あったバター作りで私は「答え」を知りました。酪農家が減るのは，後つぎ・高齢化・お金・検査，いろんなことが重なってやめてしまう酪農家が増えるということでした。私はこのことについて，酪農家が減ってしまうのは仕方がないのではないかと思いました。その理由は2つあります。
1つ目は酪農家もいっぱい，いっぱいだからです。牛たちの世話をするのもとても大変だとこの前の見学で知っていたからです。2つ目はお金の問題があるからです。いい牛で1年間に2000万円かせげます。それだけだといいかもしれないと思うかもしれないけれど，それまでにもたくさんのかべがあるんです。エサ代で何十万，機械代で1500万円とかするから。私はこの理由からそんなことを考えました。
ひとつのバターで社会の勉強もできました。今日，一番，思い出に残っているのは，バター作りではなく，高月さんの話でした。（百合）

バター作りの感想

・私は今日が楽しみでたまりませんでした。だって「バター作り」をするんですから！予想ではふるのは5分くらいかなと思っていたけど，実際は7分でした。「ものすごくつかれたら，ちょっと休む」を続けました。ちゃんとバターになっていたので，すごいと思いました。パンにたっぷりぬってひと口食べてみると，牛乳の味が口いっぱいに広がっておいしかったです。自分で作ったバターを自分で食べたのは初めてだったので，すごくうれしかったです。安田さんが「家でも作ってみてくださいね。」と言っていたので「いつか作ってみたいなあ。」と思いました。すごくたのしい経験になりました。（里佳子）

5時間目にバター作りがありました。わざわざ西之表の方から３名と安田さんが来てくれました。最初に学習問題３の答えを高月さんが教えてくれました。みんなの予想は合っていたけど、一番大切なのは、私たちみんなが牛乳をたくさん飲んで酪農家を減らさないようにすることだということを学びました。（弓香）

今日あったバター作りで私は「答え」を知りました。酪農家が減るのは、後継ぎ・高齢化・お金・検査、いろんなことが重なってやめてしまう酪農家が増えるということでした。私はこのことについて、酪農家が減ってしまうのは仕方がないのではないかと思いました。その理由は２つあります。

１つ目は酪農家もいっぱい、いっぱいだからです。牛たちの世話をするのもとても大変だとこの前の見学で知っていたからです。２つ目はお金の問題があるからです。いい牛で１年間に2,000万円かせげます。それだけだといいかもしれないと思うかもしれないけれど、それまでにもたくさんのかべがあるんです。エサ代で何十万、機械代で1500万円とかするから。私はこの理由からそんなことを考えました。

ひとつのバターで社会の勉強もできました。今日、一番、思い出に残っているのは、バター作りではなく、高月さんの話でした。（百合）

弓香は改めて「牛乳の消費拡大」の必要性をまとめ、百合は「酪農家減少」の現実を何とか自分なりに納得しようとしていた。

そして「種子島の酪農」の学習を終えるこの体験活動で、和代は「あのバターのおいしさのひけつは、やっぱり種子島で作った牛乳だから出来る味なんだと思いました」とまとめ、彩夏

社会科・総合学習通信　「種子島の酪農」　2013年7月23日（火）No.19

バター作り体験学習〔7月18(木)〕

あのバターのおいしさのひけつは，やっぱり種子島で作った牛乳だから出来る味なんだ。（和代）

・私は今日のバター作りで思ったことがありました。それはあんなにおいしいバターが手軽に作れるということです。私は家でもやってみたいと思いました。**あのバターのおいしさのひけつは，やっぱり種子島で作った牛乳だから出来る味なんだと思いました。（和代）**

・白いよう容器に入れて７分間ひたすらシェイクしました。うでがとっても痛かったです。でも出来上がったバターをパンにぬって食べると，とってもおいしく，うでの痛みが消えているような気がしました。自分たちで作ったバターは，お店の味じゃなくて，白い色をしていて，やさしい味がしました。今日はとっても楽しかったし，貴重な体験ができてよかったです。（彩夏）

・県酪農協会の高月さん，熊毛支庁の川本さん他４名の方とバター作りをしました。バターは牛乳，塩を入れ，７分ぐらいふりました。私は「まだなの～。」とか「手が痛い」とか言いながらもがんばりました。先生が「もういいよ。」と言ったので開けてみました。「わあ，すごい。」と思いました。パンにつけておいしかったです。私はバター作りをして，「牛乳にはとてもすごい力があるのではないか？」と思いました。（恵理子）

・私がバター作りをして思ったことは，「つかれた」，「手が痛い」，「楽しい」，「またやりたいなあ」と思いました。７ 分間，バターになるまでふり続けました。とても大変で手やうでがとても痛くなりました。その後の食パンとバターはとっても合っていて，おいしかったです。食パンのふわふわ感は，ぜつみょうにおいしい。そこにのっけるバターの「とろっ」，「ふわっ」。本当に相性バツグンでした。やり方は覚えたので，また家でも手を痛めながら，手作りバターを作って家族に食べさせてあげたいです。安平さん，県酪農協会，熊毛支庁の方々，本当にありがとうございました。（みどり）

・今日，バター作りを初めてしました。バターを食べるのも初めてでした。私はバターはかたいと思っていたけど，ドロドロしていました。牛乳の味がしました。おいしかったです。お母さんが作った食パンもおいしかったです。おうちでもお母さんとバターを作りたいです。作り方をお母さんは知らないので，お母さんに作り方を教えて，弟もいっしょに作りたいです。（弥生）

・バター作りをして思ったことは，「バター作りは大変だ」ということです。７ 分間ずっと手をふっていたので，すごく手が痛くなりました。でも出来上がると，手の痛みがなくなりました。最初は上手にできているか心配だったけど，ふたを開けるとバターがちゃんとできていたので，すごくうれしかったです。においもあまいにおいがして，できたてのふわふわのパンにつけて食べると，すごくおいしかったです。（明菜）

・ぼくがバター作りをして思ったことは，まず，する前にうまくできるかどうかがとても不安でした。だけど高月さんからバターの作り方を聞いて，「なんだ，簡単だな。」と思ってとても安心しました。しかし７分間ふるというものだったので，とても大変でした。と中で友達と交代でふって，少し楽になってとても楽しかったです。食べる時は，焼き立てのパンにつけて食べました。ぼくは焼き立てのパンだけでも，もちもちしていておいしいのに，バターをつけたらどれだけおいしくなるのか，とてもワクワクしました。そして食べてみると，もちもちであまい感じで，とってもおいしかったです。バターはあまるほどあったので，たっぷりパンにぬって食べておいしかったです。また夏休みにも牛乳に生クリームと塩をまぜてバターを作りたいです。（勇介）

・牛がいたから，こんないい経験ができるんだなあと思いました。牛にお礼を言いたいです。（由紀）

・バター作りはこういう人のおかげでできる。もちろん見学，チーズ作りも全部。一番重要なのは，「牛」です。この「牛」という名に感謝して，これからも牛乳を飲みたい。（帆夏）

・今日の ５ 時間目にバター作りがありました。材料は塩を少し。牛乳１に倒して，生クリームは２でした。「こんなに少ない材料でバターが作れるなんてすごい。」と思いました。７分もふっていましたが，４分は楽々ふっていました。４分を過ぎてから手が痛くなりました。「材料はすくないけど，ふるのに時間がかかるんだ。」ということを知りました。味は生クリームの味でしたが，触感は生クリームよりやわらかく，口の中で「シュー ッ。」ととけるような感じでした。（美浦）

は「私は自分たちでできることから酪農家の人たちの後ろに立ちたいと思いました」と締めくくった。

私は今日のバター作りで思ったことがありました。それはあんなにおいしいバターが手軽に作れるということです。私は家でもやってみたいと思いました。あのバターのおいしさのひけつは、やっぱり種子島で作った牛乳だから出来る味なんだと思いました。（和代）

私がやりたいなと思ったことは、「牛乳をたくさん飲む」ということです。背も高くなるし、酪農家の人たちも助かると思ったからです。私は自分たちでできることから酪農家の人たちの役に立ちたいと思いました。（彩夏）

知識の総合化としての学習のまとめ

一連の学習を終えた感想をふたつ紹介する。結論は同じでも、百合は次のようにまとめた。（通信 No.21）

５年生の一番最初に習った「種子島の酪農」は、私が一番思い出に残っています。「種子島の酪農」というと「種子島 3.6 牛乳」という、緑のロゴの高いマイルドな牛乳を思いました。まずそれ以外は頭に知識がなかったからです。そんな私は今は世界で有名な牛の科学者「Yuri」になっています。知識はまず一番は牛の一生です。前、安田さんの牛を見たときの感動は、まだ忘れません。一生けん命に生きるあのすがたを今でも覚えています。それと２つ目は酪農家が減ってきていることです。すべての酪農家さんは一生けん命に牛の世話をし

社会科・総合学習通信　「種子島の酪農」　2013年7月23日（火）No.20

「種子島の酪農」を学習して

私は自分たちでできることから、酪農家の役に立ちたいと思いました。（彩夏）

・ぼくは「酪農」というものを初めて知りました。実はこの学習をするまで，牛乳は牛の乳をそのままパックにつめていると思っていました。でも調べてみると，工場へ行ってきびしい検査を受けてから出荷されているということが分かりました。あと牛のエサにもこだわっていて，アメリカや外国からわざわざ輸入していてすごいと思いました。ぼくはとても牛乳好きです。でもお茶やジュースもたまに飲みます。でも牛乳をいっぱい飲みたいと思います。（晃成）

・ぼくがこの「種子島の酪農」を勉強して分かったことはたくさんあります。その中でも特におどろいたのは，牛は胃ぶくろが４つあることや，ぼくたちが牛乳を買わないと酪農家は続けられないということと休みがあまりないということです。酪農家は消費者が買ってくれないとお金が回って来ません。買わなかったら，やめる酪農家が出てきます。今，やっている酪農家ががんばってほしいと思います。そのためにいっぱい牛乳を飲んで，いっぱい生産してほしいと思います。そして酪農家が減ってほしくないと思いました。（寛太）

・まず私が分かったことは，牛乳はきびしい検査に合格してやっと出荷されることでした。私はそんなことも知らずに牛乳を飲んでいたので，今思うと申し訳ない感じがします。感じたことは，牛乳がないとおいしいお菓子も作れないし，背も伸びないので牛乳が今なかったら，とてもいやです。でも酪農家がいるおかげで，今，牛乳もあって，おいしいお菓子とか作れるんだと思います。（里香）

・私は酪農のことを何も知りませんでした。たくさん勉強していく中で，分かることが増えてきました。機械は進んでいるけど，お金が高くて買えない酪農家さんも出てきているので，かわいそうだと思います。私は今まで牛はいあやだなあと思っていました。かまれそうでこわかったからです。でも酪農の勉強をするようになってから，牛はがんばり屋さんで感心だなあと思うになり，牛のこわさはふっとんでいきました。牛乳の消費が落ちているので，やめたいと思う酪農家さんがいると思いますが，私たちがいっぱい飲むので，安心してください。（亜紀）

・酪農の勉強をして分かったことは，牛を育てるにはたくさんのお金がいること，検査がきびしいこと，エサは99%が外国から来ていること，お茶やジュースのせいで牛乳の消費が減ってきていること，酪農家をやめるには，こんなことがあるんだなと思った。牛乳の消費を上げるために店でなるべく牛乳を買って，酪農家さんを助けたいです。これからもおいしい牛乳を飲みたいので，酪農を続けてほしいです。（陸）

・ぼくはこれまで酪農家の仕事を勉強して分かったことがたくさんあります。１つ目は牛はリズム感がある動物だということです。牛にリズム感があるから，酪農家は朝，牛よりも早く起きなければなりません。だから酪農家は朝から夜までいそがしいのです。２つ目は機械のことです。じいちゃんの機械は平成元年のものだということです。新品だと 500 万円ぐらいはするかもしれません。だからじいちゃんは大切にしていることが分かりました。これまでいろいろとありがとうございました。（孝之）

・私がやりたいなと思ったことは，「牛乳をたくさん飲む」ということです。背も高くなるし，酪農家の人たちも助かると思ったからです。**私は自分たちでできることから酪農家の人たちの役に立ちたいと思いました。（彩夏）**

・最初，酪農の学習をする時，ぼくは「めんどくさい」と思っていました。けれどどんどん学習をしていくと，たくさんの機械，検査，牛の数が分かり，肉用牛のことも少し教えてもらいました。前の学習では酪農体験をさせてもらい，酪農への興味をもち「めんどくさい」という気持ちなんかなくなっていました。バター作りを体験させてもらって分かったことは，牛乳は飲むだけではなく，たくさんの食料にも使っていて，牛乳や牛はすごいなという興味をもたせてくれた牛に感謝しています。（健吾）

ています。「牛が命」で「牛への愛」です。でも牛さんは世話をやかせます。しかしこれを絶対に牛のせいにしてはいけないんです。なぜなら牛だってお世話がいるからです。牛とはそのような生き物であることを酪農家は知っていてやめるのです。牛は大好きでしょうがないけれど、酪農家はとても大変です。１頭の乳牛の１年間の収入がよくても2,000万円。でもそのうちの７割は使わなくてはいけないのです。しかもきびしい検査や高齢化で、私は酪農家がいなくなるのはしょうがないと思います。だからこそ、もっともっと牛のことをよく知ってもらい、どんどん酪農家を増やしていったらいいんじゃないかと思います。私は酪農の勉強をしてそう思いました。
（百合）

百合は「すべての酪農家さんは一生けん命に牛の世話をしています」としながらも、「酪農家がいなくなるのはしょうがない」としている。その理由として「経費」と「きびしい検査」と「高齢化」を挙げている。それはこの学習でずっと問い続けてきた学習問題１から４の中で、何度も考えてきたことだった。しかし、百合の結論は「だからこそ、もっともっと牛のことをよく知ってもらい、どんどん酪農家を増やしていったらいいんじゃないかと思います。私は酪農の勉強をしてそう思いました」と締めくくっている。これは酪農をめぐる厳しい経営環境を理解しながらも、「もっともっと牛のことをよく知ってもらい」という手段によって酪農家が増えていく展望をもったことを意味している。「もっともっと牛のことをよく知ってもらい」とは、百合自身がこの学習を通して体験してきた牛と酪農への理解を示している。その理解を他者と共有することが、酪農家を増やしていく展望として示している。

社会科・総合学習通信 「種子島の酪農」 2013年7月23日（火）No.21

「種子島の酪農」を学習して

牛乳は，牛への愛，人々への愛でおいしい。（帆夏）

・私は酪農のことを学習して「牛乳は奥深いなあ。」と強く思いました。牛乳は日常の生活でもあまり飲みませんでした。飲むのは学校ぐらいでした。けど，牛乳の作り方，悩みなどを聞いて「これはもっと飲まなくちゃ。」と思いました。前まで牛乳は最後に飲んでいましたが，今では最初に飲むようにしています。もっとたくさん飲んで牛乳を好きになりたいです。（里佳子）

・私は何事もそうだと思うけど，たくさんの人ががんばっていることが分かりました。「牛や酪農家さん，工場などたくさんの人がいて，牛乳を飲むことができて，私たちが成長していくんだなあ。」と思いました。牛乳のことについて調べてみるのは奥深かったです。たくさんの人に感謝して牛乳を飲みたいです。（歩美）

・私が酪農の学習をして感じたことは，牛は酪農家のためにいろいろ働いてくれて，働いてくれる牛のために酪農家が働く。その繰り返しなんだと思いました。もう一つは，酪農家が減っている原因はひとつに限られなく，いくつもあるんだということです。この酪農についての勉強はずっと覚えておきたいと思います。（和代）

・酪農の学習をして良かったことは、私たちが毎日飲んでいる牛乳を苦労して，しかも工夫して作っている人がいることを，その人たちに来てもらったり，行ったりして体験することができたことです。消費者がいなくて，酪農家が減ったら私の好きな牛乳が飲めなくなるから，そうならないように牛乳をたくさん飲んで体を丈夫にしたいです。（弓香）

・５年生の一番最初に習った「種子島の酪農」は，私が一番思い出に残っています。「種子島の酪農」というと「種子島 3.6 牛乳」という，緑のロゴの高いマイルドな牛乳を思いました。まずそれ以外は頭に知識がなかったからです。そんな私は今は世界で有名な牛の科学者「Yuri」になっています。知識はまず一番は牛の一生です。前，安平さんの牛を見たときの感動は，まだ忘れません。一生けん命に生きるあのすがたを今でも覚えています。それと２つ目は酪農家が減ってきていることです。すべての酪農家さんは一生けん命に牛の世話をしています。「牛が命」で「牛への愛」です。でも牛さんは世話をやかせます。しかしこれを絶対に牛のせいにしてはいけないんです。なぜなら牛だってお世話がいるからです。牛とはそのような生き物であることを酪農家は知っていてやめるのです。牛は大好きでしょうがないけれど，酪農家はとても大変です。１頭の乳牛の１年間の収入がよくても 2000 万円。でもそのうちの７割は使わなくてはいけないのです。しかもきびしい検査や高齢化で，私は酪農家がいなくなるのはしょうがないと思います。だからこそ，もっともっと牛のことをよく知ってもらい，どんどん酪農家を増やしていったらいいんじゃないかと思います。私は酪農の勉強をしてそう思いました。（百合）

・安田さんの真剣な説明を聞いて，ぼくは，安田さんは本当に牛のことが好きなんだなあと感じました。

「酪農家が困っていることは４つある。」と言いました。お金，高齢化，消費，検査など他の農業とそっくりなことでした。ぼくはいろいろな人に教えてもらってありがたいと思ったので，次はぼくが恩返ししないといけないなと思いました。（史也）

・「種子島の酪農」を勉強して分かったことは，人々への愛，それから牛への愛が必要だということです。**「牛乳は牛への愛，人々への愛でおいしいのだ。」と改めて感じました。**酪農家さんは牛への愛がなければ育てることができません。でもそれだけではありません。人々への愛というものもなければなりません。なぜなら牛が好きでも，「飲んでもらいたい」，「食べてもらいたい」という気持ちがなければ，本当の酪農家さんとは言えないと思うからです。「何で酪農をやめるのだろう。こうして喜んでもらえているのに…。」とみなさんは思いますが，酪農家は，「消費」，「後つぎ」，「お金」，「高齢化」の問題で減っているのです。これからも牛乳をたくさん飲みたいと思います。（帆夏）

帆夏は最後のまとめで、少しがんばった精一杯の言葉でまとめた。

> 「種子島の酪農」を勉強して分かったことは、人々への愛、それから牛への愛が必要だということです。「牛乳は牛への愛、人々への愛でおいしいのだ」と改めて感じました。酪農家さんは牛への愛がなければ育てることができません。でもそれだけではありません。人々への愛というものもなければなりません。なぜなら牛が好きでも、「飲んでもらいたい」、「食べてもらいたい」という気持ちがなければ、本当の酪農家さんとは言えないと思うからです。「何で酪農をやめるのだろう。こうして喜んでもらえているのに…」とみなさんは思いますが、酪農家は、「消費」、「後継ぎ」、「お金」、「高齢化」の問題で減っているのです。これからも牛乳をたくさん飲みたいと思います。（帆夏）

帆夏は百合の「牛への愛」という言葉をもち続けていた。それを学習のまとめとして、酪農家がやめる原因を「『消費』、『後継ぎ』、『お金』、『高齢化』の問題」としながらも「牛乳をたくさん飲みたい」という結論に導くために、酪農家の生産者としての働きを評価し、そこに「牛への愛、人々への愛」があるとしてまとめた。これもこの学習でずっと問い続けてきた学習問題１から４の中で、何度も考えてきたことを再構成したまとめとなっている。

実践のまとめ

① 地域の酪農から日本の農業を考える

５年生の社会科や総合学習の実践で地域の産業を取り上げるのは、地域の産業そのものを追

12月7日(水)はまとめでした。

夏のサトウキビ畑

総合学習通信　「種子島のさとうきび」 2011年12月16日（金）Ｎｏ２１

～さとうきびから砂糖へ～

学習問題3：種子島のさとうきび作りが盛んになっていくために大事なことは何か？

種子島のさとうきび産の砂糖

「盛ん」に結びつくこと

私は何について考えたかというと「さとうきび作りが盛んになっていくためには」ということです。まず「盛ん」と結びつくのは「後つぎ」のことだと思います。「後つぎ」，つまり，している人がいないと盛んにはならないと思います。次に「盛ん」に結びつくのはTPPのことだと思います。日本がTPPに反対すれば，外国との関係が悪くなり，輸入が減る。輸入した外国の物は安全とは言えない。外国との信頼関係がなくなるということです。もし輸入がストップしたら，外国の物が手に入らなくなるということです。**だから日本は食料自給率を高めないと思います。自給率を高めるには，国産の物を買わないといけないと思います。**でも，やっぱり外国産の方が安いから，それはちょっと難しいかなと思います。さらに**「盛ん」になっていくためには，やはり「お金」のことだと思います。**私も前，書いたように機械代なども高いからです。（かおり）

みんなが幸せになる方法

農家が生産したさとうきびを砂糖にするため工場に送る。さとうきびをまず粗糖にする。その粗糖は外国から輸入したものもある。その輸入したものには関税144%がかかっている。TPPに入ると，その関税がなくなり，農家へのお金が減ると習った。**そしてそのTPPに入るかどうか迷っている。私は反対。**TPPに入ると，農家へのお金が減ってしまうし，輸入品ばかり安くなってしまい日本産が少なくなってしまうから，都会の人は安くなってほしいと思っているみたいで，賛成の人もいるみたいだけど，他の人のことも考えてほしい。TPPに入ると農家の人が苦しくなるけど，TPPに入らなかったら輸入品は安くならない。**だからTPPに入らず，農家の人も都会の人も幸せになる方法を考えた方がいいと思う。自分の考えでは「ためにし入ってみる」です。真由美さんは「そんな甘いことじゃない」と言っていたけど，みんなが幸せになるため，そこはがんばんなきゃいけなし，何か問題なっていいたら，まず行動しないと何も始まらないので，TPPに入って，本当に入ってもいいかためしてみてもいいと思う。**（理恵）

TPPとわたしのくらし

まず，輸入についてです。砂糖の輸入は少ないですが，多くは粗糖を輸入するそうです。だからTPPに入ってしまうと，粗糖が輸入されても交付金がなくなって安くなるので，多分，種子島の粗糖は売れなくなると思います。だからTPPに賛成の人は，種子島がなくなってもいいと思っていることと変わりありません。その話で「じゃあ，国産のものを日本全体が買えばいい」という意見がありましたが，私の思うには，日本全体の人が買うのは難しいと思います。だから「TPPに入ってやめればよい」などという，**あやふやな答えで入ってはいけないと思います。日本人は，やっぱり安いものを買いたくなるものです。だからTPPに入ってしまうと安いものづくしで，国産のものがどんどん減ってしまいます。だからTPPはやめた方がいいと思います。**私は輸入品をなるべく買わないようにしていますが，やっぱり安いものを買う時もあります。でもTPPに入ってしまうのは，私の家族にとっては，お金が入らなくなってしまいます。「TPP問題は日本全体で考えるべき」そう思います。まだTPPの話し合いに参加するだけです。これからも反対し続けたいです。農家の人々も自分の作った野菜やさとうきびを地元の人に食べてもらいたいと思います。だからこそ，TPPをやめた方がいいと思います。（舞）

後つぎ問題が先

後つぎ問題は昔からある問題です。TPPより深刻かはわかりませんが，僕は深刻だと思います。なぜなら，農家の子どももサラリーマンなどで働いていると思うからです。**このままでTPPに反対しても，農家がいないなら意味がないと思います。後つぎ問題は簡単じゃないと思うけど，それからやった方がいいと思います。**（孝太）

種子島の大事な作物サトウキビ

さとうきびは台風などに強い防災作物で，暖かいから種子島で育てられます。**そんな種子島にとって，とっても大事な存在のさとうきびはなくなってはいけないと思います。**そのためにも後つぎを増やして，自給率を上げるために周りの人たちも支えてあげれば，たくさん生産できて値段も安くなると思います。（美恵）

究しながら、その追究の過程で日本の産業に目を向ける必然性に対面させることで、この実践でも目標に掲げた「地域の酪農業についての学習を通して、日本の酪農業との共通性を見つけ出して、理解する」などの社会認識を深めることにつながるからである。

学習問題4「酪農家が減らないようにするためには、どうすればよいか？」を考えた時に、社会科の米生産農家で学習した視点をみんなで出し合い、種子島という地域でも日本でも農業に共通の課題があると知り、現実の取り組みの事実を通して解決策を考えることができた。

酪農家の安田さんの話を聞いた史也は、「『酪農家が困っていることは4つある』と言いました。お金、高齢化、消費、検査など他の農業とそっくりなことでした」と記し、酪農家の抱えている課題が、社会科の農業学習で学習したことと共通の課題であることに改めて気がついた。そうしたものの見方が「社会科・総合学習通信」を使った授業を通して、他の子どもたちにも共有された。

② 酪農家の現実から展望をひらく

牛乳の消費が減り、牛乳生産のコストがかかって収入が減るという現実の中では、1頭当たりの乳量を増加させていき、飼養頭数を増やすことがコストの分散につながる。種子島の酪農から見える農家の姿は、このような生産の合理化を進める姿であった。このように、多くの課題に直面しながらも牛乳生産への努力を続ける酪農家の姿を子どもたちに見えるようにすることが、酪農の理解にとって重要である。

そのためには、「酪農家の願い」や「悩み」を教育内容に位置付けておくことが必要になる。この「種子島の酪農」の実践でも子どもたちは酪農家が抱えている課題をいくつも調べ、指摘した上で、酪農家への共感を深めていった。その結果として共通に表現されたものが、「牛

12月7日(水)はまとめでした。

総合学習通信　「種子島のさとうきび」 2011年12月16日（金）No22

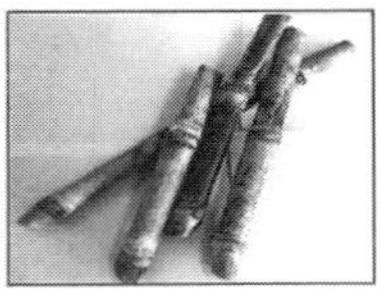

学習問題3：種子島のさとうきび作りが盛んになっていくために大事なことは何か？

「気持ちの問題」と農家の強さ

まずはTPP問題です。私は，おじいちゃんに反対か賛成か聞いてみました。やっぱり反対でした。じいちゃんはさとうきびを作っています。芋も作っています。「外国からの安いさとうきびが来ると，さとうきびは売れなくなってしまう。」と言ってました。私の考えは，TPPに入ると，安いさとうきびしか売れなくなり，農家の人たちがやめていってしまいます。そこで真由美さんの意見に少し賛成です。しかし，それは少し無理なのかと思います。**真由美さんの意見を聞いていたら，どんどん「気持ち」の問題もあるのかと思いました。農家の人はほとんどがお年よりなので，若い人があまりいません。だからTPPに入ると，なおさらいけないのだと思いました。TPP問題は後つぎ問題にかかわることなのだと思いました。それと同じく「気持ち」もTPPとかかわることなのだと思いました。**理由は悠太君といっしょで，「国がもう少し，国のことを考えなければならない」というのに賛成です。私はTPPには必ず「気持ちの問題」が大切なんだと思いました。東京の人は賛成へ，農家の人は反対だけど，**その中にも東京の人が反対，農家の人が賛成というのもあると思います。**それではなかなか決まらないけど，前も言ったように**自分たちのことしか考えてない，考えられないということが結果なんじゃないかと思います。**気持ちは一番大切だと思うので，よく考えてほしいです。そしてTPPに入ると輸入品が安く来て，それを買うか買わないかを決めるのは自分たちで，そこで私も「気持ちの問題」は大切だとおもいました。**TPPはやはりお金です。**安いものばかりついつい自分も買ってしまう時があります。国産を買おうとしても，やはり外国産を買うのがくせになってしまい，あまり地元産を食べない時があります。気をつけて食べたいです。なぜなら外国産は安いけど，薬を使っているので，私としては安心して食べられません。地元産は高いけど，安心して食べられます。だから私は地元産がいいです。そして種子島のさとうきびはしぼったり，いろいろして粗糖になります。それを大阪の工場に持って行っていろいろな砂糖になります。**私はさとうきび農家は，いろいろな問題をかかえているけど，堂々としているのが，すごいと思いました。うらはぼんやりしているけど，表はみんなに笑顔を見せているのが農家の強さをだと思います。**（明子）

日本の文化とTPP

まず，日本の文化とTPPは対立しています。日本の文化を守ると外国との関係が悪くなってしまいます。逆に外国との関係を守ると，日本の文化が失われてしまうかもしれません。この二つは，天びんに乗っていて常にどちらもつり合っていなければなりません。次にTPPと関税のある輸入も似ているけど対立しています。**TPPは「関税のない輸入」と言っていいでしょう。**そう考えると二つは正反対です。日本の文化をとるか，TPPをとるか。TPPをとるか，関税のある輸入をとるか。ひとつ間違うと全部がくずれてしまいます。このかべを日本は乗り越えることができるのでしょうか。日本の農業が発展していくためにも，このかべは最初に乗り越えるべきだと思います。

外国産は本当に安全なのでしょうか。日本のように有機栽培や無農薬の取り組みをしているのでしょうか。例えばアメリカでいうと，1人がもつ畑が日本の何倍という面積です。そんな広い畑に薬をまかないのでしょうか。それからニュースでTPPに入ると，日本の表示にある「遺伝子組み換えではない」という文が消えてしまうかもしれないそうです。そうなると，日本産も外国産と同じように「安全の分からない」食品になってしまいます。私は少し値段が高いですが，国産の安全・安心なものを食べたいです。（あおい）

農家のかかえる問題が先「後つぎと自給率」

私はTPP問題も大事だと思うけど，農家がかかえる問題の方が大事だと思います。**農家には自給率，後つぎなどいろいろな問題があります。先にそっちを片付けた方がいいと思います。**自給率は国産の物を地道に少しずつ日本全体の人が買っていけば，何とかなるだろうけど，後つぎを一気に増やすことは難しいと思うので，後つぎを少しずつ増やしていき，ある程度増えたら，TPP問題のことを中心に考えていけばいいと思います。（弥生）

乳の消費拡大」であった。酪農家の課題を問題解決学習の課題として追究することが、酪農家への共感につながり、酪農への理解を深めようとする自発的な態度につながっていった。

また学習の最後には表現の違いこそあれ、子どもたちは牛乳の消費拡大と後継者の育成を重視する考えを多く出した。子どもらしく新鮮な発想だと感じたのは、勇介がまとめ、百合も同じように考えている発想で、現状では止められない「高齢化」と可能性がある「後継者育成」を分けて考えている点である。

牛乳の生産量は増えるが、お茶やジュースにおされて牛乳の消費が落ち、そしてお金がなくなり、牛のエサが買えなくなります。このような苦労がありながら酪農家はがんばっているんだなと思いました。高齢化はしかたがないけど、後継ぎはもっとたくさん増えてほしいと思いました。（勇介）

牛は大好きでしょうがないけれど、酪農家はとても大変です。１頭の乳牛の１年間の収入がよくても2,000万円。でもそのうちの７割は使わなくてはいけないのです。しかもきびしい検査や高齢化で、私は酪農家がいなくなるのはしょうがないと思います。だからこそ、もっともっと牛のことをよく知ってもらい、どんどん酪農家を増やしていったらいいんじゃないかと思います。私は酪農の勉強をしてそう思いました。（百合）

酪農に限らず、農業の再生に向けての新規参入の取り組みが、各自治体や地域の農業公社等を中心になされている。本当に新規の酪農家が参入できる環境を整え、育成できるようになることが重要である。

総合学習通信　「種子島のさとうきび」 2011年12月16日（金）No23

収穫が始まったさとうきび畑

学習問題3：種子島のさとうきび作りが盛んになっていくために大事なことは何か？

牛のえさになるさとうきびの葉

TPP問題と後つ・輸入問題

私が一番心配している問題は TPP 問題です。TPP 問題とは，今までの関税がなくなるということです。とういうことは，農家の人たちの収入がなくなるということです。ということは，**これから十年後は私たち種子島の宝がなくなってしまうのではないかと考えられます。**農家の人たちには，まだ２つの問題があります。１つは後つぎ問題です。後つぎ問題も深刻な問題です。なぜかというと，若い農家の人がいないと，いずれつぶれてしまいます。なので後つぎ問題は大切だと思います。今の若い人はサラリーマンなどの社会人になり，農家の子どもも農業に入ろうとしていないので農家のピンチだと思います。**農家に入らないのはお金のこともあると思います。**TPP を始めると収入が入ってこない分，生活ができなくなり，苦しくなるということになります。２つ目は輸入問題です。輸入問題はスーパーとかに輸入品が増えるだけと思っている人もいますが，それだあけではありません。外国の物は日本に来るまでに薬品を使っているので，100%安全とは言えません。中国産の物を食べて食中毒なになったというニュースを見たので安全とは言えなくなりました。（早紀）

TPPと後つぎ・輸入問題

TPP は消費者にはメリットだが，農家にはデメリットだから，僕はこうすればよいと思いました。TPP に入らず，輸入を中心的に考えて進めればよいと僕は考えました。なぜかというと，**TPP の方をほったらかしにしておけば，外国もいつまでたっても返事が来ないから，もう待ち切れなくなって，あきてしまうと思ったからです。**そしてこれはテレビで見たのですが，**どの国も日本と同じように「お国の事情」があるらしいです。だからそういう国の人たちは，日本のことが何となく分かるんじゃないかなあと思いました。**でも国会はそういうことが考えられないのかなと思いました。改めて考えると，そういうことはだめなのかもしれないと思いました。（悠太）

TPPをもの・お金・文化

僕は TPP 反対にうつります。**なぜなら日本の文化という農家はなくしてはならないと思ったからです。**確かに賛成して TPP に入れば，安く物が買えるし，和哉君の「絶対に危ないとは限らない」というのもあると思いますが，「農家は文化だ。」と」言われると，それを失ってはいけない気がするのでうつりました。賛成して安いのが入って来ても，安全なものもあれば，体に害を及ぼすものもあるし，食中毒を起こして病院にお金をむだにかけるよりかは，今の安全な国産の食べ物を買って，普通に生活するのがいいんじゃないかという方について考えました。ただ，今，関税をかけて交付金をもらっているので，輸入も大切だと思うが，断ると輸入をやめてしまいそうな気がするし，ストップすれば，どのみちなくなってしまうので，結論がつけにくいと思った。それに買い物をしていて，**日本産と外国産の二つが並べられていて，何も考えずに値段だけを見てしまうと，お得な外国産を買う人がやっぱり多いと思います。そこをどう考えるかも，日本の人，消費者しだいなので分からないと思った。**それで僕の最終的な結論は，少し高くてもいつもの国産の安全・安心を取りつつ，おいしくとっていくことが一番じゃないか思う。（勝也）

TPPの何が問題なのか？

TPP 問題は**何かが原因なので，TPP 問題があると僕は思います。その原因を何とかつかめれば，**正しい **TPP 問題があるかと，僕はなんとなくそう思います。**

僕は正しい TPP で反対か賛成かのどっちかが決まっても，僕はかまいません。僕は正しいことが聞きたいです。そして農家の人も消費者も納得する解決法を見つけだしたいです。そしてみんなが**納得する解決法が見つかれば，TPP 問題がなくなり，TPP のかべを乗り越えられます。**そして，この甘い砂糖が日本で作られていることには，すごく感謝して食べれば，農家の人たちは，うれしい気分で作ってくれると思います。（和哉）

③　子どもの社会認識の積み重ね

「種子島の酪農」の実践での授業を通して、子どもたちは個人と集団での考え方の交流を積み重ねてきた。その時々のテーマによって子どもの表現は変わってくるが、事前の学習の成果としての社会認識を土台にして、新しい課題に挑み、調べ、考え、話し合いながら、それぞれの子どもたちなりの社会認識を積み上げてきた。これは、知識や理解を基礎とした社会認識の共有を常に意識した授業で可能であり、その重要な手立てが「社会科・総合学習通信」であった。その意味で「通信」は、指導上の意味が大きい。教師によって選ばれ、組み立てられた情報によって次の時間が始まることで、社会認識の深化を目ざすことは可能であるが、「通信」という資料によって方向性を明確に示すことで、異なる方向への制限にもなり得る。教育、特に授業は、教育目標への意図的な取り組みであるから、授業の構造上の限界はあるにせよ、子どもの主体的で自由な社会認識を広げるための配慮として、まだ工夫の余地があるものと考えられる。

また、「通信」を使った授業は、子どもが考えたことを表現し、それを「通信」として資料化したものを授業で共有してさらに考えるという点で、基本的には生活綴り方的な教育方法であり、社会認識の形成をめぐってそれらの関係を明らかにしていくことも今後の課題である。

終　章
種子島から「日本」を考える

子どもたちの追究を可能にしたもの

総合学習「種子島のさとうきび」は、3つの学習問題から構成された。①「さとうきびはどうやって作られているか？」、②「砂糖はどうやって作られているか？」、③「種子島のさとうきび作りが盛んになっていくために大事なことは何か？」。

社会科・総合学習「種子島の酪農」は、4つの学習問題から構成された。①「酪農家はどのような仕事をして牛乳を生産しているか？」、②「牛乳はどのように生産されているのか？」、③「乳牛や乳量が増えているのに酪農家が減っているのはなぜか？」、④「酪農家が減らないようにするためには、どうすればよいか？」。

それぞれ①と②は、生産過程を問う学習問題である。生産過程を問うことで、生産に関係する事柄への新たな問いが調べ学習の対象となった。生産過程の学習が生産関係までも明らかにしていくことは、1970年代の教育科学研究会で代表的な実践者であった鈴木正氣氏の社会科実践で明らかにされてきた。子どもが意欲的に「問い」をもち、調べ、考え、表現したのは、学習問題が自然な流れの「問い」であったことに加えて、そこから派生した問いが学習問題に収斂されていく仕組みであったことにある。また「問い」が明確であるため、問題解決の第一歩となる予想が、子どもの見通しやすいのものとなり、能動的な調べ学習につながった。こうした子どもの主体性が発揮される学習についても、1970年代から1980年代の日本生活教育連盟で代表的な実践者であった若狭蔵之助氏の先駆的な社会科や総合学習の実践で明らかにされてきた。種子島でのこれらの実践は、そうした民間教育研究運動の先行実践研究を基本にして展開した。

また実践の中で学習問題とは別で派生した「『TPP』についての問題」や「『最後は肉になる』

二つの実践の「学習問題」

	種子島のサトウキビ		種子島の酪農	
学習問題①	サトウキビはどうやって作られているか？	「TPP」についての問題	酪農家はどのような仕事をして牛乳を生産しているか？	「最後は肉になる」ことについての問題
学習問題②	砂糖はどうやって作られているか？		牛乳はどのように生産されているのか？	
学習問題③	種子島のサトウキビ作りが盛んになっていくために大事なことは何か？		乳牛や乳量が増えているのに酪農家が減っているのはなぜか？	
学習問題④	※ＴＰＰ問題		酪農家が減らないようにするためには、どうすればよいか？	

ことの問題」は、それぞれが学習問題①「さとうきびはどうやって作られているか？」、学習問題①「酪農家はどのような仕事をして牛乳を生産しているか？」での農家の生産過程から派生した子どもたちの「問い」である。その「問い」が複数の学習問題全体の追究を支える働きを示してきた。

こうした学習過程を生活綴り方的な手法を基本にした「通信」を活用することで、毎回の授業で子どもに意識を促し、学習への関心や意欲を支えてきた。

地域にこだわること

私がこれまで新しい学校に赴任して最初にすることは、その地域での代表的な産業を調べることであった。地域の産業は、その地域で働く多くの人々がかかわり、その地域を経済的な側面から支える重要な役割を果している。地域の人々の関心も高く、子どもたちにとっては見慣れた光景であったり、当たり前のことあるので、逆に関心が払われなかったり、よく知らなかったりすることもあるが、影響は及ぼしている。そうした地域を学習対象とできるのが、社会科や総合学習、生活科などであり、地域の具体的、特殊な事実を基にしながら子どもたちの発達段階に合わせて、社会や自然についての事実とその関係を学習内容として創造できる。子どもたちの身近なことが学習内容となることで、子どもたちの関心や意欲が刺激され、考え、調べ、表現することで地域についての社会認識を広げ、深めていくことができる。

教師にとっては、地域の具体的で特殊な事実ではあるが、そこに日本の産業や社会が抱える共通の課題や一般性があることに気づく。それは自然科学の法則が地域の自然環境に貫かれているように、社会科学の法則が地域の社会的な条件に影響されながらも貫かれているからである。そうした見方で地域を見ると、地域は教育内容で豊かなことがわかる。だからよく学校の外へ見学に出かけたし、地域の人々に学校へ来ていただいたりもした。

地域から子どもたちが学んだことをどのように表現させて、どのように共有させていくかが、教師の仕事の重要なところになる。子どもたちの見方は、先の地域の事実と同じ意味で、個性的、具体的、特殊なものもあるが、それらを子どもたち同士で共有しつき合わせることで、共通の見方や関心が生まれ、そこから「問い」ができる。それを教育目標や教育内容として結びつけながら授業をつくっていく。

教師の仕事は授業だけではなく、学校の組織としての運営や生活指導、PTA や地域とのかかわりなど範囲が広いが、私は先に示した授業での教育内容づくりに教師としての仕事の専門性と展望を感じてきた。それがあるから他の仕事も喜んで取り組んできたし、また授業以外の他者とのかかわりとしての教師の仕事がうまくできないと、実は肝心な授業もうまくできないことを経験的に学んできた。

「地域にこだわる」とは、直接には教育内容の創造としての意味があるが、一方で教師としてのトータルな仕事、つまり子ども、学校や保護者、地域の人々とのかかわりにこだわることであり、その中で自分が教師の仕事として価値を見出し大事にしていること（自己実現）につながっていくことになる。

もうひとつの社会科・総合学習実践「種子島のさとうきび」

2013年の1学期に社会科・総合学習「種子島の酪農」の学習を終えた子どもたちは、2学期には総合学習「種子島のさとうきび」に取り組んだ（期間：2013年9月～12月。5年生社会科・総合学習）。

早い段階で子どもたちのこだわりは、TPP問題に収斂されていった。

2011年の実践と同じように地元の特産物である「さとうきび」について知っていることを発表し合い、そこから学習問題1「さとうきびはどのように作られているか？」を決めて、予想までを立てた。そして調べ学習に動き出す少数の子どもたちを前面に出して学習を始め、すぐに見学や聞き取り調査に連れて行き、子どもたちの興味・関心が広がっていった。

あれだけ広い畑なのに草がないことです。それはさとうきびを作っている人が、あれだけ広い畑に除草剤をまいているということです。（明菜）

収かくの時が一番いそがしいだろうなと思いました。大変そうだなと思ったのは『お金』です。いろんな薬を買ったり、機械を買ったりして、お金をすごくつかうんじゃないかなと思いました。最後に酪農とちょっとにてるなと思いました。（寛太）

社会科と1学期の社会科・総合学習「種子島の酪農」を思い出して、子どもたちは農業問題へ目を向けていった。農薬、品種改良、後継者問題、機械化、昔の生産方法など、さとうきび畑の見学が終わった時点で、子どもたちが注視すべき課題が現れてきた。町の歴史民族資料館に行き、さとうきびとそれを原料にした黒糖の生産方法と歴史を知った子どもたちは、学習問題1の予想とからめて考え始めた。

学習問題1の予想は、さとうきびは暖かい所で育てられ、ビニールをかぶせて、土を温かくして育てられることです。（彩夏）

私はさとうきびを作っている農家をあまくみていたんだと気づきました。もっとたくさん知っていないといけないと思うことがたくさんあるので、調べていきたいと思います」（帆夏）

続く、役場の農林水産課の方の話では、役場と農家のかかわりを具体的に聞き取ってきた。補助事業や害虫問題、品種改良の普及活動に関連してここで登場したのが、酪農の学習ではあまり出てこなかった「補助金」であった。

私はなぜ国や町がお金を出してくれているのかを考えてみました。それは多分、農家の人たちがさとうきびを育てるのに一生けん命だからお金を出しているんだと思います。でも、そうかどうかはまだ分からないので、運動会が終わってから調べたいと思います。（和代）

みんな「さとうきびを守ろう」という形の事業で国、町、それから県などの様々なところで、さとうきびの機械のお金を負担したりしていました。私は「とても奥が深いなあ」と思いました。（百合）

総合学習通信　「種子島のさとうきび」　2013年9月10日（火）No.1

3日(火)は，さとうきびについて知っていることを発表したり，グループで話し合ったりしました。さすがに野間小の子どもたちは「さとうきび」について，よく知っていると感心しました。

そして学習問題1「さとうきびはどのようにして作られているか？」を立てて，予想も立てました。しかし2学期が始まって最初の1週間ということもあり，調べ学習は進みませんでした。先生もあきらめていたのですが，9日（月）の朝，歩美さんが「先生，これ。」と，総合学習ノートを持ってきてくれました。

8日（日）は朝から野間校区の運動会もあって忙しかったのに本当によくがんばりました。たいしたものです。他のみんなも新しい「さとうきび」の学習に向けて，エンジンをかけていきましょう。

歩美さんの調べ学習

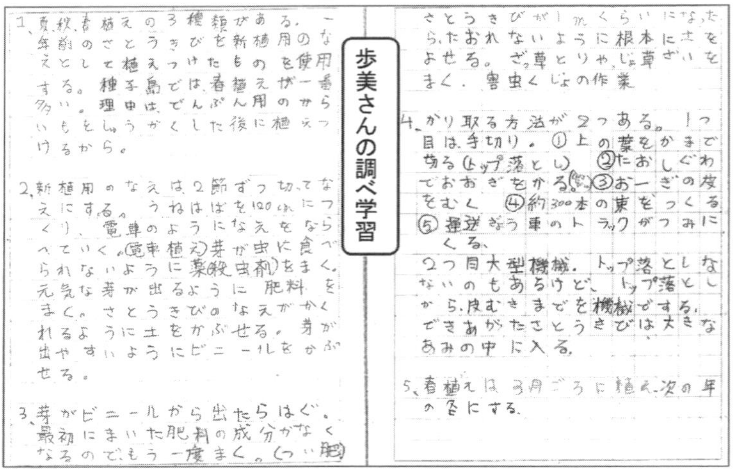

1、夏、秋、春植えの3種類がある。一年前のさとうきびを新植用のなえとして植えつけたものを使用する。種子島では、春植えが一番多い。理由は、でんぷん用のからいもをしゅうかくした後に植えつけるから。

2、新植用のなえは、2節ずつ切ってなえにする。うねはばを120cmにつくり、電車のようになえをならべていく。(電車植え)芽が虫に食べられないように薬(殺虫剤)をまく。元気な芽が出るように肥料をまく。さとうきびのなえがかくれるように土をかぶせる。芽が出やすいようにビニールをかぶせる。

3、芽がビニールから出たらはぐ。最初にまいた肥料の成分がなくなるのでもう一度まく。(つい肥)さとうきびが1mくらいになったら、たおれないように根本に土をよせる。ざっ草とりや、じょ草ざいをまく。害虫くじょの作業

4、かり取る方法が2つある。1つ目は、手切り。①上の葉をかまで切る(トップ落とし)　②たおしぐわでおおぎをかる。(根)③おーぎの皮をむく　④約300本の束をつくる　⑤運ぱんをする車のトラックがつみにくる。

2つ目大型機械。トップ落としなないのもあるけど、トップ落としから、皮むきまでを機械でする。できあがたさとうきびは大きなあみの中に入る。

5、春植えは3月ごろに植え、次の年の冬にする。

学習問題1

さとうきびはどのようにして作られているか？

みんなの予想

- 暖かい地域で作られる。
- 12月ごろに刈り取る。
- 沖縄の生産が多い。
- いろいろな砂糖になる。
- 精糖工場に運ばれる。
- 根だけを残して刈り取る
- さとうきびを短く切って横に植える。
- ななめに植える。
- ビニールをかぶせる。
- 育ってきたらビニールを外す。
- 肥料をまぜる。

総合学習通信　「種子島のさとうきび」　2013年9月17日（火）No.2

10日(火)は近くのさとうきび畑に見学に行きました。よく見慣れていても，じっくり見るのは初めての人も多かったようです。

学習問題1：さとうきびはどのようにして作られているか？

さとうきび畑と手前は安納芋畑

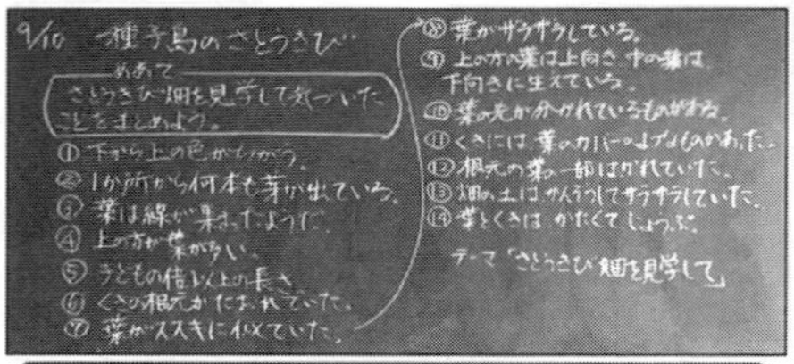

観察

・ぼくがさとうきび畑を見学して思ったことは，さとうきびはとても長いと思いました。子どもを並べても子ども倍の長さがあってすごいと思いました。もう一つは一本も折れていないことです。あんなに高いのにバランスをくずさないでずっとたえているのが大変だと思いました。どうやって出荷するのかが不思議でした。（勇樹）

・何本かが一点に集中して生えているので，2節切った苗からは何本かが生えていることが分かった。あと，明歩さんが調べたことを見て分かったことは，上の葉の多いところを切ることを「トップ切り」ということも分かったし，草がたくさん生えるから除草剤をかけたり，草むしりをしたりして虫を寄せ付けないようにしていることが分かった。（彰）

昔のどのような工夫をして大きな畑でさとうきびを作っていたのか？

・私は，さとうきびを見学しに行って「すごいな」と思うことがありました。あれだけ広い畑なのに草がないことです。それはさとうきびを作っている人が，あれだけ広い畑に除草剤をまいているということです。あんなに広い所をよくできたなと思いました。今はちゃんとする機械があるけど，昔はそんなものはなかったと思うので，**昔のどのような工夫をして大きな畑でさとうきびを作っていたのか**気になりました。（明菜）

昔の人は…？

・ぼくがさとうきび畑を観察してわかったことは，昔の人は，さとうきびを刈り取る時や運ぶ時に大変だったということです。今はトラックなどで運んでいるけど，昔の人は手で持ってやっていたかもしれないし，皮をむく時にも大変だったと思います。ぼくは手で運んだことはあるけど，そんなに多くないので大変だなと思いました。（隆治）

さとうきびを外からしか見ていないけど・・・

・さとうきびを生産するには，すごく苦労をするということを感じました。さとうきび畑はすごく広いのに，手で植えたり，手刈りの時は一本一本刈るなど，すぐにすむものではないと思いました。そして12月という寒い季節に刈るので，がんばっているなと思いました。さとうきびを外からしか見ていないけど，農家の人はがんばっているなと思いました。（歩美）

お金の問題は

・初めてさとうきびをじっくり見て感じたことは，まず最初に見た感じは葉の数が同じだったことです。さとうきびを作っている人はどうやって作っているのかなと思いました。一年中いそがしくて，牧場と同じで，肥料代も土地のお金，機械も，問題は「お金」かなと思いました。あと動いて仕事をするのですごくいそがしいんだなと思いました。（留美）

・ぼくがさとうきび畑を見学して最初に思ったことは，「長い」ということと「広い」ということです。いろいろ調べて分かったことは，下の部分が赤青むらさき色というのと葉がザラザラしていたことです。収かくの時が一番いそがしいだろうなと思いました。大変そうだなと思ったのは「お金」です。いろんな薬を買ったり，機械を買ったりして，お金をすごくつかうんじゃないかなと思いました。最後に酪農とちょっとにてるなと思いました。（寛太）

10 日(火)は近くのさとうきび畑に見学に行きました。よく見慣れていても，じっくり見るのは初めての人も多かったようです。

総合学習通信「種子島のさとうきび」 2013 年 9 月 17 日（火）No.3

学習問題 1：さとうきびはどのようにして作られているか？

十七日(火)は歴史民俗資料館へ見学に行きます。

調べます。（芳恵）

・見学して短い時間でもいろいろなことが分かった。じっくり見てみると，色のちがいや葉っぱの下の方がかれているなど，いろいろ分かりました。家の近くにあってもあまり見ないので，せっかく近くにあるので，じっくり見てみたいと思います。大変そうなところも見て，たくさんのことを調べます。育てている人にも話を聞いてみたいと思います。（芳恵）

知っているようで知らない「さとうきび」

・私がさとうきび畑を見学していて気づいたことは，下の方がむらさき色で上の葉っぱが緑色だったこと，高いもので3mほどだったこと，葉や根をさわってみると，かたくてすごくじょうぶだったこと，葉がススキのようでギザギザしていたこと，一か所に 5 本ぐらい生えていたことなどです。大変だろうなと思ったことは，かたくてギザギザしている葉っぱを手作業でむくことです。疑問に思ったことは，どの畑も土がかんそうしているのに，さとうきびが大きく育っていたこと，除草剤を使って育てられたさとうきびから作られたものを食べている私たちには害はないのかと思ったことです。知っているようで知らないことの多い「さとうきび」について，いろいろ気づくことができてよかったです。（彩夏）

さとうきびは品種改良されている？

・さとうきび畑を見学して，私は 11 個のことを知りました。特に大切だと思うのは，風になびかれるということです。「なびかれる」のは，上の方の葉だけなので，多分，軽くなっているからだと思います。それと横の葉が倒れかけているのも風が直に当たるからだと思います。さとうきびはとても丈夫でした。あれだけの大雨，大風，大雷がなっても倒れるだけで生きますから。それにさとうきびはたくさん品種改良しているのだと思います。あんなに背が高いし，糖度も高い。ダブルで高いから，たくさんの苦労で今のさとうきびがあると予想しました。それと土がサラサラのかんそうはだだということも知りました。雨が降らない所でも育つので，多分，暑さに強く，土が砂になっても生き続けるんじゃないかなあと思いました。さとうきびは強い植物だということを一番に感じました。（百合）

帆夏さんの調べ学習

サトウキビ→イネ科
↳ニューギニア
↳くきからさとうを作る。
↳サトウダイコンもいしょでさとうになる

円すい状のほをつける。

くきのしぼり汁から砂とう（かんしょとう）をとるイネ科の常緑多年草節のある茎は高さ 2 ～ 4m。日本では 鹿児島や沖なわ（温かい所）で栽培される。

※常緑多年草➡草木の葉が一年中かれる事なく緑色をしている事.

【先生から】歩美さんに続いて帆夏さんも「さとうきび」そのものについて調べてきました。11 日(火)のさとうきび畑の見学では，みんなしっかりと観察できたようです。そしてそこから想像したり，予想したりしているところが素晴らしいです。あとはそれを確かめていく調べ学習が必要になります。この 3 連休で調べ学習に挑戦してみましょう。

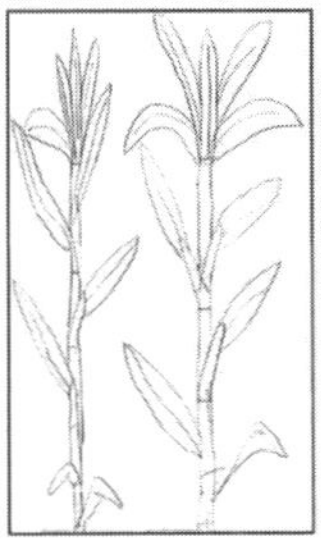

生産量が少なくなってきている？

・さとうきび畑を見学して私の思ったことがありました。まずさとうきび自体ではなく，後つぎのことです。酪農など，たくさんのものが後つぎが少なくなっています，あれだけ広く，たくさんのさとうきび畑で，ほとんど高れい者ががんばっています。ほとんどが高れい者なので，しまいにはさとうきびが一つもなくなると思います。多分，今でもさとうきびの生産量が少なくなってきていると思います。（帆夏）

総合学習通信「種子島のさとうきび」 2013 年 9 月 24 日（火）No.4

学習問題 1：さとうきびはどのようにして作られているか？

17 日(火)は町の歴史民俗資料館に調べに行きました。昔の黒糖作りの様子がよくわかりましたね。ただ「さとうきび→黒糖」は分かってきたのですが，肝心な「さとうきびはどのようにして作られているか？」については，まだはっきりしていません。友達の調べ学習を見てみましょう。

どのようにしてつくられているか？ → さとうきび → 黒糖

さとうきび栽培カレンダー（優樹菜）

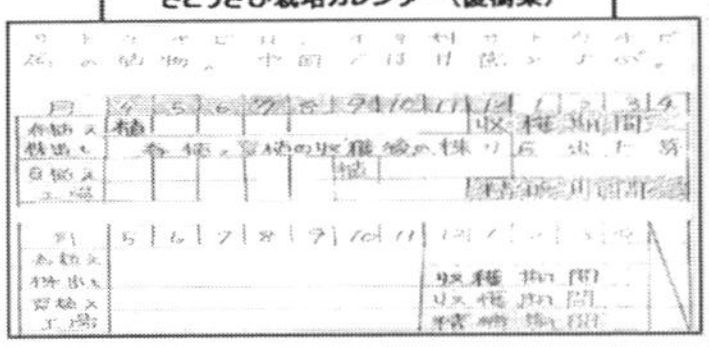

・歴史民俗資料館を見学して思ったことがあります。それは「道具の種類はたくさんある」ということと「さとうきびはおくが深い」ということです。道具は数ある中のものをうまく使いこなせないといけないということが一番不安になるだろうなあと思いました。さとうきびは今では種子島ならではものですが，有名になるまでにすごい時間がたっているということを知り，すごいなあと思いました。これからもさとうきびの良さが伝わっていくといいです。（里佳子）

「シンギ」というさとうきびを絞り出す機械。牛や馬，水車を使って軸を回転させていた。

・さとうきびは，いろいろな食べ物の調味料として活躍しているから大切にしないといけないと思いました。（留美）

昔の作り方（里美）

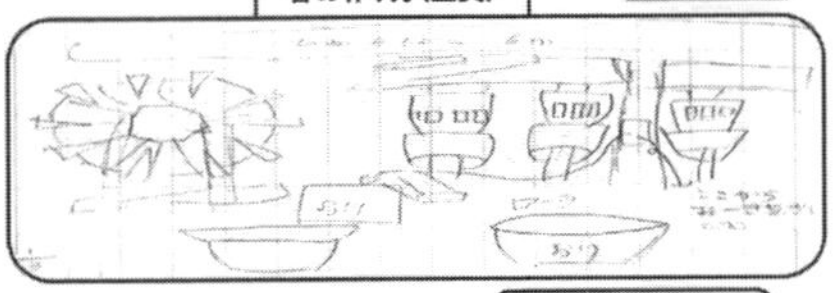

・私はやっぱり手間が多くかかっていて苦労しているなあと思いました。シンギでは 1 本 1 本しるを出しています。刈る時も 1 本 1 本刈っています。あの広い畑のさとうきびを 1 本 1 本刈るというのはすごいと思いました。製糖工場の仕事も昔は農家の人の手で行っていたことも分かりました。「シンギ」というのは今はやっていません。（歩美）

7 種類の砂糖

・砂糖の種類はいろいろあって，クリスタル氷砂糖，コーヒーシュガー，三温糖，上白糖，ロックシュガー，中ざら糖，かんしょ分みつ糖の 7 種類があって，いろいろな順序で作られます。オオギをしぼる機械は最初は木で石，鉄と変わっていって回すのも最初は牛で，馬，水車と変わっていったようです。（彩）

・歴史民俗資料館を見学して知った，さとうきびは一番最初に奄美大島で栽培していたこと。さとうきびから作った砂糖は昔，薬として使われていたこと。昔はさとうきびの値段がすごく高かったこと。戦争の後，砂糖ブームになったこと。昭和 30 年から砂糖の輸入が始まったため，さとうきびの値段が安くなったこと。黒砂糖の作り方などです。黒砂糖はさとうきびをしぼって第 1 のかまでかきまぜて，第 2，第 3 のかまに移して，あくを取って，どろどろになるまでにつめて，大なべで練り上げて，たるやカンに入れてかためて作ります。学習問題 1 の予想は，さとうきびは暖かい所で育てられ，ビニールをかぶせて，土を温かくして育てられることです。（彩夏）

・私が目に付いたものは「おーぎむきかま」というものです。私は今までオーギの皮は手でむいていたと思っていたので，むくのは葉がかたくないんじゃないと思っていました。でも「オーギむきかま」を見て，かっこうがかたいんだと思いました。それで私はさとうきびを作っている農家をあまくみていたんだと気づきました。もっとたくさん知っていないといけないと思うことがたくさんあるので，調べていきたいと思います（帆夏）

総合学習通信「種子島のさとうきび」2013年10月1日（火）No.5

学習問題１：さとうきびはどのようにして作られているか？

24日(火)は町役場の農林水産課の山田さん話を聞きました。町がさとうきび作りにどのように協力しているかが、よく分かりましました。みんなの疑問や興味のある問題も広がってきました。代表的な意見をしっかり確認しておきましょう。

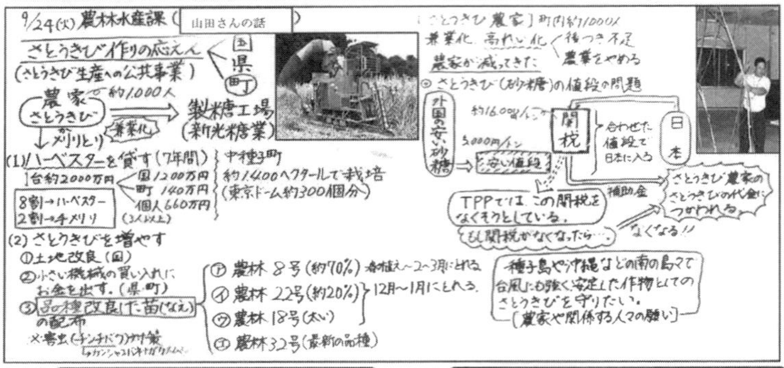

さとうきびを守る事業（百合）

・今日，役場に行って分かったことは4つありました。その中で特に私が目に付けたものは1つあります。一つめは「甘味資源物作物事業等機械リース支援事業」ことと「さとうきび増産基金事業」と「さとうきび増産強化対策事業」のことです。みんな「さとうきびを守ろう」という形の事業で，国，町，それから県などの様々なところで，さとうきびの機械のお金を負担したりしていました。私は「とても奥が深いなあ」と思いました。理由は機械を買い，安くして数を増やすようにすれば，機械工場もさとうきび農家ももうかるし，しかもさとうきびは永遠になくなることがないからです。これからももっとこの事業を進めてほしいと思います。（百合）

なぜ国や町がお金を出してくれるのか？（和代）

・今日，山田さんの話を聞いて思ったことは，機械を7年借りるのに2000万円かかるということです。2000万円という大金を7年でなくしてしまうというのにびっくりしました。国が1200万円出してくれても，まだ1000万円近く残っているのにびっくりしました。でも町も農家に協力して140万円出してくれているとは知らなかったです。**私はなぜ国や町がお金を出してくれているのかを考えてみました。**それは多分，農家の人たちがさとうきびを育てるのに一生けん命だからお金を出しているんだと思います。**でも，そうかどうかはまだ分からないので，運動会が終わってから調べたいと思います。**（和代）

さとうきびはどのように作られているか？（なつみ）

・農林水産課の山田さんの話を聞いて分かったことは，①さとうきびは暖かい所でしか作っていない。鹿児島県と沖縄県でしか作っていない。②ハーベスターは約2000万円。8割がハーベスターを使っている。③農林8号は，かんそうに強い。2月から3月に収かく。農林22号は細い。12月から1月に収かく。農林18号は太い。農林32号は新しいさとうきび。④さとうきびの苗はビニールハウスで育てる。病気にならないようにするためということが分かりました。（なつみ）

さとうきびの4つの種類（史也）

・今日，さとうきびのことについて山田さんがたくさん教えてくれました。さとうきびは4つの種類があることを教えてくれました。種子島で一番多く生産されているのは，農林8号で，春植え～2月，3月に収かくされているそうで，約70%収穫されています。なぜこんなに多く農林8号が収かくされているのかは，一番育てやすいさとうきびなのかと考えました。（史也）

総合学習通信「種子島のさとうきび」2013年10月1日（火）No.6

学習問題１：さとうきびはどのようにして作られているか？

安全なさとうきび（帆夏）

・初めて分かったことは，さとうきびにも**害虫がいる**ということです。今まで，害虫がいないと思っていたから，あんなにおいしく食べられるんだと思っていました。そこから私が考えたことはいくら害虫がいるからって，**あまり薬を与えない方がいいと思います。**だって薬をたくさん与えてしまうと，さとうきびにも影響を与えてしまうかもしれないからです。たくさんの人においしく食べてもらうには，やっぱり自分のこの手で安全なさとうきびを作った方がいいと思います。（帆夏）

さとうきびは国に守られた作物（寛太）

・ぼくが山田さんの話で一番納得のいくことは，さとうきびは国に守られた作物ということです。これに対して考えたことは，確かにさとうきびに関税がなかったら，農家の人たちにお金が回らなくなり，そしたらやめて，もう日本のさとうきび自体がなくなっていたかも知れないからです。このようにさとうきびは国に対してとても大事な作物なんじゃないかなと思いました。（寛太）

さとうきびの種類と関税（彰）

・農家の人がオオギ（さとうきび）を東京ドーム300個分の面積で作っていることを初めて知りました。**品種改良**で8号や22号，18号，32号ってそんなに何号や何号とかを品種改良して作っても，全部試験に通らず，1つか2つぐらいしか完成しないから**大変なことなんだ**と分かりました。考えたことは**外国の砂糖は安いから関税をなくさない方がいいんじゃないか**と考えました。理由は関税をなくしたら，さとうきびの砂糖が売れず，さとうきびは国が守っているので，売れなくなったらオオギがなくなるし，農家も減るので関税はなくさない方がいいと思います。（彰）

TPP問題と種子島・日本

・分かったことは，さとうきび作りはすごい手間がかかることです。機械も高いし，害虫もたくさんいるからです。考えたことはTPPの話を聞いて，ぼくたちにも関係があることです。関税がなくなれば，農家が減っていく。減っていけば，さとうきびがなくなってしまうので，TPPは深こくな問題だと思いました。（高志）

・さとうきびは国，県，町，多くの人に守られていました。そしてこれがTPPにつながっていることを初めて知りました。さとうきびは種子島を守っていました。おじいちゃん，おばあちゃん，農家の人みんなが，さとうきびを育てていることで，日本があるのじゃないかなと思います。さとうきびはすごい力をもっていました。（歩美）

減っていく農家と高齢化

・私は「農家の数の減り方」について考えました。最初，「どうして若い人は農業をしたがらないのだろうか？」と思いました。私は多分，農業はめんどうくさいとか，かっこよくないとかの理由でやりたくないと思ったんだと思いました。次に思ったのは，「高れい者」です。60才，70才といくと，さすがに体力も少なくなり，つかれやすくなります。「もうつかれるのはいやだ」とか思い，やめていくんだなあと思いました。若い人はもっとやりたい人が増えるといいです。（里佳子）

・若い人が農業をしないと，おじいちゃんたちがすることになるから，つかれておじいちゃんたちもやめちゃって，どんどん減ってきている。**このままだと農業ができなくなってくるので，私たちの生活も変わってくると思いました。（明菜）**

・国がもし私たちのさとうきびのことについて守ってくれなかったら，仕事，生活などができなくなる。（恵理子）

・最近は機械を使えるようになって仕事も楽になっているのに，なぜ若い人は畑で仕事をしないのだろうと思いました。理由は手を使ってやる仕事はあまりあまりないから別につかれないと思ったからです。（史恵）

・山田さんの話を聞いて分かったことは，①さとうきびには農林8号，22号，18号，32号の4種類があって，それぞれちがう特長をもっていること。②チンチバクやハリガネムシなど害虫がいること。③中種子町でさとうきび栽培している人が去年と比べて40人減っていること。④さとうきびは国に守られたさくもつだということ。⑤使っていい薬とだめな薬があることなどです。私はさとうきびを栽培している人が40人も減ったことが心配になりました。なぜかというと，中種子町にはまだ1034人の栽培人がいるけど，60才以上の人たちに支えられているので，その人たちがもっと年をとると，力仕事とかできなくなってやめていく人が多いのに，若い後つぎがいないので，さとうきびを栽培する人がいなくなると思ったからです。（彩夏）

総合学習通信「種子島のさとうきび」 2013年10月8日（火）No.7

学習問題１：さとうきびはどのようにして作られているか？

１日(火)は農協の河野さんのお話を聞きました。さとうきびの栽培方法と農家への応援、農家戸数や生産の様子などがよく分かりました。みんなからのよい質問も出ました。

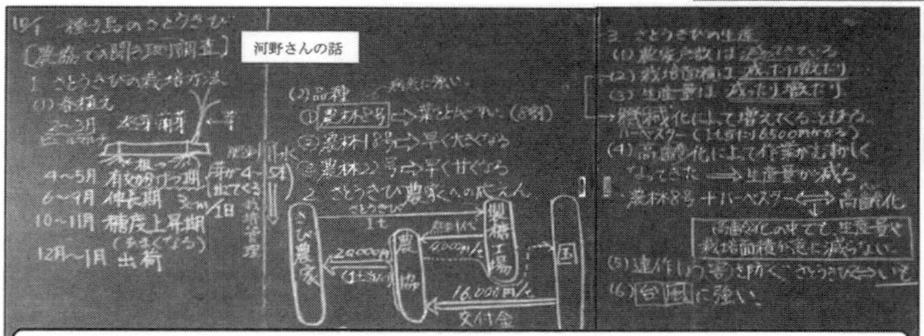

さとうきび１ｔの代金＝原料代(約 4,000 円)＋交付金(約 16,000 円)＝約 20,000 円

・高齢化が進んでさとうきびを生産する人が減ってきている。(勇樹)

生産・品種・高齢化・機械化・後つぎ(彩夏)

・河野さんの話を聞いて分かったことは，栽培方法の一つである春植えは２月～3月に発芽させ，４月～5月に有効分げつ期，６月～９月に伸長期(1日に３㎝)，10月～11月に甘くなり，12月から出荷するということ。さとうきびにはそれぞれ特ちょうがあって，農林８号はくきの葉が取りやすくて，農林18号は早く大きくなって，農林22号は早く甘くなること。高齢化によって作業が難しくなってきて生産量が減ってきているので，ハーベスターを使って収かくしたり，品種改良で生産量を落とさないようにしていること。後つぎを増やすために県外からさとうきびの栽培をしたい人を募集して農業公社が中心となって研修を進めていることなどです。私は勉強会を開いたり，さとうきびの栽培のいいところを広めればいいんじゃないかと思います。(彩夏)

さとうきび1t当たりの代金(勇介)

・さとうきび１ｔ当たりの値段が4,000円で，まず製糖工場がその4,000円を農協に支払い，さらに国から16,000円が農協に来て，合せて農家には２万円のお金が来る。さとうきびを作る農家は高齢者がほとんどで，それをおぎなうために機械を使ったり，品種改良をしたりしているなどのことを教えてもらいました。ぼくは後つぎの問題もまた考えておかないと，さとうきび農家の人はとても大変になってしまうなと思いました。(勇介)

農家戸数と面積と機械化(朝雄)

・ぼくが分かったことは生産者は減っているのに土地の面積が変わらないということです。理由は機械化が進んで，刈り取りがとても楽になり，もっと面積を増やそうと思ったからだそうです。ふつうなら生産者といっしょに土地も減っていくと思うのに不思議だなあと思いました。他の農業でもこういうことはあると思うので，ちゃんと見て理由を考えたいと思います。(朝雄)

機械化と作付面積(歩美)

・さとうきびも機械化が進んでいました。代表的なのはハーベスターです。手で刈ると時間がかかるけど，このハーベスターを使うと早く済みます。この機械化が進んだことで作付面積も広くなりました。ハーベスターは高いけど，みんなが使えてもっと生産量を上げてほしいと思いました。ほかにもいろいろな機械がありました。農林水産課の河野さんの話と似ているところもありました。(歩美)

〔先生から〕学習問題１はこれでずいぶん分かってきたはずです。次回からしっかりまとめていきましょう。

総合学習通信「種子島のさとうきび」 2013年10月8日（火）No.8

学習問題１：さとうきびはどのようにして作られているか？

さとうきびがないと生活できない(恵理子)

・多くのさとうきびが生産されるために品種改良，高齢化などほかにもいろいろなことを知りました。私はその中でも「さときびはすごいなあ」と思ったことがあります。それは「さとうきびがないと生活できない」ということです。さとうきびは地域によっていろいろな品種が作られるし，さとうきびがあるだけで工場，農協，配達，農業などと，さとうきびだけでいろんな仕事ができるからです。だから私はさとうきび農業の後つぎが増えてほしいと思います。**また私たちに協力できることがあったらやりたいです。(恵理子)**

深こくな問題～少子高齢化とTPP～(武雄)

・ぼくが河野さんの話を聞いて思ったことは，深こくな問題があることです。何かというと日本は主に少子高齢化や TPP というもんだいをかかえているので，小さな問題から無くしていかないと日本は破たんするかもと思ったことです。(武雄)

時代にはさからえない(晃成)

・高齢化・・。ぼくは時代にはさからえないと思う。ぼくは，畜産やすべての農家に高齢化や後つぎ問題があると思います。河野さんも高齢化のことを言ってました。さとうきびも成長しないといけないけど，作る人が大事だと思います。(晃成)

心配なこと～高齢化～(明菜)

・河野さんの話を聞いて心配なことがあります。それは高齢化のことです。なんでかというと社会科と同じで，高齢の人がさとうきびを作って後つぎがいないということです。後つぎがいないと高齢の人はだんだん年をとってきて，仕事がつかれてやめてしまうからです。その時にもし後つぎがいなかったら，その畑はだれも使わなくなって，さとうきびもかれてしまうからです。今のままだと「種子島のさとうきび」はなくなってしまうと思いました。そうならないためにも**若い人たちが農業をしたくなるような取り組みをすればいいと思いました。(明菜)**

さとうきび農家の大変さ(百合)

・私が河野さんの話を聞いて一番印象深く残ったのは，さとうきび農家の人の大変さのことです。今までさとうきび農家の人たちは自分の手でさとうきびの皮をむいたり，自分の手で除草剤をまいたりしていました。そして，今は機械がやってくれるところもありますが，私のじいちゃんたちは，すべて手作業で行っています。私たちの未来では，機械化ばっかりになると思いますが，それでもやはりビニールマルチや切ったさとうきびのたばをしばるなどの力仕事はたえません。だから機械化が発達してきても，さとうきびの仕事は大変な力仕事だなあということを考えました。(百合)

さとうきびを作りたくなる話(美浦)

・今日は歩いて農協へ行きました。河野さんは少しむずかしい資料をとってもくわしく教えてくださいました。私が一番びっくり，そして初めて知ったことがあります。3～4月はビニールマルチでさとうきびを発芽させる。7～8月はさとうきびが１日に３㎝ものびる時期（理由：雨もふってあたたかいから)。10～11月はとっても甘く成長する。12～4月に出荷する。さとうきびを育てる方法やお金の取引など，**少しずつさとうきびを作りたくなってくる話でした。(美浦)**

**〔先生から〕
農家がかかえる問題をしっかりまとめよう。そして自分の考えをまとめます。**

お金の問題(留美)

・どこの農家も一番問題なのは，後つぎの人たちが減ってきていることです。でもハーベスターが出てきて高齢者の人も楽になりました。でもやっぱりお金がかかってしまうので，続けられないのかなと思いました。(留美)

若い人たちの気持ち(優樹菜)

・私は「農家の後つぎ」について考えました。どうして高齢化が増え，後つぎがいないのかと次に思いました。多分，若い人たちは「めんどうくさい」，「やりたくない」とか思ったりしているからやりたくないんだなと思いました。高齢者も体力がなくなりつつあるのにがんばってる。なのに若い人こんな気持ちじゃ，年々，後つぎが増えないと思ったので，**さとうきび作りの楽しさを知ってもらい，後つぎが増えるといいと思った。(優樹菜)**

総合学習通信「種子島のさとうきび」2013年11月1日（火）No.9

10月8日，15日，22日の総合学習では学習問題１のまとめを各自でまとめる学習をしました。学習問題１に対する自分なりの答えをどのように出せるかが，大事になってきます。「種子島のさとうきび」の学習も後半です。聞き取り調査に力を入れましょう。

学習問題１：さとうきびはどのようにして作られているか？

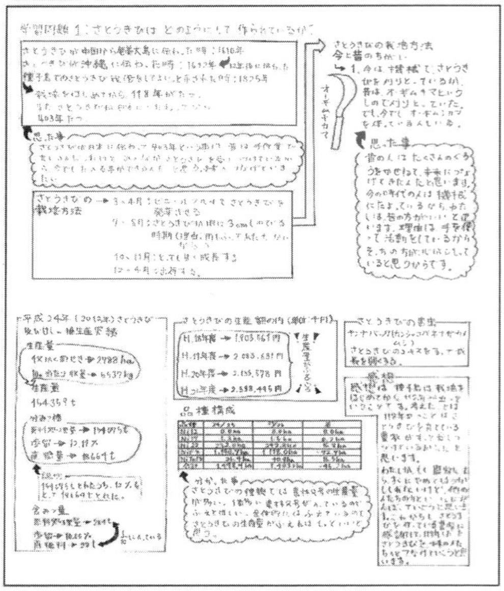

学習通信「種子島のさとうきび」2013年11月5日（火）No.10

30日(水)は，さとうきび農家の佐山さんに来ていただいて，さとうきびの栽培について話をしていただきました。農家ならではの詳しい話を聞けましたね。

学習問題１：さとうきびはどのようにして作られているか？

さとうきび農家の工夫と努力

① 佐山さんの話を聞いて新しい言葉がありました。それは「二芽苗」（にがなえ）でした。佐山さんはよく勉強されているので，名前の由来も教えてくれました。二つの芽で二芽苗。そして農林水産課の山田さんや農協の河野さんの話とはちがって，植え方や自分で工夫して作っていてすごいです。（留美）

② たくさん工夫して手間がかからないように考えていることがすぐに分かりました。もう一つは，さとうきびを植える時に芽の部分が重なるように植えているということです。それも農家の人たちがより良いさとうきびを作るために考えた一つの工夫だと思います。（健吾）

③ 分かったことは，まずマルチをかけて，雑草を防ぐことです。それと共に暖かい温度を保つことができます。農家の人は一つのことで二つのことをすませるようにし，少しでも楽にできるようにしているのだなと思いました。二つ目はチンチバックのことです。チンチバックは最初1～2mm程度ですが，成長期を過ぎると，1～2cm，約10倍にもなります。1～2mm程度の時に防ぐのはすごいと思います。1～2cmほどになると薬が効かなくなり，大変時間がかかります。なので農家の人はすごく頭を使っているなと思います。やっぱり一つのことを知っているのではなく，そのことに影響するものを知っているといざという時によいので，たくさん知っている農家こそ，よいさとうきびが作れるんではないかと思いました。（帆夏）

④ さとうきびの作り方の工夫や培土は雑草を生えさせない役目があるなどといろいろなことを佐山さんは教えてくださりました。農家の人たちは元からあった方法でさとうきびを作っていたと思っていたけれど，本当はもっと工夫や努力を重ね，日々考えながら作っていたんだなあということを初めて知りました。もちろん，さとうきび作りも苦労や悩みばかりではないと思います。これからもさとうきびを作っていくためにがんばってくれているということを知り，私はさとうきび作りがもっと豊かになるといいなあと思いました。（里佳子）

⑤ 分かったことは二つあります。一つ目はさとうきび農家にも，もうかる，もうからないということがあるということです。私は佐山さんのように工夫して植えることがあるとは知りませんでした。みんな同じ植え方，育て方だと思っていたから，私はなぜみんな同じになるって考えたのだろうと，自分の考えが変だったと気づきました。二つ目は植物はすべて下から下から栄養をすい，たとえ，さとうきびの上の部分が折れてしまっても，また再生し，ちゃんと目が出るということです。これはとてもびっくりしました。なぜならさとうきびはとても強いということが分かったからです。こういうこともあるから，さとうきびは「種子島の農業」として有名になったのだろうなと思いました。そして私が思ったことは，さとうきび農家の中の一人一人が，みんなもうかるための工夫をしているということです。さとうきびは種子島からなくなってしまうと，とても大変なことになるほどの「重要な農業・植物」です。私は佐山さんをはじめ，多くの人々が同じような気持ち（さとうきびがなくなることが心配な気持ち）をしているはずだと思いました。（百合）

⑥ 分かったことは佐山さんが自分でたくさん勉強をして，それを生かした工夫をたくさんしていることです。一つ目の工夫は10a当たり7t以上必要なのでチンチバクに食べられて，欠株にならないように節目を重ねていることです。欠株でむだなスペースがなくいいと思います。二つ目の工夫は，ビニールマルチをかぶせて育てて，雑草予防などをしていることです。三つ目の工夫は，培土をして土を盛り上げて，くきをたおれにくくし，雑草を生えにくくすることです。除草剤が必要なくいいと思いました。四つ目の工夫は昔ながらのかまやオオギむきかまを使って作業していることです。機械にお金がかかってなくていいと思いました。佐山さんは自分で勉強しているので知識が豊富で努力家だと思いました。（彩夏）

共通している話

さとうきびについて教えてくれた人たちの話で共通しているところがありました。それはTPPや国からのお金でした。同じ話をしているということは，それだけ大事な話なんだなと思いました。（留美）

総合学習通信「種子島のさとうきび」 2013年11月5日（火）No.11

学習問題１：さとうきびはどのようにして作られているか？

お金と高れい化の問題

新たに知ったことはハーベスターなどの機械を全部買うとおよそ何円になるか聞いてみました。肥料，マルチなどを合わせて三〜四百万円もすると聞きました。こんなにお金がかかると思っていませんでした。私は高れい化のことを考えていたけど，お金もきび農家の人たちにとって大変だなあと思いました。お金や高れい化の問題もかかえながら，さとうきびを作っているんだなあと思いました。（優樹菜）

高れい者にとって，さとうきびは大切だ！

私は「種子島にとってさとうきびは必要だ」ということを強く思いました。高れい者は，さとうきびを育てやすいということで，いもではなくさとうきびを育てる人が多いそうです。だから60才よりも年上の人が，さとうきびを育てているのかなあと思いました。この60才よりも年上の人は，さとうきびがなくなると生活できない人もいます。60才台の人は，いも，さとうきびと両方できるけど，高れい者にはできないので，さとうきびは大切だと思いました。（歩美）

糖度と交付金

佐山さんの話を聞いて分かったことは，さとうきびの糖度が高ければ高いほど，交付金単価が五百円ずつ増えていることです。私は「さとうきびの甘さはほぼ同じだ」と思っていたのに7〜18.5までの糖度がありました。そして9,800円〜20,100円までの交付金単価が決められていました。（美浦）

佐山さんの話を聞いて分かったことは，交付金は糖度がちがうとマイナスされることです。16,000円が平均で，高くなると17,000円程度になります。交付金をもらうのも楽ではないのだなと思いました。他にも60aはハーベスターにやってもらわないといけないということはおどろきました。焼却処理をして害虫のくじょなど知らないことばかりでした。佐山さんも言っていたけれど，さとうきびは国に守られているというのを改めて思いました。（高志）

農家戸数が減る？

今後さらに高れい化が進むと，60〜70才以上の人たちの体に負担がかかって，今よりもももっと農家戸数が減るんじゃないかと思います。（史恵）

それでも農家は減ってきている・・・。

さとうきび農家の工夫と努力

佐山さんの話を聞いて分かったことは，まず植える時は，つなげて植える「しりつなぎ」という方法で植える。植えるさとうきびは「二芽苗」（にがなえ）という二つ芽がある苗を植える。苗は上からの栄養ではなく下からの栄養を使って育っていく。次にできるだけ大きくする工夫では，マルチはかぶせて雑草が生えないようにして，さとうきびの周りの温度を保つ役割がある。最後に収穫後は収穫する時に「はかま」（さとうきびの葉）がたくさん落ちてしまうので集めて焼く。次に株出しは収穫後のさとうきび畑に機械で溝を作って，さらに肥料まで混ぜる。肥料は「チッソ・リンサン・カリウム」が三原則になっている。さとうきびが倒れないようにするために，土を掘って草が生えないようにすることで「培土」という。ぼくが考えたことは，やはり高れい化のことが出たので，後つぎを増やす取り組みをした方がいいなと思いました。そして他のさとうきび農家がやめる理由をもっとしっかり考え，その対しょ法もしっかり考えたら，まださとうきび農家も増えるし，あまり減らないんじゃないかと思いました。（勇介）

さとうきびは種子島に合った作物

私は話を聞いて分かったことは，マルチをかけると草が生えるのを防いでくれたり，保温にもなることです。私はこれまで何でこれをかけるのかなあと言思っていたけど，今日の話を聞いて理由が分かりました。それと最初に佐山さんが話してくれた「もし種子島からさとうきびがなくなったら？」ということです。私はなくなったらだめだと思います。理由は今，さとうきびを作っている人たちのお金が減ってしまうからです。さとうきびでお金をためていたのに，なくなったらお金をかせぐことができなくなるからです。それと私もさとうきびは種子島に合った作物だと思います。種子島はあたたかい所にあるので，さとうきびを作るのには，とてもいい場所だと思うからです。なのでさとうきびはなくなったらだめだと思います。これからも種子島のさとうきび農家の人にさとうきびを作るのをやめてほしくないと思いました。（明菜）

総合学習通信「種子島のさとうきび」 2013年11月5日（火）No.12

学習問題１：さとうきびはどのようにして作られているか？

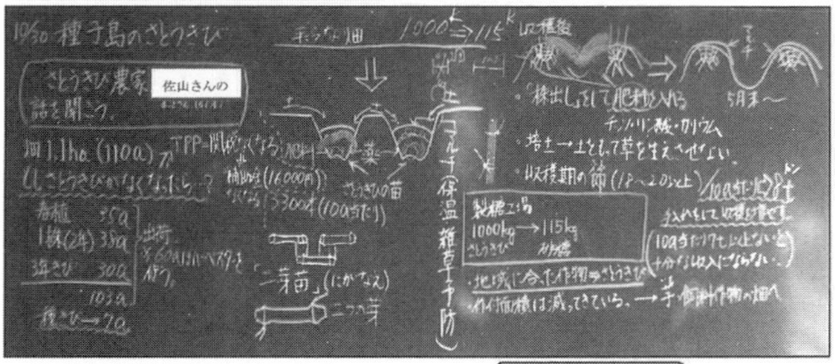

種子島にはさとうきびがないとだめ！

よく分かったことは「種子島にはさとうきびがないとだめ！」ということです「。さとうきび作りは，マルチ，肥料，薬などさとうきびに使う金額が高くて大変です。でも5割ぐらいがさとうきび作りなので，やめたらもっと大変です。理由は，さとうきび作りは協同なので，まず国がすることがなくなり，農協や工場，生産組合がなくなり，最後はさとうきびがなくなります。生活によく使うものがなくなったら困ります。私はさとうきびだけでなく農家さんたちがやめると生活できないと分かりました。（恵理子）

本当の敵はTPP

ぼくにとっては，「チンチバク」という虫が，さとうきびにとって一番の敵と思いました。けど本当はTPPだと思います。（義孝）

ぼくが考えていることはTPPのことです。TPPになってしまうと関税がなくなり，補助金（16,000円）がなくなってしまうのでTPPには絶対に反対です。TPPをさせないようにしていくことが大切です。さとうきび農家に影響があり，さとうが食べられなくなったら生活に困るので，さとうきびは必要な食べ物です。なのでぼくもTPPにならないようにできる限りの努力を少しでもしたいと思います。（光輝）

大事なことを確認しておこう。

なぜさとうきびの生産をやめるのか？

ぼくが考えたことは作付面積が減ってきたことです。なかなか売れないからどんどんやめていく人が多くなったと思いました。でも，いもや飼料作物の畑で少なくなっていったことが分かりました。ぼくは「なんでさとうきびの生産をやめていくんだろう」と思いました。（勇樹）

若い人たちに農業の楽しさを

今日の授業で分かったことは作付面積が減ってきているということです。芋や飼料作物も場所がないと育てられないけど，芋や飼料作物がさとうきびの場所をとってしまって，さとうきびが育てられなくなると，自分たちのくらしも困るので「さとうきびを育てる人がもっと増えればなあ」と思いました。それで私が考えたことは若い人たちに農業の楽しさを知ってもらうといいと思いました。私のおばあちゃんも果物や野菜，いろいろな種類の食べ物を栽培しているので「農業は楽しい」ということは知っています。なのでたくさんの人に農業をしてもらいたいです。（和代）

さとうきびは島を支えている

佐山さんの話で知ったことは，マルチをはることや培土作業のことです。ぼくは前から「どうして草が生えないのだろう？」と思っていました。この二つなんだと思いました。まずマルチは雑草予防・保温などの役目をして，培土作業は土をもって草を生えさせないようにする役目があります。ぼくはこの作業は大事じゃないかなと思いました。理由はこれをやらなかったら，草に栄養が行き，収穫が半分ぐらい下がって，お金の問題にかかわってくると思うからです。しかも島の5割以上はさとうきびです。なので，さとうきびは島を支えていると思いました。（寛太）

総合学習通信「種子島のさとうきび」 2013年11月19日（火）No.13

「TPPが成立しても砂糖はなくならない。むしろ砂糖の値段が下がる。」ということを確かめて，「TPPはこのまま進んでいいか？」について考えました。

「大事なこと」とは？ → **TPPが成立しても砂糖は、なくならない。むしろ砂糖の値段が下がるかもしれない。**

TPPはこのまま進んでいい

食料の自給率が下がる（光輝）

TPPはこのまま進んでは**だめだと思います。**なぜならTPPが決定するということは，「外国からの輸入に食料をまかせる」ということになるので，日本はただでさえ食料自給率が低いのに，最悪の場合，食料自給率が「0」になってしまうかもしれないからです。農家の人もやめて，輸入が止まったら食料不足になってしまうので，TPPは絶対に反対です。（光輝）

もし輸出が止まったら？（裕司・彩夏）

ぼくはTPPに**反対です。**理由はもし外国が災害とかで輸出できなくなった時，農家たちがもうやめていたら，国がピンチになってしまうからです。お金が高くても国がピンチにならないのはいいとぼくは思いました。（裕司）

なぜ関税をなくさないといけないのか？（歩美）

TPPは**絶対反対です。**私はなぜ関税をなくさないといけないのか分かりません。理由は，それは安い方が絶対売れる。だれもがそう思います。でも日本と同じ値段でもいいじゃないかと思います。高く売った方が多くお金がもらえます。なので日本のためにお金を上下してもいいと思います。（歩美）

おじいちゃんが作っているさとうきび（里香）

このままTPPが進んだら**だめだと思います。**もしTPPが進むと，外国から安い砂糖が輸入され，さとうきびを作っている農家の人にお金が回ってこなくなり，困ってしまうからです。やっぱり日本の砂糖より外国の砂糖の方が安いけど，日本の砂糖をみんなに食べてほしくて，一生けん命に農家の人が作っているので，私はやっぱりTPPはこのまま進んでほしくないです。私のおじいちゃんもさとうきびを一生けん命がんばって作っているので，TPPは進んでほしくないです。（里香）

食料の安全性（隆一）

TPPはこのまま進んでは**だめだと思います。**理由はいくつかあります。まず「安全性」です。どこでどんなふうに見れる「トレーサビリティー」があって安全だけど，外国の方はあまり情報がなく，物の質が悪い物もあるからです。もう一つは農家さんです。農家さんたちは関税がなくなるとい（さとうきび1t当たり）4,000円しかもらえなくなり，生活するお金がなくなりやめてしまうからです。（隆一）

私はTPPに**反対です。**理由は関税がなくなると国産が売れなくなってしまうからです。他にも安全性などが気になりますが，私はこのことが一番だと思いました。（和代）

私のおじいちゃんたちも，さとうきびを作っています。TPPが進んだら今までさとうきびを作っていた人も補助金の16,000円がもらえなくなって，今まで作ってきたのにもうだめになって，さとうきび作りをやめてしまうと思うからです。それと砂糖を作る製糖工場の人たちのお金もなくなってしまうと思うからです。（明菜）

私はこのまま進んでは**いけないと思います。**TPPが進んでしまうと関税がなくなるから，補助金の16,000円がなくなると同時に外国からの安い砂糖が輸入されるので，さとうきびは1tあたり4,000円になります。さらに外国から安い砂糖が入ってくるので，消費者たちは外国の安い方を買うと思うので，1t当たりが4,000円に下がってしまった上に日本の砂糖が売れないので，さとうき農家はどんどん減っていき，輸入にたよってしまう形になるので，TPPは進んじゃいけないと思います。もし輸出している国が輸出しなくなったら，食べられなくなるのでいけないと思います。（彩夏）

さらに深く考えると，TPPになると日本は外国に食料の輸入をたよるということなので，もし外国がもう限界で日本にも輸出できないことになると，日本はただでさえ自給率がとても低いので，食料不足で何もできません。（勇介）

農家の人たちはそんな大変な問題とたたかっていることがすごいなあと思いました。（孝之）

TPP問題をめぐって子どもたちが問題にしたこと

この補助金がらみで出た話題がTPP問題であった。種子島や奄美大島、沖縄などの南の島々で、台風にも強く、安定した農作物としての「さとうきび」を守りたいことが伝えられた。農家の高齢化とTPP問題を関わらせて子どもたちは考え始めた。（通信No.6～）

次に出向いた「種子屋久農協」では、さとうきびの成長過程、品種、支払い方法、農家の現状や生産の様子などについて話をしてもらった。ここまでの学習で、学習問題1が解決できる内容がそろってきたのでまとめることにした。「さとうきびはどのように作られているか？」という学習問題に先に挙げた様々な問題が絡み合い、それを自分の認識にしたがってまとめ上げ、さらにそれらを共有する展開にした。（通信No.9）

子どもたちが学習問題1に対して一定の「答え」をもった段階で、さとうきび農家の方に話をしてもらった。（通信No.10～12）

農家の方も最後にTPP問題にふれた。砂糖の原料となる粗糖を生産するさとうきび農家としては、当然のことながらこの問題を外してさとうきびを語ることはできなかった。子どもたちもそれに気付いていた。（通信No.10～）

ぼくにとっては、「チンチバク」という虫が、さとうきびにとって一番の敵と思いました。けど本当はTPPだと思います。（義孝）

さとうきび農家の方の話を受けて、「TPPはこのまま進んでいいか？」について考えた。その話し合いの前提にしたことは「TPPが成立しても砂糖はなくならない。むしろ砂糖の値段が下がる」ということであった。子どもたちは真剣に話し合った。（通信No.13～19）

総合学習通信「種子島のさとうきび」 2013年11月20日（水）No.14

～TPPはこのまま進んでいいか？～

賛　成

私は今日のテーマについて賛成です。黒板に書いてあるとおり，少ないお金で買えるし，貧しい人でも買えるからです。そしてちゃんときびしい検査を受けて売っているので，別に害はないので安心して買えます。だから私は賛成を選びました。でも一番問題なのは農家の人たちです。このまま TPP が進めば外国ばかり売れるかもしれません。でも日本産の方がいい人がたくさんいるので，なんとか支えていけると思います。でも，今でも農家の人たちはやめていきます（高齢化・お金の問題）。TPP がもっと進めば農家の人たちはどんどんやめていきます。そんなことを考えると反対を選んでしまいます。でも賛成。（留美）

「少しは進んでいいんじゃないかな。」と思うこともあります。それはやっぱり安く買えるからです。さとうきびはなくてはならない物なのに高い値段で売ってしまうと，買う人も買いづらくなってしまいます。だから少しは進んでいいと思います。（里佳子）

私は TPP に賛成です。理由は少ないお金で買えるからです。日本のものが売れなくなっても日本の農家はなくならないと思います。だから TPP には賛成です。（なつみ）

私は TPP に賛成です。理由は貧しい人でも買えるからです。日本の売り物は高いけど，外国の物は安から貧しい人でも買えると思います。だから TPP に賛成です。（里美）

ぼくは TPP になった方がいいです。理由は貧しい人でも安く買えるから。みんなは外国産は危険とかいうけど，今は検査をちゃんとしているから，外国産は安全です。（陸）

私は TPP が進んでもいいと思います。理由は安く買えるし，貧しい人でも食べられる。外国の人は日本ではいやな風に思うかもしれないけど，外国産を食べたことのある人は死んだわけでも，病気になったわけでもないから外国産はおいしいんだと思う。別のことになりますけど，外国の輸入を拒否したらうらまれる。日本をいやな感じで見られる。（美紅）

賛成，反対どちらも

私の意見は反対，賛成どちらもあります。反対の理由は農家が日本からいなくなってしまうと，畑が残ります。この畑を埋め立てて工場，ビル，家などを建ててしまい，そこから出る二酸化炭素がいっぱいになって温暖化が進んで，地球がだめになってしまうかもしれらいからです。賛成の理由は，その土地に親しまれるものを売っているから，多分，安心だということと，さとうきびが減ってしまっても北海道で栽培している「てん菜」もあるから大丈夫じゃないのかなと思ったからです。どっちにしても最後には大変な結果になってしまうと思う。（美浦）

よく考えると TPP があってもなくても別にいいんじゃないかと思いました。あった時には外国産は有害な物があるかもだけど，検査をきびしくすれば安心して食べられるからいいと思いました。ない場合は，そのまま TPP を気にせず生産できるから安心して消費ができるからいいと思いました。TPP 反対の意見は安全か安全じゃないか，自給率が下がるなどの原因があるけど，関税がなくなれば安い砂糖が輸入され，今より楽なくらしができるので，関税は別になくてもいいと思いました。（義孝）

今のままの TPP がないままでいい（百合）

私は，TPP はこのまま進んではいけないと思います。なぜかというと TPP が成立されたからといって，なにもならないからです。その理由はまず，TPP が決まって，お店に並ぶ外国の品物の値段が安くなり，次に外国の安い方の品物ばかりが売れて，お店と外国と消費者が得をして，その次，日本の砂糖や品物が売れなくなり，工場はつぶれ，農家は仕事がなくなりやめます。関税もなくなり，国や農協も仕事が少なくなり，お給料が減り…。結局，得をするのは，お店側と輸出した外国と消費者の私たちだけです。「お金」がいくら安くなったって，日本は全く得をすることはないのです。だから私は，今のままの TPP がないままでいいと思います。TPP がなくたって，ちゃんと私たちは食べていけるし，お店側もそれなりの工夫をして絶対もうかるし，外国だって輸出する分はもうかるからです。私は今のままでもいいと思います。（百合）

食料自給率を心配する光輝は「日本はただでさえ食料自給率が低いのに、最悪の場合、食料自給率が『0』になってしまうかもしれないからです。農家の人もやめて、輸入が止まったら食料不足になってしまうので、TPP は絶対に反対です」と書いた。同じように祐司、彩夏、勇介たちも輸出が止まった場合の食料危機のことを書いた。

祖父母がさとうきびの生産に関わる歩美と里香は、「絶対反対」の立場をとった。食料の安全性を問題にしたのは隆一と和代、さとうきび関連の仕事がなくなることを心配したのは明菜であった。

一方で、賛成の立場をとった子どもたちの中で留美は、「少ないお金で買えるし、貧しい人でも買えるからです。そしてちゃんときびしい検査を受けて売っているので、別に害はないので安心して買えます。だから私は賛成を選びました」と書いた。こうした「安さ」と「検査(合格)」を根拠に賛成の意見も増え始めた。そして「どちらともいえない」という立場も出始めた。（通信 No.14）

「今のままの TPP がないままでいい」（百合）

そうした中で百合は、「今のままの TPP がないままでいい」ときっぱりと書いてきた。

私は、TPP はこのまま進んではいけないと思います。なぜかというと TPP が成立されたからといって、なにもならないからです。その理由はまず、TPP が決まって、お店に並ぶ外国の品物の値段が安くなり、次に外国の安い方の品物ばかりが売れて、お店と外国と消費者が得をして、その次、日本の砂糖や品物が売れなくなり、工場はつぶれ、農家は仕事がなくなりやめます。関税もなくなり、国や農協も仕事が少

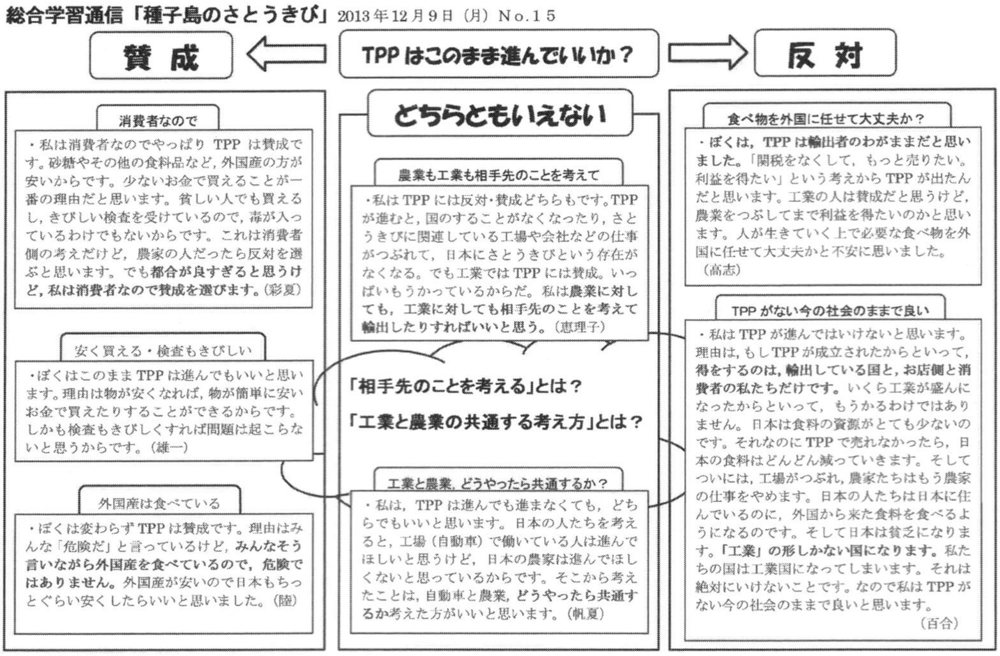

総合学習通信「種子島のさとうきび」 2013年12月9日（月）No.15

賛成 ⇐ **TPPはこのまま進んでいいか？** ⇒ **反対**

賛成

消費者なので

・私は消費者なのでやっぱり TPP は賛成です。砂糖やその他の食料品など，外国産の方が安いからです。少ないお金で買えることが一番の理由だと思います。貧しい人でも買えるし，きびしい検査を受けているので，毒が入っているわけでもないからです。これは消費者側の考えだけど，農家の人だったら反対を選ぶと思います。でも**都合が良すぎると思うけど，私は消費者なので賛成を選びます。**（彩夏）

安く買える・検査もきびしい

・ぼくはこのまま TPP は進んでもいいと思います。理由は物が安くなれば，物が簡単に安いお金で買えたりすることができるからです。しかも検査もきびしくすれば問題は起こらないと思うからです。（雄一）

外国産は食べている

・ぼくは変わらず TPP は賛成です。理由はみんな「危険だ」と言っているけど，**みんなそう言いながら外国産を食べているので，危険ではありません。**外国産が安いので日本もちっとぐらい安くしたらいいと思いました。（陸）

どちらともいえない

農業も工業も相手先のことを考えて

・私は TPP には反対・賛成どちらもです。TPP が進むと，国のすることがなくなったり，さとうきびに関連している工場や会社などの仕事がつぶれて，日本にさとうきびという存在がなくなる。でも工業では TPP には賛成。いっぱいもうかっているからだ。私は**農業に対しても，工業に対しても相手先のことを考えて輸出したりすればいいと思う。**（恵理子）

「相手先のことを考える」とは？

「工業と農業の共通する考え方」とは？

工業と農業，どうやったら共通するか？

・私は，TPP は進んでも進まなくても，どちらでもいいと思います。日本の人たちを考えると，工場（自動車）で働いている人は進んでほしいと思うけど，日本の農家は進んでほしくないと思っているからです。そこから考えたことは，自動車と農業，**どうやったら共通するか考えた方がいいと思います。**（帆夏）

反対

食べ物を外国に任せて大丈夫か？

・**ぼくは，TPP は輸出者のわがままだと思いました。**「関税をなくして，もっと売りたい。利益を得たい」という考えから TPP が出たんだと思います。工業の人は賛成だと思うけど，農業をつぶしてまで利益を得たいのかと思います。人が生きていく上で必要な食べ物を外国に任せて大丈夫かと不安に思いました。（高志）

TPPがない今の社会のままで良い

・私は TPP が進んではいけないと思います。理由は，もし TPP が成立されたからといって，**得をするのは，輸出している国と，お店側と消費者の私たちだけです。**いくら工業が盛んになったからといって，もうかるわけではありません。日本は食料の資源がとても少ないのです。それなのに TPP で売れなかったら，日本の食料はどんどん減っていきます。そしてついには，工場がつぶれ，農家たちはもう農家の仕事をやめます。日本の人たちは日本に住んでいるのに，外国から来た食料を食べるようになるのです。そして日本は貧乏になります。**「工業」の形しかない国になります。**私たちの国は工業国になってしまいます。それは絶対にいけないことです。なので私は TPP がない今の社会のままで良いと思います。（百合）

なくなり、お給料が減り…。結局、得をするのは、お店側と輸出した外国と消費者の私たちだけです。「お金」がいくら安くなったって、日本は全く得をすることはないのです。だから私は、今のままのTPPがないままでいいと思います。TPPがなくたって、ちゃんと私たちは食べていけるし、お店側もそれなりの工夫をして絶対もうかるし、外国だって輸出する分はもうかるからです。私は今のままでもいいと思います。（百合）

百合は、得をするのは「お店と外国と消費者」であり、「日本は全く得をすることはない」と書いた。TPPが進むことによる種子島の農業の衰退とそれとかかわる製糖工場、さとうきびの運搬にかかわる仕事の後退を指摘している。総合学習はこの間、学習問題2「どのようにしてさとうきびから砂糖を作るか？」について調べ、製糖工場へ見学に行き、「さとうきび」から「粗糖」、「精製糖」への理解を終えた。2学期の最後にもう一度、「TPPはこのまま進んでいいか？」について考えた。（通信No.15〜19）

「私は消費者」（彩夏）

反対派が多数を占める中、賛成の立場をとる子どもたちは、先に挙げた留美の意見の中で示された「安さ」と「検査（合格）」を発展させて、消費者という立場から彩夏は、「これは消費者側の考えだけど、農家の人だったら反対を選ぶと思います。でも都合が良すぎると思うけど、私は消費者なので賛成を選びます」と書いた。また陸は、「理由はみんな『危険だ』と言っているけど、みんなそう言いながら外国産を食べているので、危険ではありません。外国産が安いので日本もちっとぐらい安くしたらいいと

総合学習通信「種子島のさとうきび」 2013年12月9日（月）No.16

TPPはこのまま進んでいいか？

反対！！

農家がいなくなり，自給率が下がる

・ぼくはTPPになったらだめだと思います。理由はいくつかあります。一つ目は，日本は今，ただでさえ輸入にたよりすぎていて，自給率が100%になっていないので，TPPになり，外国産の物ばかり買って，日本の農家にお金がいかなくて，農家の人がいなくなり，**どんどんどんどん自給率が「0」になる時も近くなってくる**からです。二つ目は，ぼくのじいちゃんは農家で，TPPになると仕事がなくなってしまいます。ぼくたちにとっては，得だと思いますが，農家にとっては深刻な問題だということを分かってほしいです。賛成の人は農家の人の気持ちを全く分かっていないんだと思います。「自分が農家になってかんがえてみろ！」と思いました。（光輝）

TPPがない今の社会のままで良い

・私はこのままTPPが進んだらだめだと思います。百合さんと同じで，TPPがなくなっても別にご飯が食べられないということではないし，TPPが進んでも生活できるわけだから，TPPは進まなくてもいいと思います。（里香）

さとうきびのおかげ

・私は反対です。この前の里香さんのような考えです。**私のお父さんも作っています。**聞いてみると，私が柔道や合唱隊ができるのは，**さとうきびのおかげでもあるそうです。**なので私はTPPになると好きなことができなくなるので反対です。（歩美）

農家の人やおじいちゃんたちのことを考える

・私はやっぱりTPPが進んでほしくないと思います。おじいちゃんに聞くと，「TPPは進んでほしくない」と言いました。外国の人たちと砂糖がいっぱい売れるお店の人たちは得するけど，さとうきびを作っている人たちは，今まで一生けん命作っていたし，畑（土地）を買ってさとうきびを育ててお金をもらっていた人もいると思うからです。私は外国からの砂糖が安くて安全だったら，そっちを買うかもしれないけど，**日本の農家の人たちやおじいちゃんたちのことを考える**と，やっぱり日本産の方がいいと思いました。（明菜）

日本が二つに割れる

・TPPは反対です。だって日本の農家の人は反対。それを日本政府の人たちは無視して自分たちの目線で物を見て，**農家の人たちの目線で物を考えていなくて，このままだと日本は二つになってしまうかも**…だからです。（晃成）

食べ物が第一

・ぼくはTPPは進んでほしくないと思います。今の日本のくらしは機械化が進んで自動車とかが売れているけど，**問題は農業です。**たくさん生産しても外国産のものに関税がつかないと売れないし，機械などそういうものより，**食べ物を第一と**してがんばってほしいです。（寛太）

日本は工業だけの国になってしまう

・ぼくはこのままTPPが進んではいけないと思いました。その理由は，やっぱりTPPになると外国から来る砂糖は安いし，工業をしている人たちはもうかるかも知れないけど，農家の人たちは関税がなくなり，さとうきびを作ることをやめてしまいます。そして，他の農業でも外国にたよりきり，農家の人はどんどんやめていってしまいます。そして，さらには外国にたよりきり，日本の農業はなくなり，**日本は工業だけの国になってしまう**と思います。（勇介）

日本産が高くても買ってくれる

ぼくはTPPに反対です。理由は外国産の砂糖が売れても外国にお金が行くし，日本が全然もうからなくなるからです。そして日本の農家たちがやめていき，生産が減ってしまうからです。もしTPPをやめると，**日本産が高くても買ってくれる人が多くなる**からです。（勇樹）

思いました」と書いた。

私は消費者なのでやっぱりTPPは賛成です。砂糖やその他の食料品など、外国産の方が安いからです。少ないお金で買えることが一番の理由だと思います。貧しい人でも買えるし、きびしい検査を受けているので、毒が入っているわけでもないからです。これは消費者側の考えだけど、農家の人だったら反対を選ぶと思います。でも都合が良すぎると思うけど、私は消費者なので賛成を選びます。（彩夏）

彩夏の考えは、TPP問題を考えている自分たちが消費者であることを改めて他の子どもたちに確認させることにつながった。それまでの根拠が農家が減ることや自給率の低下を心配することが中心だった「どちらともいえない」と考える子どもたちに影響を与えた。

恵理子は相手の立場を冷静に見極めて考えようとしていた。さらに、帆夏も「自動車と農業、どうやったら共通するか」について考えていた。

「自動車と農業、どうやったら共通するか」（帆夏）

私はTPPには反対・賛成どちらもです。TPPが進むと、国のすることがなくなったり、さとうきびに関連している工場や会社などの仕事がつぶれて、日本にさとうきびという存在がなくなる。でも工業ではTPPには賛成。いっぱいもうかっているからだ。私は農業に対しても、工業に対しても相手先のことを考えて輸出したりすればいいと思う。（恵理子）

私は、TPPは進んでも進まなくても、どちらでもいいと思います。日本の人たち

総合学習通信「種子島のさとうきび」 2013年12月24日（火）No.17　**～TPPはこのまま進んでいいか？～**

機械は食べられない

・今日の話し合いをして思ったことは，賛成の人が意外に多いということです。その人は自分の身内に農家がいないからだと思います。史也さんたちは「工業でがんばって自給率をサポートすればいい」と言っていますが，機械類は食べられません。食料をちゃんと作らなければ未来がない可能性が高まってしまいます。この人たちは，未来は損するにちがいありません。（光輝）

工業と農業が共通すること，やっぱり関税はなくしたらいけない

・私はTPPに賛成・反対どちらとも言えません。TPPに賛成すると工業だけの国，TPPに反対すると農業だけの国と，将来，どっちにしろ一方にかたより，くらしにくく，日本は貧乏になると思ったからです。工業と農業が共通することの考えに，やっぱり関税はなくしたらいけないと思います。外国の物を日本と同じぐらいのお金の値段にすると，外国ももうかるし，日本人もそれなら日本産を買うと思うので，日本ももうかると思うからです。あと，工業と同じで輸入量を決めたらいいではないかと思いました。そしたら相手先のことを考えてやっていると思います。（恵理子）

いろんな人のことを考える

・賛成の人は「工業でがんばればいい」とか「自分たちは得をするからいい」とか言ってたけど，工業は機械や部品を買うのに大金が必要だし，自分たちのことだけではなく，いろんな人のことを考えないとだめだからです。また日本は自給率を少しでも上げた方がぼくはいいと思います。（晃成）

農業と工業が平等な今のままがいい

・賛成の人たちは「工業だけで生きていくことができるから賛成だ」と言っていたけど，工業だけでは空気が汚れてしまい，最近，中国で起こったPM2.5が発生してしまうと思い，明日もしけむりを出さない自動車が開発されても工場自体が自動車よりもけむりをだしてしまうので，だめだと思います。だから農業と工業が平等な今のままがいいと思いました。そしてぼくのもう一つの意見は，TPPになるとどんなことになるかを考えた時に，最初に出てきたのはスーパーなどのお店のことでした。もしTPPになると，お店に並ぶ物が日本産ではなく，外国産の品物になり，さらにはそのお店の名前まで外国のお店の名前になってしまうと思いました。そして多分もう日本のお店はつぶれてなくなってしまうと思いました。（勇介）

TPPは進んでほしくないのに外国産のものを食べている

・私はTPPは進んでほしくないと思いました。理由は外国の人やお店の人は，お金がもらえるからいいけど，日本の農家の人は，お金がもらえなくなるからです。でも陸さんが「自分たちは外国のものを食べている」と言いました。私は「確かにそうだな」と思いました。TPPは進んでほしくないのに外国産のものを食べているから本当はあまり気にしていないのではないかと思いました。私は安かったら外国産の方を買います。でも，さとうきびを作っているおじいちゃんたちのことを考えるとやっぱり日本産がいいなと思いました。（明菜）

TPPは環境と国をこわすことと同じ

・ぼくはTPPには反対です。日本は工業が売れているけど，農業が売れて工業が売れない国もあるからです。つまりこのままTPPが進むと，工業をやって農業をやらない国と農業をやって工業をやらない国に分かれてしまい，バランスが悪くなってしまいます。すべての国が食べ物か機械かに輸入をたよってしまいます。つまり工業国では，よごれた空気をきれいにする植物が少なくなってしまいます。農業国では機械と食べ物では，買うためのお金が食べ物の方が安いため，農業国は貧乏になってしまいます。つまり，TPPは環境と国をこわすことと同じなので，ぼくはTPPに反対です。（裕司）

を考えると、工場（自動車）で働いている人は進んでほしいと思うけど、日本の農家は進んでほしくないと思っているからです。そこから考えたことは、自動車と農業、どうやったら共通するか考えた方がいいと思います。（帆夏）

反対する立場の子どもたちの意見は、多くの視点から出されていた。（通信No.15～16）

高志は食料の危機と関わらせて次のようにまとめた。

「食べ物を外国に任せて大丈夫か」（高志）

ぼくは、TPPは輸出者のわがままだと思いました。「関税をなくして、もっと売りたい。利益を得たい」という考えからTPPが出たんだと思います。工業の人は賛成だと思うけど、農業をつぶしてまで利益を得たいのかと思います。人が生きていく上で必要な食べ物を外国に任せて大丈夫かと不安に思いました。（高志）

自給率の低下（光輝）、お金の外国への流失（勇樹）、農家の減少（歩美・明菜）などがあり、「食べ物を第一」とする寛太の意見があった。そして勇介は百合の「『工業』の形しかない国になります」（通信No.15）での表現を受けて次のようにまとめた。

「日本は工業だけの国になってしまう」（勇介）

ぼくはこのままTPPが進んではいけないと思いました。その理由は、やっぱりTPPになると外国から来る砂糖は安いし、工業をしている人たちはもうかるかも知れないけど、農家の人たちは関税がなくなり、さとうきびを作ることをやめてしまいま

総合学習通信「種子島のさとうきび」 2013年12月24日（火）No.18　**～TPPはこのまま進んでいいか？～**

今のままでいい

・私はTPPに反対です。賛成の人たちは「農業が貧乏になっても工業でもうければよいじゃないか」という意見ですが，それはちがうと思います。今，こうして日本全体が幸せにくらせているのは「農業」があるからです。酪農もだけれど，ほとんど高齢者がその仕事をしています。しかも，これからはどんどん高齢社会化していきますが，その高齢者がどんどん農業をしていきます。それなのにTPPでもし農業がなくなったら，残るのは工業です。しかし工場で働いている人には定年退職があります。今，農業をしている60才以上の高齢者はどんどん増えていくのに，農業がなくなって工業の仕事をしないといけなくなっても，もう定年を超えているので，結局，仕事はなくなります。さらにここでどんなに安い外国産を買ったって，そのお金は外国にいきます。そしたら本当に日本は貧しくなってしまうのです。人は皆，年をとるのです。それなのに子どもの少ない社会なのです。そのうち工業さえなくなります。そんなことになる前にTPPはなくなってほしいです。私はやっぱり今までのままでいいと思います。（百合）

外国から食べ物を輸入して，日本が工業をする

・ぼくは，朝雄さんの意見に反対です。朝雄さんは「社会科で，工業で外国も車の生産を挙げてきているので，工業だけでは日本にお金がなくなっていく」と言ったけど，ぼくの考えたのは外国から食べ物を輸入して，日本が工業をするという考えです。そしたら「外国は日本の車を買って，日本は外国産の食べ物を食べる」です。（陸）

どちらともいえない

・私の意見はやはり変わりません。恵理子さんの意見には賛成です。「共通するか，相手先のことを考えること」は大切だと思います。そのことについて私は考えてみました。その結果，まず日本でするのが一番いいというのが出ました。反対の意見では農家だけではなく，入浴剤などのように，においや色でごまかしているので，品質の悪いものがあります。もし中国でお米を作っていたとしたら，PM2.5などの影響で空気がきたなく，悪い物が入っているかもしれないです。だからたくさんの意見があり，どちらとも言えません。（帆夏）

農業と工業を両立するより，工業を多くした方が利益が大きい

・私はTPPに賛成です。少ないお金で買えるからです。「安全か分からない」という人もいるけど，それを思っている人は検査する人も同じで，よりいっそう厳しくしているはずなので，安全性は大丈夫です。次に「工業だけじゃだめ，農業も」と言う人が多いけど，私は工業にかたよってもいいんじゃないかと思います。実際問題，農業と工業，もうかっているのは工業だし，日本の工業は優秀なので，それをもっとみがき，広めていけば，お金ももうかるし，もっと有名になれていいと思います。私は農業と工業を両立するより，工業を多くした方が利益が大きいと思います。だから日本全体から見ると，TPPは進んでいいんじゃないかと思います。（彩夏）

食べ物は外国にまかして工業は日本にまかしてもらえばいい

・ぼくはTPPには賛成です。理由は貧しい人でも安い外国産などのものを買えるからです。しかし外国産は危険，何が入っているかわからない」という意見がでたけど，厳しい検査を受けて合格して入ってくるので大丈夫だと思います。それにたとえ農業が少なくなったとしても，工業でがんばってお金をかせげばいいと思います。日本の自動車は性能がよいと評判になっているし，実際に農業より工業の方がお金が高いので，食べ物は外国にまかして工業は日本にまかしてもらえばいいと思います。（史也）

農業と工業を両立する，二つで利益を得た方がいい

・私はTPPに反対です。最近，書いた通りに私の家は生産しているのでTPPに反対です。２万円のおかげで生活ができています。なので私は生産者側なので反対です。私のお父さんもTPPになると，農業をしていないと思います。種子島から農家がなくなることを考えると心配です。私は最後の「工業だけで」という意見に反対です。

　昔から日本は農業をし，それぞれ名物があります。なので農業がなくなっては利益は少なくなってしまいます。日本は工業だけでなく，農業もして，二つで利益を得た方がいいと思います。農家もがんばってほしいという気持ちをもてば，賛成にはならないと思います。（歩美）

す。そして、他の農業でも外国にたよりきり、農家の人はどんどんやめていってしまいます。そして、さらには外国にたよりきり、日本の農業はなくなり、日本は工業だけの国になってしまうと思います。（勇介）

反対の祐司と賛成の彩夏、反対の百合は次のように結論付けてまとめを終えた。

「TPPは環境と国をこわすことと同じ」（祐司）

ぼくはTPPには反対です。日本は工業が売れているけど、農業が売れて工業が売れない国もあるからです。このままTPPが進むと、工業をやって農業をやらない国と農業をやって工業をやらない国に分かれてしまい、バランスが悪くなってしまいます。すべての国が食べ物か機械かに輸入をたよってしまいます。つまり工業国ではよごれた空気をきれいにする植物が少なくなってしまいます。農業国では機械と食べ物では、買うためのお金が食べ物の方が安いため、農業国は貧乏になってしまいます。つまり、TPPは環境と国をこわすことと同じなので、ぼくはTPPに反対です。（祐司）

祐司はおとなしい子どもだが、この話し合いではしっかり自分の考えを発表した。祐司は「農業と工業のバランス」を問題にしていた。「すべての国が食べ物か機械かに輸入をたよってしまいます」という祐司の考えは、貿易のあり方、国のあり方を問うことにつながる発想である。祐司は「TPPは環境と国をこわすことと同じ」という結論を出してTPPに反対した。

「日本全体から見ると、TPPは進んでいいんじゃないか」（彩夏）

総合学習通信「種子島のさとうきび」2013年12月24日（火）No.19　**～TPPはこのまま進んでいいか？～**

少子高齢化と人材（若い人）

・ぼくは，TPPはこのまま進んではだめだと思います。「外国産も検査をきびしくすればいい」と言っているけれど，外国産よりも国産が一番安全です。食料は外国産も手助けぐらいならいいけれど，すべてを任すのは不安です。「工業でがんばれば」と言っているけど，日本は少子高齢化なのに，若い人たちが外国に行ってしまったら，日本の会社は人材がいなくなってしまい，つぶれてしまい，日本の国内での利益がなくなってしまいます。（高志）

高齢化と自給率

・ぼくはTPPには絶対反対です。理由は二つあります。一つ目は農家の人が減っていって，工業があるけど，農業をやめて工業をする人は，ほとんどが高齢者で高齢者ができる工業などは少ないので，高齢者は仕事ができなくなり，年金だけで生きていかなければならないので反対です。二つ目は食料自給率がもっと低くなり，外国産の食べ物にたよってしまうので反対です。（武雄）

産業空洞化と借金

・ぼくはTPPに反対です。理由はTPPがなくても今まで，日本はつぶれたりしなかったし，「産業でがんばる」と言っても，「産業空どう化」などで産業もなくなった場合，もうやっていけないし，そうなると日本はますます借金をかかえ，やっていけなくなり，つぶれてしまいます。そんなことになるかもしれないので，少し値段が高くても今のままでいいと思います。（朝雄）

TPPを一度試してみる

・私はもちろん賛成を選びました。理由はいつもの通り，貧しい人でも買えるし，害はないので安心して買えます。そして日本も外国に合わせて安くしたらいいと思います。反対の人は「お金に困る」と言っているけど，安くした方が，小銭しか集まらないけど，どんどん売れていって今と変わらない生活が送れると思います。結果が決まらないなら，一度試しにTPPの実験をやってみればいいのになと思いました。とにかく結果が決まらないなら一度試してみればいいと思います。（留美）

TPPで安くなっても農家は次の仕事がない

・ぼくはTPPに反対です。理由はTPPが成立してしまったら，農家の人はお金があまりもらえなくなります。すると生活が苦しくなりやめます。みんなは「TPPが成立したら安くなる」というけど，里香さんの言った通り「安くなっても農家の人は次の仕事がない」ので，まず買うのも難しくなります。だからTPPは反対です。（寛太）

工業と農業で協力して日本が利益を得られるようにしたらいい

・私はTPPに反対です。なぜならTPPが進めば，農業ができなくなるからです。賛成の人は「工業だけでがんばっていけばいい」と言うけれど，私は，それはだめだと思います。工業も外国で生産することが増えてきて。工場もつぶれていくかもしれない。それなら工業と農業で協力して日本が利益を得られるようにしたらいいと思います。（和代）

種子島の大切なものが少なくなる

・ぼくはTPPに反対です。その理由は，さとうきびは種子島にとって大切なもので，それがなくなると種子島の代表的なさとうきびを作っている人がやめてしまう。種子島の大切なものが少なくなるということなので，TPPには反対です。（健吾）

いなかはどうすればいいのか？

・ぼくはTPPはこのまま進んだらだめだと思います。理由はTPPになると農業をやめてしまう人も増えるし，そうしたら製糖工場も仕事がなくなり，つぶれていくし，いろんな工場などがつぶれていくからTPPになったらいけないと思います。「工業でがんばればいい」という人もいるけど，いなかには工場がない所もあるし，その人たちはどうすればいいのかと思いました。（幸太郎）

関税と環境

・私はTPPが進んではいけないと思います。理由は二つあります。一つ目は関税をなくと農家の人たちにお金が回ってこなくなり，どんどんやめていき，自給率がさらに低くなってしまうからです。二つ目は，賛成の人は工業をやれば利益が得られると言っています。私も確かにそう思います。でも環境のことを考えるとやっぱりだめなんじゃないかと思います。（史恵）

　私はTPPに賛成です。少ないお金で買えるからです。「安全か分からない」という人もいるけど、それを思っている人は検査する人も同じで、よりいっそう厳しくしているはずなので、安全性は大丈夫です。次に「工業だけじゃだめ、農業も」と言う人が多いけど、私は工業にかたよってもいいんじゃないかと思います。実際問題、農業と工業、もうかっているのは工業だし、日本の工業は優秀なので、それをもっとみがき、広めていけば、お金ももうかるし、もっと有名になれていいと思います。私は農業と工業を両立するより、工業を多くした方が、利益が大きいと思います。だから日本全体から見ると、TPPは進んでいいんじゃないかと思います。（彩夏）

　彩夏の「実際問題、農業と工業、もうかっているのは工業だ」という考えは、彼女が調べて得た結論であり、一般の賛成者が共通にもつ根拠でもある。しかし百合も引かなかった。

「日本全体が幸せにくらせているのは『農業』があるから」（百合）

　私はTPPに反対です。賛成の人たちは「農業が貧乏になっても工業でもうければよいじゃないか」という意見ですが、それはちがうと思います。今、こうして日本全体が幸せにくらせているのは「農業」があるからです。酪農もだけれど、ほとんど高齢者がその仕事をしています。しかも、これからはどんどん高齢社会化していきますが、その高齢者がどんどん農業をしていきます。それなのにTPPでもし農業がなくなったら、残るのは工業です。しかし工場で働いている人には定年退職があります。今、農業をしている60才以上の高齢者はどんどん増えていくのに、農業がなくなって工業の仕事をしないといけなくなっても、もう定年を超えているので、結局、仕事はなくなります。さらにここでどんなに安い外国産を買ったって、そのお金は外国にいきます。そしたら本当に日本は貧しくなってしまうのです。人は皆、年をとるのです。それなのに子どもの少ない社会なのです。そのうち工業さえなくなります。そんなことになる前にTPPはなくなってほしいです。私はやっぱり今までのままでいいと思います。（百合）

どちらかというとおとなしい彩夏は、1学期の社会科・総合学習「種子島の酪農」で自信をつけて成長してきた。「種子島の酪農」の学習では、百合に押され気味だったが、2学期の総合学習「種子島のさとうきび」では、立派に拮抗することができた。

彩夏は当初、TPPに反対していた。しかしTPP問題について考えを重ねる中で自分が「消費者」であることに気づき、1学期の社会科での農業学習と2学期の社会科での工業学習を基に自分の考えを組み立てていった。TPPが進んだ場合に「日本は工業だけの国になってしまう」（勇介）という意見が出る中で、彩夏は工業の生産性に注目して「工業にかたよってもいいんじゃないかと思います。実際問題、農業と工業、もうかっているのは工業だ」と書き、授業でも同様の発言をしていた。

百合は、1学期の「種子島の酪農」から2学期の「種子島のさとうきび」の学習まで、一貫して農家の働きを重視して農家を守る立場を取り続けた。百合の前提には「日本全体が幸せにくらせているのは『農業』があるから」という発想があり、高齢化が進む農業でTPPが進むことは、農業が立ち行かなくなった場合には高齢者に仕事がなくなることを指摘している。

TPPと種子島・日本

TPP問題をめぐって子どもたちが問題にしたことは、国際的な分業に対する種子島の地域と日本全体からの価値判断だった。難しい問題だったが子どもたちはよく考え、話し合い、表現した。

子どもたちの話し合いの中で明らかになったように、TPPによって直接影響を受ける地域と日本全体としての影響は、どの立場で何をより重視して価値あるものと判断するかによって異なってくる。

冷静に消費者の立場から「農業と工業を両立するより、工業を多くした方が利益が大きい」として、「日本全体から見ると、TPPは進んでいいんじゃないか」と考えた彩夏、「結局、得をするのは、お店側と輸出した外国と消費者の私たちだけです」ということを理解しながら、「日本は全く得をすることはない」として地域の農業を守る立場を取り続けた百合、「自動車と農業、どうやったら共通するか考えた方がいい」と悩んだ帆夏。この三人を中心に子どもたちはよく考えた。

TPPが締結されると、地元での黒糖生産としては細々と残ることが可能だろうが、粗糖生産としての種子島のさとうきびは、何の保障やビジョンもない中では持続可能とはいえなくなる。そのことは子どもたちもよく分かっていて、幸太郎は「TPPになったらいけないと思います。『工業でがんばればいい』という人もいるけど、いなかには工場がない所もあるし、その人たちはどうすればいいのか」と書いている。TPPに対する答えは「いなか」と「日本」では異なる。ましてTPPの影響を直接受けるような地域では、TPPが締結された後のビジョンが見えない中で、受け入れることに賛成できる人は少ないだろう。

私は子どもたちが「種子島にとって大切なもの」（健吾）、「種子島の宝」（穂香）、「種子島の文化」（あおい）ととらえた「種子島のさとうきび」が持続可能なものであることを願っている。

ここで取り上げた実践では、「種子島の酪農」を含めて、地域から農業を問い直すことで、地域のみならず日本の農業の課題まで見通すことができた。情報やものによる結びつきがますます強まっていく目の前の社会では、このように生産から消費にいたる関係の世界をたどることで広がりを見せてくる。そのことを教育の課題としてとらえていくことで、社会科や総合学習の可能性は高まっていくだろう。

参考文献

(1)　中種子町郷土誌編集委員会『中種子町郷土誌』（1971 年）

(2)　鹿児島県酪農業協同組合連合会『鹿児島県酪農史』（1978 年）

(3)　日本民間教育研究団体連絡会編『社会科の本質と学力』（労働旬報社、1978 年）

(4)　文部科学省『学習指導要領』（2008 年）

(5)　木宮乾峰『カリキュラムの編成』（有朋堂、1949 年）

(6)　今井誉次郎『農村社会科カリキュラムの実践』（牧書店、1950 年）

(7)　無着成恭『山びこ学校』（青銅社、1951 年）

(8)　鈴木正氣『川口港から外港へ』（草土文化、1978 年）

(9)　中西新太郎「社会科における『科学』の再把握―鈴木正気氏の実践と構想における労働過程の位置づけをめぐって―」（一橋論叢第 87 巻第 2 号、217 頁、1982 年）

(10)　若狭蔵之助『問いかけ学ぶこどもたち』（あゆみ出版、1984 年）

(11)　佐々木勝男『子どもとつくる楽しい社会科授業』（明治図書、1983 年）

(12)　本多公栄『社会科の学力像―教える学力と育てる学力―』（明治図書、1980 年）

(13)　田中武雄『戦後社会科の復権』（岩崎書店、1981 年）

(14)　臼井嘉一『社会科授業論研究序説』（ルック、1995 年）

(15)　木全清博『社会認識の発達と歴史教育』（岩崎書店、1981 年）

(16)　安井俊夫『発言をひきだす社会科の授業』（日本書籍、1986 年）

(17)　前田賢次・荒井眞一編『学力と教育課程の創造―社会認識を育てる教育実践とそのあゆみ』（同時代社、2013 年）

(18)　加藤公明『日本史討論授業のすすめ方』（日本書籍、2000 年）

(19)　中野剛志『TPP 亡国論』（集英社新書、2011 年）

(20)　拙編著『こうすればできる！　授業の技術と実践　社会科 5 年』（ルック社、2005 年）

(21)　拙著「社会科実践と子どもの社会認識～『話し合う』こと、『書く』ことで深める社会認識～」社会科教育研究（第 107 号 33 頁～ 45 頁）（日本社会科教育学会 2009 年 8 月）

(22)　拙著『子どもとつくる産業学習』（あゆみ出版、1992 年）

おわりに

まず大学時代の恩師である碓井峯夫先生（四天王寺国際仏教大学）、河原尚武先生（近畿大学）、中西新太郎先生（元　横浜市立大学）に感謝を申し上げます。教育学や社会科教育についてこの三人の先生方に出会わなければ、今の私はありませんでした。

若い頃から失敗を繰り返しながらも、一緒に学級をつくってきた子どもたち、数多くのことを教えていただいた保護者、同僚、上司、教育関係者、赴任先の地域の方々へ心から感謝を申し上げます。

私の目標であり続け、故人となられた鈴木正氣先生、若狭蔵之助先生、私のつたない実践をずっと見守ってくれた鹿児島県歴史教育者協議会の方々、そして毎年の歴史教育者協議会の全国大会で実践を検討してくださった佐々木勝男先生をはじめとする「社会科の学力と教育課程分科会」の方々に御礼を申し上げます。

また種子島の実践では、鹿児島県、中種子町行政の関係者、酪農、さとうきび農業関係者、農協の方々、製糖工場の方々など地域の多くの方々にお世話になりました。

そして私にとって最後の校長であった和田俊博先生は、常に実践の意義を理解していただき、思い切って実践することができたことも心から感謝いたします。

最後になりましたが、同時代社の高井隆様には本の構想から仕上げまですべてにご助言をいただき、書き上げることができました。ありがとうございました。

2014 年 11 月

琉球大学　白尾裕志

【著者略歴】
白尾裕志（しらお　ひろし）

1961 年生まれ。鹿児島大学大学院教育学研究科学校教育専攻修士課程修了。
元鹿児島県公立小学校教諭、琉球大学教育学部教育実践学専修（准教授）　教育方法学、社会科教育学。
主な著者
『子どもとつくる産業学習』（あゆみ出版）1992 年
『教科の「基礎・基本」と学力保障 2　社会科の「基礎・基本」の学び方』（共著、明治図書）2002 年
『授業改革を目指す　学習集団の実践　小学校高学年』（共著、明治図書）2005 年
『社会科の本質がわかる授業㈬憲法と世界』（共著、日本標準）2008 年
『こうすればできる！　授業の技術と実践　社会科 5 年』（編著書、ルック）2009 年
『学力と教育課程の創造』―社会認識を育てる教育実践とその歩み」（共著、同時代社）2013 年など。

種子島から「日本」を考える授業
――初期社会科の理想を求めて

2014 年 11 月 28 日　　初版第 1 刷発行

著　者　　白尾裕志
発行者　　高井　隆
発行所　　株式会社同時代社
〒 101-0065　東京都千代田区西神田 2-7-6
電話 03(3261)3149　FAX 03(3261)3237
組　版　　有限会社閏月社
印　刷　　モリモト印刷株式会社

ISBN978-4-88683-770-7 C0037